분석철학의 야심

-철학 입문-

The Analytic Ambition: An Introduction to Philosophy

by

William Charlton

분석철학의 야심

철학 입문

THE ANALYTIC AMBITION

An Introduction to Philosophy

윌리엄 찰턴 지음 | 한상기 옮김

서광사

이 책은 William Charlton의 *The Analytic Ambition* (Blackwell Publishing Ltd, 1991)을 완역한 것이다.

분석철학의 야심: 철학 입문

윌리엄 찰턴 지음
한상기 옮김

펴낸이 | 김신혁, 이숙
펴낸곳 | 도서출판 서광사
출판등록일 | 1977. 6. 30.
출판등록번호 | 제 406-2006-000010호

(413-756) 경기도 파주시 교하읍 문발리 534-1
Tel: (031) 955-4331 | Fax: (031) 955-4336
E-mail: phil6161@chol.com
http://www.seokwangsa.co.kr | http://www.seokwangsa.kr

제1판 제1쇄 펴낸날 · 2011년 7월 30일

ISBN 978-89-306-1919-6 93160

옮긴이의 말

분석철학이란 무엇인가? 분석철학자들은 어떤 목표를 가지고 있고, 어떤 방법을 사용하며, 어떤 주제를 다루고 있는가? 분석철학은 이른바 대륙철학과 어떻게 다른가? 많은 찬반 논의에도 불구하고 분석철학은 여전히 철학으로서 우리에게 통찰을 제공할 수 있는가?

『분석철학의 야심』은 바로 이런 물음들에 답하기 위해 윌리엄 찰턴(William Charlton)이 야심차게 쓴 책이다. 이 책은 우선 독자에게 사전 지식을 요구하지 않은 채로 분석철학이 무엇인지를 전문 용어를 동원하지 않고 쉬운 언어로 설명한다. 철학의 전통적 주제들, 예를 들면 논리학과 수학의 기초가 되는 실존, 진리, 수 등의 개념, 물리과학의 기초가 되는 시간, 변화, 인과성 등의 개념, 윤리학과 미학의 기초가 되는 좋음과 나쁨, 덕, 미 등의 개념, 심리철학의 기초가 되는 정신적 상태와 과정, 의식 개념 등을 논하면서 찰턴은 왜 그런 문제들이 다른 학문의 문제가 아니라 철학의 문제인지 보여준다. 그러면서 그는 철학적 탐구의 본성과 범위에 대한 일반 이론을 제시하고 이 이론을 입증하려 한다. 그가 이러한 일반 이론을 전개해나가는 과정은 철학의 문제에 대해 논리적, 개념적, 언어적 분석 방법을 통해 해결책을 찾아보려는 노력의 일환이다. 그리고 그 자신뿐만 아니라 일반적으로 분석철학자들은 철학의 전통적 문제들에 대해 논리적, 개념적, 언어적 분석 방법을 통해 통찰을 얻으려는 "야심"을 가지고 있다는 것이 찰턴의 핵심 주장이자 이 책의 제목이 말하고자 하는 내용이다. 찰턴은 이러한 분석철학자들의 야심에 대한 최근의 상대주의자들의 공격에 대해서도 답을 하고 있으며, 분석철학의 방법이 철학의 전통적 문제들에 대해 여전히 신선한 통찰을 제공할 수 있다고 논한다. 분석철학, 아니 철학 자체에 관심이 있는 독자에게 이 책이 철학과 분석철학의 야심과 목표, 방법을 확인할 수 있는 계기가 되었으면 하는 바람이다.

이 책의 원래 제목은 *The Analytic Ambition*(Blackwell: Oxford, 1991)이어서 직역을 한다면 『분석적 야심』 정도가 되겠지만, 원서의 취지와 내용을 살리기 위해 『분석철학의 야심』으로 번역했다. 혹시 지은이의 의도를 왜곡했다면 전적으로 옮긴이의 탓이다.

힘든 상황에서도 꿋꿋이 분석철학을 공부하고 연구하면서 번역을 격려해준 전북대학교 동료들에게 감사드린다. 출판을 맡아준 서광사 여러분에게도 감사드린다. 마지막으로 이 책은 2011년도 전북대학교 저술장려연구비 지원으로 연구(번역)되었음을 밝혀둔다.

2011년 5월

건지산 자락에서

옮긴이 한상기

차 례

지은이의 말

이 책은 두 가지 점에서 입문서이다. 나는 단 하나의 주제를 택해 철저하게 다루는 대신 내가 보기에 철학자들이 전통적으로 다루어왔다고 생각되는 모든 주요 문제를 고루 다루었다. 그리고 독자가 철학에 이미 어느 정도 익숙하다고 가정하지 않았으며, 가능한 한 전문 용어와 기호를 사용하지 않으면서 이 책을 쓰려 했다. 어쩔 수 없다고 생각되는 용어와 기호는 처음 도입할 때 설명하고, 이 책의 끝 부분에 나오는 목록에 설명을 모아놓았다 (299~303면).

그러나 이처럼 입문적 성격을 띠긴 하지만, 내 책이 논란의 여지가 없는 내용이 되거나 단순히 다른 사람들이 행한 것을 서술하는 내용이 되기를 의도한 것은 아니다. 철학은 간단하게 요약될 수 있는 전문적 지식체계가 아니다. 철학자들이 논의하는 주제는 누구에게라도 중요할 가망이 있으며, 나는 지성을 갖춘 사람이면 누구라도 해당 주제에 대해 좀 더 깊이 있게 통찰하게 될 새로운 논증과 유비 그리고 다른 장치들을 찾으려 했다.

길버트 라일(Gilbert Ryle)은 이 책의 초기 원고를 읽고 많은 제안과 함께 매우 값진 격려를 해주었다. 각 부분들의 원고를 읽고 유익한 평을 해주었던 사람들 중에는 칼 브리턴(Karl Britton), 노먼 콜스(Norman Coles),

에드문트 펄롱(Edmund Furlong), 제인 힐(Jane Heal), 필립 퍼시벌(Philip Percival), 리처드 소랍지(Richard Sorabji), 콜린 스트랭(Colin Strang), 크리스토퍼 윌리엄스(Christopher Williams)가 포함된다. 나는 또한 나의 모든 생각을 뉴캐슬어폰타인대학의 강의, 개별지도, 대학원 세미나에서 철저하게 시험해보았다. 지금은 학과가 폐지되었기에, 이 대학 철학과가 철학하는 일을 위해 제공했던 조건이 매우 훌륭했다고 기록하고 싶다. 학생들은 더할 나위 없이 열정적이었고 서로 격려하는 편이었다. 내 동료들은 헌신적이면서도 매우 숙달된 아마추어의 모범을 보여주었는데, 이 아마추어적 자세는 영국인의 학구적 삶에서는 드물게 성장하지만 훌륭한 철학에는 크게 도움이 된다. 그리고 대체수업에 들어갈 비용의 기금을 조성해준 두 사람의 아량 덕분에 나는 마키저스제도에서 6개월의 안식년을 보내면서 철학적 문제들에 대해 철저하게 생각할 기회를 가졌는데, 이런 일은 오늘날의 대학에서는 거의 없는 일이다.

3장에서 7장 그리고 10장의 자료들은 『철학』(*Philosophy*), 『필로소피컬 쿼터리』(*Philosophical Quarterly*) 그리고 아리스토텔레스학회 출판물들에 실렸다. 그 자료를 다시 사용할 수 있도록 허가해준 편집위원들에게 감사한다.

제 1 장
분석철학이란 무엇인가?

1.1 철학이란 무엇인가?

철학은 문명의 자원을 인간 지성이 관여하는 가장 심층적인 문제들에 대해 체계적으로 적용하는 일이다.

이 문제들은 대부분 우리가 스스로 깨닫는 상황과 관련되어 있다. 우리는 변화하는 대상들의 세계에서 산다. 그리고 어떤 일이 일어나는지 의식하면서 목적에 따라 행동한다. 철학은 그 자신에 독특한 어떤 방식으로 반성적인 사람들에게 이런 궁지의 주요 특징, 즉 인생, 변화, 대상, 의식, 목적의 본성을 이해할 수 있게 해준다.

우리는 또한 다른 어떤 종류의 존재가 우리를 위해 비축되어 있는지, 그리고 우주가 인격적 신에 의존하는지 알고 싶어 할 수도 있다. 내 생각으로는 이런 식의 종교 문제를 다루기 위한 문명의 자원은 한계가 있다. 그러나 변변치 못하지만 철학은 그런 자원을 가장 잘 사용할 수 있도록 도와준다.

오늘날 철학은 하나의 특수 분과 학문으로 간주해 대학에서 가르치고 연구된다. 우리는 대학에서 철학박사 학위를 받거나 교수가 될 수 있다. 철학이 이렇게 제도화되는 것은 편리한 점도 있지만 위험한 점도 있다. 왜냐하면 철학은 역사학, 수학, 생물학처럼 다른 학문들과 같은 수준으로 특수한 주제나 분야를 연구하지 않으면서도, 가장 심층적인 문제들과 씨름하려면 철학자들이 아마추어의 자유를 보존해야 하는 것이기 때문이다. 다시 말해 철학자들은 지적으로 어떠한 권한에 의해서도 속박을 받으면 안 되기 때문이다. 만일 철학자들이 그저 또 하나의 직업 학자집단이 된다면, 그들은 철학자로서도 또는 다른 어떤 것으로서도 아무런 쓸모가 없게 된다. 즉 그들의 철학은 학자연하는 것이 되고 만다.

방금 말한 의미 외에도 '철학'이라는 낱말은 다른 용도가 있다. 이 낱말은 원래 직접적인 실제적 목적에 필요한 지식보다 더 포괄적이거나 더 정확하거나 더 심오한 지식을 추구하는 일을 의미했다. 이 용법은 물리학이 여전히 때때로 '자연철학'으로 불렸던 지난 19세기까지 오래도록 남아 있었으며, 학술 모임을 뜻하는 단체들이 이른바 '철학회'(philosophical societies)라는 이름으로 사용되는 것을 보면 지금도 언어적 화석으로 보존되어 있다. 일상 담화에서 만일 당신이 순전히 무감각해서가 아니라 지금 이 상태 너머를 볼 수 있기 때문에 불운을 침착하게 견딘다면, 당신은 '철학을 가지고' 불운을 견디고 있다고 한다. 또한 만일 신중하게 생각한 것들에 대해 일반적인 견해를 가진다면 당신은 그것을 '나의 철학'이라 부를 수도 있다. 우리는 학문적 철학에 익숙해지면 사람들이 역경 앞에서 철학적이게 되는 데 도움이 되고, 명석한 삶의 철학을 갖는 데 도움이 되기를 희망할지도 모른다. 하지만 나는 이런 일이 보증되지 못한다고 말하지 않을 수 없다.

덧붙이지 않을 수 없는 우울한 경고의 말이 더 있다. 우리의 정신이 관여하는 매우 심층적인 물음들은 쉽게 답을 찾을 수 없으며 실제적인 어떤 통찰을 얻으려면 상당한 노력을 해야 한다. 철학은 힘들고 어려운 주제이다. 아주 위대한 몇몇 철학자들 그 통찰을 명석하게 해설하는 탁월한 재능이 있기도 했지만 그들조차도, 즉 플라톤, 흄, 러셀조차도 이 일을 힘들게 진행한 사람들이다. 만일 철학자들이 오로지 철학자들을 위한 글을 쓰는 것이 쓸모가 없다면, 비철학자가 진지한 철학적 저작을 매우 집중해서 읽을 준비를 하지 않고 화제로 올리는 것 또한 똑같이 무익하다.

1.2 두 종류의 철학

분석철학은 영어를 사용하는 나라들에서 연구하는 철학자 대다수가 선호하는 종류의 철학이다. 반면에 유럽 대륙에서 연구하는 철학자는 대부분 때로 '대륙철학'이라 불리는 다른 종류의 철학을 한다. 분석철학자들은 일차적으로 논란이 되는 쟁점에 대해 옹호하는 견해 측면에서는 대륙철학자들과 다르지 않다. 분석철학자들은 그 주제를 생각하는 방식과 그 방식이 어떻게 행해져야 한다고 생각하는지의 점에서 대륙철학자들과 다르다. 철학하면서 보내는 대부분의 시간 동안 양 철학자들은 서로 전혀 다른 물음들을 생각한다. 같은 주제에 시선이 모아질 때도 그들은 서로 다른 방향에서 그렇게 할 뿐이다. 그리고 양 철학자들은 서로 다른 논증 방법, 철학함의 가치를 판단하는 서로 다른 기준을 가지고 있다.

이러한 분열을 20세기 초 이전까지 거슬러 올라가기는 거의 힘들다. 영어권 철학자와 대륙철학자는 적어도 칸트에 이르기까지는 여전히 똑같은 철학자들을 권위자로 인정하며, 19세기에는 영어권 대학들에서도 칸트 이후의 독일철학자들을 진지하게 취급하였다. 하지만 그때 러셀과 무어, 그 중에서도 어쩌면 가장 두드러진 사람은 러셀인데, 러셀은 그의 『라이프니츠의 철학』(*The Philosophy of Leibniz*, 1900)과 『수학의 원리들』(*The Principles of Mathematics*, 1903)에서 영국철학에 새로운 방향을 제시하였다. 영어권 철학자와 대륙철학자들은 각자 자신들의 방법을 터득하고 있었으므로 서로에 대해서는 거의 무관심한 채 자신들의 관심사를 추구했다. 이러한 경향은 십중팔구 파시즘의 발흥도 기여를 했다. 하이데거 같은 약간의 지도적인 대륙철학자들은 나치와 타협했으며, 어떤 나치주의자들은 여전히 대륙철학에 강한 영향을 미치는 저작들, 즉 니체의 저작들에서 자신들 사상의 지지 근거를 끌어냈다. 한편 영어권 나라들로 이주한 독일과 오스트리아 철학자 가운데 많은 사람이 경험주의와 형식논리학을 선호하는 러셀의 취향을 공유했다. 그러나 이러한 사태의 원인이라고 할 수 있는 역사적 사실이 무엇이든 그 순간에 영어권 철학자와 대륙철학자는 서로 상대방의 학술지를 읽지도 않았고 상대방의 학회에 참석하지도 않았다.

과학이나 역사학에서는 그런 일이 불가능했을 것이다. 그런 일은 주제의 본성 때문에 철학에서만 일어날 수 있다. 여러 가지 점에서 철학은 과학보다 예술과 더 닮았는데, 화가와 소설가는 같은 시대에 다른 사회에서 사는 사람들을 유념하지 않고도 열심히 작업해나갈 수 있다. 그럼에도 불구하고 영국철학자들이 대서양의 다른 쪽인 아메리카 대륙이나 심지어는 호주와 뉴질랜드에서 일어나는 일에 대해 잘 알고 있었던 반면에 영국 해협의 건너편에서 일어나는 일에 대해 무지했다는 것은 전혀 자랑거리가 못된다.

나는 그러한 무지를 여기서 일소(一掃)하려고 하지는 않을 것이다. 그럴 필요가 없는데, 왜냐하면 분석철학은 자신을 기독교 신비주의나 불교에 반대되는 것으로 정의하지 않는 것처럼 대륙철학에 반대되는 것으로 정의하지도 않기 때문이다.

사실상 제 자신을 정의하기란 아주 어려운 일이다. 분석철학자가 대륙철학자에 반대하여 지니는 신조들의 집합이 없기 때문에 그들이 서로 일치하여 지니는 신조들의 집합도 없다. 예컨대 그들은 좋음이나 나쁨의 문제와 관련하여 객관적 진리 같은 것이 있는지, 정신의 상태가 뇌의 상태와 동일시될 수 있는지 없는지에 대하여 완강하게 서로 불일치한다. 그러나 그들은 함께 학회에 가고, 같은 학술지의 논문을 읽고 글을 쓰며, 서로 상대방의 학생들을 검토한다. 그 결과 그들은 어떤 주제에 대한 만족스러운 처리인 것과 아닌 것에 대해 합의를 이루고 있다. 그들은 또한 철학적으로 다루기에 적합한 주제가 무엇인지에 대해서도 (만장일치는 아니라도) 어느 정도 일치한다. 전체적으로 그들은 학파라기보다는 대오를 벗어난 군기 빠진 운동(movement)을 이룬다. 그들은 자신들의 개인주의를 자랑스러워하고, 각자 자신의 견해를 전개한다는 사실을 자랑스러워한다. 하지만 그들 가운데 한 사람이 표현하듯이 '동료, 제자, 비판자와 함께 그들의 작업은 … 비교적 한계가 잘 정해진 대화를 이룬다' (Cohen, 1986, 5면).

분석철학이 이런 특성을 지녔기 때문에 유기적으로 구성된 체계나 빈틈없이 잘 짜인 학파의 작업에 어울리는 서술적 설명을 제시한다는 것은 불가능하다. 서로 불일치하는 주제들에 대해 저명한 분석철학자들이 제시하는 논증들을 요약하는 것 — 존 호스퍼스(John Hospers)는 그의 『철학적 분석 입문』(*An Introduction to Philosophical Analysis*, 1967)에서 아주 유익하게 그 일을 해냈다 — 이 불가능한 일은 아니지만, 여기서 내 목적은 그와는 다르다. 나는 분석철학자들이 논의하는 물음들이 그런 물음들을 살피는 데 시간과 관심을 기울일만한 흥미와 중요성이 있는데, 그들의 방법은 그들이 낼 수 있는 수익을 아직 내지 못했다고 믿는다. 나는 해소되지 않은 갈등 상을 보임으로써 그 갈등에 대해 누군가를 납득시킬 수 있을지 의심한다. 어쨌든 내 전략은 스스로 그 논의에 뛰어들어 가치 있는 어떤 결과를 얻으려 노력하는 것이다. 분석철학은 최근 호된 비판의 표적이 되어왔는데, 그 비판은 적지 않게 내부에서 나온 것이다. 나는 분석철학이 효과가 있다는 것을 보임으로써 분석철학의 정당성이 입증되기를 바란다.

1.3 주제와 방법

분석철학자들이 살피는 주요 주제는 4~5개 집단으로 나눌 수 있다.

1. 논리학과 수학의 기초가 되는 것: 실존, 진리, 수.
2. 물리과학의 기초가 되는 것: 시간, 변화, 인과관계.
3. 좋음과 나쁨, 그것들의 변형(덕, 미 등)과 그것들 사이의 차이의 본성.
4. 정신적 과정, 상태, 성향, 특히 믿음, 욕구, 숙련, 목적, 자기의식(self-awareness)이나 의식(consciousness)과 같은 아주 일반적인 개념들.

어떤 사람들은 언어철학이 논리철학이나 심리철학과 구별되는 또 하나의 주제 분과이며, 의미와 언급대상을 포함하여 언어철학이 다루는 주제가 다섯 번째 집단을 형성한다고 말할 것이다. 나는 이 점에 대해 이의가 없다. 나는 철학에 엄격한 칸막이를 강요하려는 것이 아니라 철학에 대해 할 수 있는 개관을 하려 할 뿐이다.

철학자들은 때로 '형이상학'이라는 낱말을 자신들이 그 실존을 의심한다고 생각하는 것들에 대한 미숙한 사변을 욕하는 말로 사용해왔다. 하지만 오늘날 이 낱말은 통상적으로 집단 3 이외의 다른 집단에 나타나는 주제들에 대한 연구를 더 많이 의미한다.

분석철학자들의 야심은 논리적, 개념적, 언어적 분석을 통해 내가 언급한 주제들에 대해 통찰을 얻는 것이다. '논리적', '개념적', '언어적'이라는 낱말은 종종 서로 교환해서 사용할 수 있지만, 분석철학자들 방법의 다른 측면을 드러낸다.

분석철학자들은 어떤 논증이 타당한지 가려낼 수 있고 일상의 진술을 그 진술을 포함하는 추리의 타당성을 확인할 수 있는 형식으로 바꿀 수 있을 정도로 형식논리학에 정통하다고 가정된다. 그렇지만 당신의 논문에 논리적 기호들을 써 대는 것은 괴상한 것으로 간주되며, 모든 문제를 대수학으로 바꾸어 해결할 수 있다는 생각은 논리주의라 하여 경멸적으로 묘사된다. 존경할만한 분석철학자들은 개념적 요점을 명료화하는 데 도움이 될 수 있는 한에서만, 즉 개념적 분석과 언어적 분석의 도움이 필요한 한에서만 기호를 사용한다.

'개념적 분석'이란 표현은 새롭지만 이 표현이 적용되는 대상은 철학 자체만큼이나 오래되었으며, 분석철학자들은 이 방법이 철학적 주제들을 만족스럽게 다루는 유일한 방법이라고 믿는다. 아리스토텔레스는 노여움을 '경멸할 일이 없는 사람이 당신이나 당신의 친구를 명백히 경멸했을 때 이에 대한 앙갚음에서 나온, 괴로움을 동반하는 욕구'로 정의했다(『수사학』 II권, 1378a30~2). 아리스토텔레스는 그것이 노여움이라는 것을 어떻게 알았는가? 대조집단을 준비한 다음 괴롭힘을 당하는 심리학과 학생들에 대한 오랜 관찰을 통해서가 아니라 아리스토텔레스는 자신과 친구들이 노여움을 어떻게 생각하는지를 숙고해서 내린 결론이다.

어떤 철학자들은 일종의 내성(introspection), 즉 우리의 정신을 살피는 어떤 과정을 통해 우리가 사물을 어떻게 생각하는지 결정할 수 있다고 생각했다. 그렇지만 유감스럽게도 이런 일을 할 때 사람들마다 서로 다른 것을 발견한다고 보고한다. 데카르트는 자신이 어떤 사람 또는 어떤 사고자라는 관념에 대해 음미할 때 그 속에 신체라는 관념이 포함되지 않은 것으로 판명되었다고 말한다(『성찰』 6장, 『반론에 대한 응답』 4장 등). 내부를 성찰한 다른 사람들은 자신들의 사고자 관념이 활발히 움직이는 뇌나 그 대행자 관념과 분리될 수 없다고 말한다. 분석철학자들은 비철학자들이 말하는 방식이 우리가 생각하는 방식에 대한 (오류 불가능한 지침은 아니지만) 지침이라고 믿는다. 그들은 우리가 사물을 생각하는 방식에 관해 자신들의 주장을 옹호하며, 일상의 담화 방식에 호소함으로써 상대방의 주장을 공격한다. 그래서 언어학자들처럼 언어 그 자체로서가 아니라 사고를 분석하는 수단으로 언어적 분석을 추구한다.

언어적 분석은 여러 형태를 띨 수 있다. 때로 언어적 분석은 그저 낱말들을 통해 표현되는 내성적인 개념적 분석이다. '대상에 대한 의식으로 우리 정신 상태에 대해 그것을 계속 연장되도록 만드는 경향이 있는 결과를 갖는 의식은 일반적으로 우리가 "쾌락"이라고 부르는 것이다' 라고 칸트는 말한다(『판단력비판』 s. 10). 여기서 칸트는 우리가 쾌락을 생각하는 방식을 말하고 있다. 마찬가지로 아퀴나스는 『신학대전』 Ia IIae 27. 1 ad 2에서 우리의 미 개념이 좋음 개념과 어떻게 다른지 말하고 있다. '"아름다움"은 "좋음"에다 우리의 인지 능력을 향한 어떤 명령을 추가하는 것이며, 그래서 우리는 단순히 욕구를 만족시키는 것은 무엇이든 "좋다"고 부르지만, 우리를 즐겁게 해주는 그대로의 이해를 "아름답다"고 부른다.'

아리스토텔레스는 철학자들에게 낱말이 사용되는 여러 가지 다른 방식을 구별할 것을 권하고, 그 자체로 좋은 것에 대해 '좋다' 를 사용하는 경우와 수단으로서 좋은 것에 대해 '좋다' 를 사용하는 경우를 예로 제시한다(『토피카』 I 106a4~8). 처음에는 그 일이 단순한 사전편찬처럼 보일지 모르겠다. 그러나 그 일은 '좋음' 처럼 철학자들이 관심을 가진 것을 표현하는 낱말들만을 대상으로 했고, 그래서 철학적 관심에 의해 인도되었다. 게다가 그 구별들은 종종 문법에 의거해서도 정당화된다. 다음은 엄슨(J. O. Urmson, 1967)에게서 따온 (약간 수정된) 예이다. 어떤 이미지가 마음에 떠오를 때 우리가 기억을 하고 있는지, 상상을 하고 있는지를 어떻게 아는가는 철학적 문제다. 이 문제를 다루려면 우리는 '상상하다' 라는 동사가 두 가지 다른 것, 즉 심상을 형성한다는 것과 믿는다는 것을 의미할 수 있다는 사실을 보여야 한다. 첫 번째 경우에 우리는 목적어로 명사구 — '그는 전장을 상상했다' — 를 취하고 두 번째 경우에 절— '그는 자신이 전장에 나가 있는 것을 상상했다' — 을 취한다는 것을 관찰함으로써 그 차이를 드러낼 수 있다. 최근에 철학자들은 문법적 차이가 흥미로운 개념적 차이에 대한 훌륭한 지침이라는 사실을 깨닫게 되었다. 제니퍼 혼스비(Jennifer

Hornsby, 1980)는 인간 행동의 본성에 대한 전체 새 이론을 동사의 타동사적 사용과 비타동사적 사용의 구별에 기초를 두는 데까지 나아갔다.

철학자들 또한 표면적인 문법적 유사성이 심층의 개념적 차이를 숨길 수 있고, 주요 철학적 오류의 원천을 이러한 데까지 추적할 수 있다는 것을 깨닫게 되었다. 나는 'I am in Paris' (나는 파리에 있다)라고 말할 수 있는 만큼 'I am in pain' (나는 고통 속에 있다)이라고 말할 수 있다. 하지만 비트겐슈타인은 두 번째 발언이 내가 나 자신에 관해 안다고 말하는 것이 적절한 것을 표현하는 반면에 첫 번째 발언은 그렇지 않다고 자세히 논하였다(『철학적 탐구』 I 246ff). 만일 당신이 원 모양 접시를 옆에서 본다면, 당신은 'It presents an oval appearance' (그것은 달걀 모양을 나타낸다)라고 말할 수 있다. 그러나 이 말은 표면상으로만 'The butler presented an oval tray' (집사가 달걀 모양의 접시를 증정했다)라는 말과 비슷하며, 배후에 놓여 있는 차이를 보지 못하게 되면 우리 주변의 사물에 대한 지식에 관해 다소 깊은 혼란에 빠질 수 있다. 라일은 정신, 그리고 정신과 신체의 관계에 관한 얼핏 보기에 매력적인 어떤 이론들을 반박하려 했는데, 그런 이론들이 문법적으로는 맞지만 실은 무의미한 문장들을 산출하려고 한다는 것을 보임으로써 그렇게 했다. 나는 언젠가 그의 책 『마음의 개념』(*The Concept of Mind*, 1949) 전체가 우드하우스(P. G. Wodehouse)의 지브스 이야기 가운데 하나에서 따온 한 편의 대화로 요약된다는 말을 들은 적이 있다.

> '상상력이 난색을 표한다는 뜻인가?'
>
> '예, 나리.'
>
> '나는 내 상상력을 검사했다네. 그가 옳았네. 그것은 난색을 표했네.'

이와 같은 방법을 사용하는 철학자들은 철학적 물음이 적어도 부분적으로 개념적이라는 사실을 가정해야 한다. 즉 철학적 물음은 어떤 방식에서 그리고 어느 정도로 우리가 사물에 관해 생각하는 방식에 관한 것이라고 가정해야 한다. 그리고 그들은 말하는 방식을 살핌으로써 생각하는 방식에 관해 무언가를 배울 수 있다고 가정해야 한다. 그러나 그것이 전부이다. 그들은 마이클 더미트(Michael Dummett)가 프레게에 대해 다음과 같이 찬사를 던지면서 전개한 이론처럼 철학의 주제에 대한 어떠한 특수한 이론에 대해서도 언질을 주지 않는다.

> 오직 프레게를 통해서 비로소 철학의 고유한 목적이 마침내 확립되었다. 즉 첫째, 철학의 목표는 사고(thought)에 대한 분석이라는 것, 둘째, 사고에 대한 연구는 생각(thinking)이라는 심리 과정에 대한 연구와는 뚜렷이 구별된다는 것, 마지막으로 사고를 분석하는 유일하게 적절한 방법은 언어에 대한 분석에 있다는 것이다(1987, 215면).

하물며 그들이 개념이나 의미가 무엇인지에 관해 어떤 특수 이론을 지녀야 한다는 것은 더더욱 아니다. 그들이 개념을 분석한다고 말하는 것은 화학자가 미심쩍은 액체나 분말 표본을 분석하는 방식으로 그들이 분석할 수 있는 '개념' 또는 '관념'이라 불리는 비물리적 실재들이 있다고 말하는 것이 아니다(비록 이것이 어떤 철학자들이 말해온 것과 거리가 먼 것이 아니라 할지라도). 그것은 내가 앞에서 예시한 종류의 절차를 나타내기 위한 은유이다.

플라톤과 아리스토텔레스는 명료성을 지향했으며, 전임자들이 지나치게 전문적인 방식이나 신탁과 같은 방식으로 말한다고 비난했다. 그들의 이상은 알렉산더 포프의 이상이었다.

참다운 위트는 교묘히 꾸민 자연스러움이니,
사고인 경우가 흔하지만 결코 그렇게 잘 표현되지는 않으니.
보자마자 그 참다움을 확신하는 어떤 것을 발견하지만,
그것은 우리 정신의 이미지 뒤를 제시하느니라.

(『비평론』, II. 297~300)

현대 분석철학자들은 똑같은 이상을 공유하며, 그들은 때로 마치 자신들이 대륙의 동료들과 구별되는 것처럼 약간 광신적으로 다음과 같은 글을 쓴다. '헤겔주의자나 하이데거주의자들과 달리 그들은 숙고해서 뒤틀린 구문, 돌려 말하는 해설, 간단한 진술을 수수께끼 같은 암시로 대치하는 일, 수사적 역설이나 선명치 않은 은유를 피한다' (Cohen, 1986, 42면). 그들이 명료하고 자연스러운 방식으로 표현하는 일의 가치는 가장 유명한 20세기 영어권 철학자 몇 사람, 즉 러셀, 오스틴, 라일, 데이비드슨의 저작에서 명백히 드러난다.

1.4 논란이 분분한 학풍

철학 일반도 철학의 분석적 변종도 비판자가 없는 것이 아니다. 어떤 비판은 모든 학술 연구에 똑같이 적용되기 때문에 무시할 수 있다. 곧바로 부자를 더 부자로 만들지 못하고, 가난한 자의 수를 줄이지 못하고, 계몽된 정부의 다른 목표들을 증진시키지 못한다는 것은 철학만의 독특한 특징은 아니다. 그러나 분석철학은 소임을 다했고, 종말이 다가오고 있으며, 아직도 분석철학을 하는 우리 같은 사람들은 제2차 세계대전이 여전히 진행 중이라고 믿고 멜라네시아 군도의 정글에서 헤매는 바보 같은 일본군 같다고 말하는 철학자들이 있다. 그러니 실직한 자신을 발견하고 싶지 않은 봉급

받는 철학자들은 새로운 연구들, 즉 '현재 바람직한 것의 투영이 되는 미래를 상상하기 위해 지성의 힘에 대한 확신'을 '키워서 명료하게 표현하는 일'(Dewey, 1917, 69면)이나, '이상들의 체계'를 구성하고 비판하는 일(Kekes, 1980)이나, 문예비평 꾸러미를 제공하고 덕과 '해석학'이라 불리는 어떤 것에 대해 설교하는 일(Dewey, 1967과 Heidegger, 1975를 따라 Rorty, 1980)을 추구하는 쪽으로 전환해야 한다는 것이다.

상담역을 자처하는 이 철학자들에 따르면, 고등교육은 여기서 멈추어 최대한 높이 날아오르는 것인데, 분석철학자들이 '철학'으로 의미하는 것은 그런 것의 부분이 되지 못할 것이다. 하지만 그것은 현실성 있는 예보가 아니다. 문명이 통째로 붕괴할 수도 있으며, 그와 함께 철학이 쇠락할 수도 있다. 그러나 철학이 적절한 자원을 보유하는 한, 사람들은 그 자원을 자신들이 어디에 서 있고 어떻게 서 있는지를 이해하는 데 적용할 것이다.

그렇지만 철학은 다른 학문들이 그렇지 않은 방식으로 본래 자기 비판적이고, 심지어 자기 의심적이기까지 하다. 나는 방금 철학자들이 논의하는 몇 가지 주된 주제를 열거했다. 그런 주제들을 살필 시간을 낼 여유가 있는 사람은 누구라도 그런 주제들이 공통적으로 가지고 있는 것이 무엇이고, 그런 주제들이 단일 연구 분야에 속하거나, 단일한 방법으로 처리될 것이라고 생각하는 것이 합리적인지 궁금해하지 않을 수 없게 된다. 좋음과 나쁨은 의식의 본성과 별로 관계가 없는데, 하물며 시간이나 실존과는 더더욱 관계가 없다. 철학의 전통적 주제들이, 진리를 발견하는 확실한 방법을 지닌 누구도 제 자신을 위해 그런 주제들에 대한 권리를 주장하려 하지 않는다는 점 외에는 공통점이 전혀 없는, 그저 지적 분실물 취급소의 내용물에 불과할 수 있을까?

이것은 철학적 탐구의 본성에 대한 이론으로만 처리할 수 있는 중대한 의심이다. 그런 이론들은 과거에 제시되어왔다. 그래서 실제로 독특한 철학적 견해 집합을 지닌 철학자는 누구든 철학의 본성에 대해 독특한 입장을 지니게 될 것이다. 그러나 나는 제시된 이론 중의 어떤 것도 그 문제에 충분히 대처한다는 것을 발견하지 못한다. 그래서 그런 문제에 충분히 대처하는 새로운 이론을 제공하는 것이 이 책의 주요 목적이다.

그러나 철학에 대한 비판자들은 철학 분야에 통일성이 없다는 일반적 반론 외에도 몇 가지 특수한 반론을 제기하는데, 내 이론을 개관하기 전에 먼저 이런 반론 세 가지를 살펴보고 싶다.

『철학과 자연의 거울』(*Philosophy and the Mirror of Nature*, 1980)에서 리처드 로티는 예나 지금이나 철학자들의 머리가 끊임없이 짜내는 문제들 집합의 외양은 착각이라고 논한다. 각 시대는 저마다 제 자신의 '문젯거리', 즉 그 시대의 역사적 '우연성'으로 결정되는 그 자신의 관심사 집합, 다시 말해 정치, 과학, 종교, 또는 무엇이 됐건 그 당시 일어나고 있는 일의 발전으로 결정되는 그 자신의 관심사 집합이 있다. 중세 시대에 철학자들은 기독교 신학과 자연과학의 시작을 자신들이 아리스토텔레스가 증명했다고 가정한 이론, 즉 물질적 대상이 어떤 종류의 비활성적이고 특색 없는 물질과 실체 형태로 구성된다는 취지의 이론과 조화시키고 싶어 했다. 17세기에 철학자들은 인간의 정신을 신학자들의 권위에서 해방시키고 싶어 했으며, '인식론'이라 불리는 학문, 즉 지식론에 푹 빠져 있었다. 언어에 대한 현대의 관심은 또다시 새로운 어떤 현상이다. 따라서 과거 철학자들이 탐구해온 어떤 종류의 실재에 대한 지식을 추구하는 것은 헛수고이다. 우리가 할 수 있는 것은 철학자들이 반응하고 있는 우리가 사는 시대의 '우연성'이 무엇인지를 보는 것뿐이다.

이 설명은 철학을 어떤 방식으로 역사에 종속되게 만들 것이다. 그러나 역사적 연구 자체는 그 점에 반대로 작용한다. 역사적 연구는 내가 열거한 주제들을 실제로 고대, 중세, 근대 철학자들이 논의했으며, 꽤 비슷한 방식으로 이해하고 있었음을 보여준다. 예컨대 시간, 공간, 변화를 생각해보라. 플라톤은 이 주제를 두 대화편, 즉 『파르메니데스』(*Parmenides*)와 『티마이오스』(*Timaeus*)에서 자세히 논의한다. 『자연학』(*Physics*) 두 책(III권과 IV권)에서 아리스토텔레스 역시 마찬가지다. 그리고 이 원문 책들은 중세 시대에 주석이 가해지면서 연구되었다. 흄과 칸트는 인과성과 개인의 동일성이라는 좀 더 성미에 맞는 주제로 나아가기 전에 이 주제에 절을 할애하지 않을 수 없다고 느꼈다(『인성론』 I권 ii; 『순수이성비판』, 선험적 미학). 이 주제는 헤겔의 『논리학』과 러셀의 『수학의 원리』에서 다시 나타난다. 로티가 서로 다른 사회들에서 사변적 대화가 산발적으로 드문드문 나타나는 것을 본 곳에서, 역사는 단일한 철학적 전통을 드러낸다. 호메로스, 베르길리우스, 단테, 밀턴 사이의 극단적인 이해의 단절을 염려할 이유가 없는 것처럼, 서로 다른 시대의 철학자들 간의 극단적인 이해의 단절을 염려할 이유도 없다. 호메로스 시대 그리스의 '우연성'은 19세기 러시아와 매우 달랐으며, 이 사실은 전쟁, 사랑, 가정생활에 대한 사람들의 생각에 영향을 미쳤음이 틀림없다. 그러나 『일리아드』와 『오디세이』가 『전쟁과 평화』나 『안나 카레니나』 같은 것들 중 어떤 것이 다루는 내용과 같은 것이 아니라고 말하는 것은 괴상하다.

두 번째 노선의 비판은 계속 이어지는 시대들에서 같은 문제를 다룬다는 것을 허용하지만, 이 문제들을 사이비 문제라고 낙인찍는다. 무언가 잘못되었다는 것에 대한 한 가지 징표는 2,000년 이상 논의를 했음에도 그 문제 중 어떤 것도 아직 명확한 해답에 이르지 못했다는 것이다. 사람들은 플라톤 시대만큼이나 많이 지금도 시간에 관해, 인과관계에 관해, 정신의 본성에 관해 논쟁을 벌이고 있다.

이 주장에 대해 나는 철학적 문제가 수학시험 문제와 같은 것이 아니라고 응수하는데, 수학시험 문제는 각각 옳다는 것을 증명할 수 있는 유일한 정답이 있다. 철학적 문제는 예술의 문제와 더 비슷한데, 예술의 문제들은 좋은 해결책과 나쁜 해결책을 허용하지만 그런 해결책들이 연속되는 시대마다 반복해서 나타난다. 인물, 나무, 바다에 대한 그림 그리기는 대대로 화가들에게 문제로 제시된다. 조토, 터너, 세잔은 이 문제를 매우 즐겁게 자신의 스타일대로 해결할 수 있다. 그리고 각자 다른 스타일대로 그런 일을 시도하는 것이 레오나르도 다빈치, 호쿠사이, 고갱에게 그 일을 시간낭비가 되게 하지는 않는다. 노트르담 대성당과 런던의 세인트폴 대성당은 정확히 똑같은 문제에 대한 해결책, 즉 화재 후 국가적 중요성을 지닌 성당을 재건축하는 일이다. 그것들은 완전히 다르지만, 어떤 것도 다른 것을 무효화하지 않는다. 각각의 서사시인이나 극작가나 소설가가 사랑이나 노여움이나 야심이나 질투심의 작동에 대해 제 자신의 방식대로 묘사하고 싶어 하듯이, 각각의 철학자는 실존이나 인과관계나 사고에 대해 제 자신의 설명을 제시하고 싶어 한다. 철학자는 스파이가 어떤 나라의 군비에 관한 진실에 도달하는 방식으로가 아니라 미켈란젤로가 인체에 관한 진리에 도달하는 방식으로 진리에 도달한다.

피터 엉거(Peter Unger)는 철학적 문제가 가짜라고 논했는데, 그 이유는 철학적 진리가 이처럼 불충분하게 콧대 센 성격을 가지고 있기 때문이 아니라 도달해야 할 진리가 전혀 없기 때문이라는 것이었다. 그의 논증은 철학적 물음이 제기되는 이른바 체계적 애매성에 기초를 두고 있다. 데카르트에서 러셀에 이르기까지 철학자들의 입에 가장 자주 오르내리는 물음, 즉 '우리가 우리 주변의 물리 세계에 관해 무언가를 알 수 있는가?' 라는 물음을 생각해보라. 이 물음은 '알다' 가 확정적 의미를 갖지 않기 때문에 대답 불가능하다(1984, 3~5면, 46~54면). 만일 지식에 아주 희미한 정도의 오류나 불확실성의 가능성도 배제하도록 이 낱말에 엄격한 불변적 의미를 할당한다면, 우리는 우리 자신의 정신을 벗어난 어떤 것에 대해서도 지식을 가질 수 없다. 반면에 만일 그 낱말의 의미를 그 낱말이 사용되는 상황에 따라 변하도록 허용한다면, 우리는 물리 세계에 대한 지식을 가질 수 있다. 그래서 '사실상 "알다"의 의미는 무엇인가? 그 의미는 변하는가 변하지 않는가?' 라는 물음은 옳은 정답이 있을 수 있는 객관적 사실에 대한 물음이 아니다.

나는 이 논증이 설득력 있다는 것을 전혀 발견하지 못한다. 왜 우리가 이 논증으로부터 '물리 세계에 관해 무언가를 알 수 있을까?' 라는 물음이 두 개의 답이 아니라 답이 없다고 결론지어야 하는가? 또는 두 가지 다른 물음, 즉 '만일 "알다"가 엄격한 불변적 의미를 갖는다면 우리가 무언가를 알 수 있는가?' 와 '"알다"의 의미가 변한다면 우리가 무언가를 알 수 있는가?' 가 엉거가 제시하는 답들을 갖는다고 한다면, 그 물음이 답이 없을 경우에 문제가 되는 것이 무엇인가?

다수의 철학자가 철학의 전통적 문제들이 철학적 과오에 의존하거나 그것으로부터 도출되기 때문에 가짜 문제라고 주장해왔다. 듀이는 그 과오가 우리를 신체 및 세계의 나머지와 완전히 다른 비물질적 대상, 즉 영혼이나 정신이라고 생각하는 것이라고 말한다(1917, 30~31면). 로티(1980, 12면과 이 책 곳곳에서)에 따르면, 그 과오는 정신을 일종의 거울이나 캔버스로 생각하고, 지식을 이 거울에 비친 정확한 모습이나 이 캔버스에 그려진 정확한 표상으로 생각하는 것이다. 두 비판자 모두 철학자들이 전통적으로 지식에 관한 망상에 사로잡혀 있었으며, 이 망상을 철학자들의 과오 탓이라고 비난한다.

나는 인간 본성과 인간 정신에 대한 이 견해들이 틀렸고, 데카르트에서 러셀에 이르기까지 대부분의 철학자가 이 견해들을 수용했으며, 이 견해들이 우리가 무언가를 어떻게 알 수 있는지에 관한 해결 불가능한 문제들을 야기하며, 그런 문제들에 많은 시간 낭비를 해왔다는 데 동의한다. 또 이

시기의 철학자들이 모든 철학적 문제를 지식론 방향에서 접근하여 자신들의 인식론적 견해에 집중하는 경향이 있었다는 데 동의한다. 그리고 나는 이러한 접근방식에 대해 듀이와 로티가 지닌 반감을 공유한다. 그러나 그들은 좋음과 나쁨, 시간, 인과관계 등 내가 열거한 모든 문제가 인간 본성과 정신에 관한 과오에 의존한다는 것을 보여주지는 않는다. 비록 듀이가 '전통적 문제들'의 진정성을 의문시하는 일을 떠맡고 있다 할지라도, 그가 언급한 문제는 오직 인식론적 문제뿐이다. 로크나 흄처럼 인식론적 접근방식에 매우 전념한 철학자들조차도 지식의 본성이나 가능성과 관계가 없는 주제들을 논의하는 데 그 접근방식을 이용한다. 그리고 듀이도 로티도 우리가 비물리적 존재라거나, 생각을 거울 비추기나 표상하기 모델을 통해 이해해야 한다고 믿지 않고는 또 다른 주제들에 흥미를 가질 수 없다고 생각할 이유를 전혀 제시하지 않았다. 그들 역시 오로지 데카르트에서 러셀에 이르는 철학자들에만 집중한다. 듀이는 고대 철학에 관해 아무 말도 하지 않으며, 중세 철학에 대한 그의 견해는 어떤 종류의 종교적 믿음에 몰두하다가 왜곡된 것처럼 보인다. 이미 보았듯이 로티는 고대와 중세 철학자들이 데카르트 및 그 후임자들과 같은 주제를 다루고 있다는 것을 부정한다. 그래서 그 견해에 따르면, 고대와 중세 철학자들의 작업은 우리와 관련이 있다고 보기가 거의 어렵다. 그렇지만 나는 분석철학자가 인간 정신과 지식을 데카르트, 로크, 칸트, 러셀과 같은 방식으로 생각할 필요가 없다고 주장할 것이다.

나는 분석철학에 대한 몇몇 비판자들이 내가 앞에서 기술한 철학적 분석 방법에 대한 믿음과 실재, 사고, 언어가 서로 어떻게 관계되어 있는지를 주장하는 특수 이론에 대한 믿음을 혼동함으로써 잘못된 길로 빠졌다고 생각한다. 나는 분석철학과 이 이론을 분리하고 싶기 때문에 그 이론이 어떤 것인지 설명해보기로 하겠다.

1.5 원자주의 이론

가장 최근 판 이론에 따르면, 세계는 궁극적으로 몇 가지 기본 대상들로 이루어져 있는데, 그 대상들은 그 자체로 단순하고, 단순한 어떤 속성들을 가지며, 서로 단순한 관계를 맺고 있다. 이 대상들은 무엇인가? 그 이론은 우리에게 선택지를 남겨놓는다. 우리는 과학에 알려진 가장 기본적인 입자들, 즉 쿼크 또는 무엇이 됐건 한때 원자 입자가 했던 역할을 지금 하는 입자를 그 대상으로 선택할 수 있다. 또는 잔상과 신체적 감각 같은 좀 더 주관적인 현상을 대상으로 선택할 수도 있다. 기초속성은 모양, 크기, 색깔일 수도 있으며, 두 대상 사이의 기초관계는 1인치 떨어져 있음이 될 수도 있다. 어떤 대상이 어떤 기초속성을 갖거나 어떤 기초관계를 맺고 있다는 것은 기초사실이다. 기초사실에 대응하는 것은 기초명제이다. 만일 A가 단순대상이고, 붉음이라는 색깔이 기초속성이라면, A가 붉음은 기초사실이고, 대상의 색깔을 서술하는 'A는 붉다' 는 기초명제를 표현할 것이다.

그런 명제들은 서로 결합하여 그 명제들의 '진리함수명제' 라 불리는 복합명제로 합쳐질 수 있다. 그 낱말이 의미하는 것은 무엇인가? 한 명제는 그 진리성이 두 번째 명제의 진리성의 함수라면, 즉 그 진리성이 오로지 두 번째 명제의 진리성에만 의존한다면, 두 번째 명제의 진리함수명제이다. 5가 2와 2의 합이 아니라는 명제는 5가 실제로 2와 2의 합이라는 명제의 진리함수명제다. 그 명제는 두 번째 명제가 그르다면, 그리고 오직 그 경우에만 옳다. 마찬가지로 하나의 복합명제

2+2=5이거나 또는 2+2=4

는 두 명제 2+2=5와 2+2=4의 진리함수명제다. 이 명제는 그 두 명제가 모두 그르면 그르고, 그렇지 않으면 옳다.

단순명제들의 진리함수명제는 복합사실을 표현한다. 우리는 그 사실을 단순명제들이 표현하는 사실들로부터의 '논리적 구성물' 이라고 부를 수 있다. 그 이론은 기초사실이 아닌 세계 속 모든 실제 사실이 기초사실들로부터의 논리적 구성물이라고 주장한다. 우리는 그 사실을 기초명제들의 진리함수인 어떤 명제로 표현할 수 있다. 사정이 이렇기 때문에 철학의 임무는 실재의 단순한 요소들이 무엇인지 말하고, 복합명제와 복합사실을 단순명제와 단순사실들로 분석하는 일이 된다. 수잔 스테빙(S. Stebbing, 1932/3, 65면)은 그 이론을 다음과 같이 요약하였다.

> 형이상학은 옳은 진술이 만들어질 때마다 다양한 정도의 직접성을 가지고 그 진술이 언급하는 세계 속 사실들의 구조가 무엇인지를 보여주기 위해 체계적으로 연구하는 분야이다. 형이상학의 목적이 달성되는 한 우리는 형이상학을 통해 세계 속에 존재하는 것이 정확히 무엇인지를 알 수 있다. 세계 속에 정확히 무엇이 존재하는지 안다는 것은 함께 모여서 세계를 이루는 사실들, 즉 세계를 형성하는 사실들이 무엇인지 안다는 것이다. 주어진 사실이 정확히 무엇인지 안다는 것은 그 사실을 이루는 요소들과 그 요소들의 조합 방식을 모두 안다는 것이다.

내가 진술했듯이 이 이론은 20세기의 첫 삼반세기(三半世紀)에 나온 이론으로 대략 '논리적 원자주의' (logical atomism)라 불린다(Russell, 1918~19; Wittgenstein, 1922를 볼 것). 그러나 이 이론은 데카르트까지 거슬러 올라가는 전통에 속해 있다. 『정신 지도를 위한 규칙』(*Rules for the Direction of the Mind*, 1628)에서 데카르트는 수학의 고급 정리들 같은 '복잡하고 불명료한 명제들' 을 '단계적으로 좀 더 단순한 명제들' 로 환원해야 하며(규칙 5), 순수하고 단순한 자연 성질은 불과 몇 가지 밖에 없다고 말한다(규칙 6). 로크는 ('그러나' 같은 불변화사를 제외한) 모든 유의미한 낱말에 대해 어떤 관념이 대응한다고 생각했다. 그리고 모든 관념은 단순해서 분석 불가능하거나 단순관념에서 구성된다고 생각했다. 만일 시간이나 인간 본성 같은 어떤 것에 대해 철학적 설명을 제시하고자 한다면, 우리는 그것을 표현하는 낱말('시간', '인간')을 택한 다음, 그 낱말이 어떤 관념을 표현하는지 살피고, 그 관념을 단순요소들로 분석한다.

철학하는 방식은 바로 이와 같은 것이 틀림없다고 쉽게 여겨질 수 있는 것으로 보인다. 복잡한 대상은 단순한 대상들로 구성되어 있고, 복잡한 개념이나 사고는 단순한 개념이나 사고로 구성되어 있는 것이 분명하다. 철학적 이해는 말하자면 실재와 사고의 기초적인 건축용 벽돌을 확인하고, 그 벽돌들이 수정되고 모양을 짓고 서로 잘 들어맞는 방식을 기술함으로써 도달하는 것이어야 한다. 엄슨(1956)은 이 프로그램을 수행하려는 20세기의 시도에 관해 쓴 책에 『철학적 분석』(*Philosophical Analysis*)이라는 제목을 붙인다. 하지만 철학을 이런 종류의 분석으로 보는 일이 분석철학자가 되는 데 반드시 필요한 것은 아니다. 오히려 이러한 철학관 및 이 철학관을 뒷받침하는 원자주의 이론에 대한 주요 공격은 오스틴, 라일, 콰인, 후기 비트겐슈타인 등 분석철학자들에게서 나왔다. 다음에 나 자신이 전개할 이론들도 모두 이 원자주의에 대해 반대한다.

1.6 하찮은 것이라는 비난

나는 되돌아가서 철학에 대한 비판자들을 살핀다. 만일 끊임없이 제기되는 문제들이 있는데 이 문제들이 단순히 철학적 과오의 결과가 아님을 그 비판자들이 인정한다면, 남아 있는 불평의 주제는 이 문제들이 시간을 바쳐 탐구할 가치가 없을 정도로 하찮은 문제라는 것이다. 또는 적어도 분석철학의 방법은 그 문제들에 관해 하찮은 결론 이외에 어떤 결론도 산출할 수 없다는 것이다. 엉거는 다음과 같이 말한다.

> 첫째, 그 주제의 다소 선천적인 안락의자 방법은 일상용어에 대한 검토 이외의 다른 것에는 거의 적합하지 않다고 가정된다. 그러나 둘째, 우리의 일상적인 상식적 믿음들은 … 거의 예외 없이 올바르다고도 가정된다. 따라서 철학자들은 오로지 우리의 상식적 믿음들에 대한 다소 비판적인 검토에만 틀어박힌다 …. 그런 믿음들에 대한 검토에 의거해서는 아무런 실질적 결과도 기대되지 않는다. 철학은 우리의 세계관을 불변의 것으로 남겨두는 것이다(1975, 3~4면).

그러한 비판은 새로운 것도 아니고 분석철학에만 한정되는 것도 아니다. 플라톤 시대에 이소크라테스(Isocrates)는 구실을 늘어놓으면서 '빈둥거리기'와, 하나에서 무한에 이르기까지 무언가에 '존재하는 것들'의 수를 표현한 파르메니데스와 아낙사고라스 같은 과거 철학자들의 논증에 '발이 묶이기'에 대해 젊은이들에게 경고했다. 그러한 '공상적 발언은 마법의 속임수와 같으며', 무언가 가치 있는 일을 하고 싶은 사람들은 전국적 관심사나 정치적 관심사의 문제 대신 글을 써야 한다(*Antidosis*, 262면, 268~9면). 12세기에 유능한 행정관이었던 솔즈베리의 존(John of Salisbury)이 옛 동료들을 12년 뒤에 다시 방문했는데, 이 동료들은 파리의 학교들에서 당시의 분석철학이라고 할 수 있는 '변증법'에 여전히 사로잡혀 있었다. 그는 그들이 이전의 문제를 해결하는 일을 한 걸음도 진척시키지 못했거나 새로운 명제를 추가하지 못했다고 보고한다. 그리고 변증법이 다른 학문 분야들에 도움이 될 수 있지만 '변증법 자체가 소유하는 것은 핏기가 없는 불임(sterile)의 것'이라고 결론짓는다(*Metalogicon* II 10). 이런 사정을 흄보다 더 잘 표현한 사람은 일찍이 없었다.

만일 예컨대 우리가 신학 책이나 대학의 형이상학 책을 손에 든다면, 다음과 같이 물어보자. '그 책이 양이나 수에 관한 추상적 추론을 담고 있는가?' '아니' '그 책이 사실과 실존 문제에 관한 실험적 추론을 담고 있는가?' '아니' '그럼 그 책을 불태워버려라. 그 책은 궤변과 환상 외에는 아무것도 담고 있지 않을 테니까' (1902A, 165면).

엉거의 소견은 철학의 실제 모습에 대한 정확한 표상과는 거리가 멀다. 분석철학자들은 '상식적 믿음' 을 검증하기 위해 일상 언어를 연구하지 않는다. 그들은 우리가 지니고 있다는 것을 모르지만 일상적 담화방식으로 드러나기를 희망하는 믿음과 사고방식을 드러내려고 한다. 우리는 시간이 흐르거나 지나간다고 생각하는가? 상식은 '철학자에게 물어보라' 고 말한다. 비철학자들은 자신들이 생각하는 것을 모르고 있다는 사실을 기꺼이 고백한다. 자유가 인과적 결정과 양립 가능한지, 정신 상태가 뇌 상태와 동일할 수 있는지, 어떤 행위의 좋음과 나쁨에 관해 불일치할 때 발견해야 할 진리가 있는지와 같은 다른 전형적인 철학적 문제들에 대해서도 똑같은 말이 성립한다. 상식은 이런 주제들에 대한 우리의 사고가 불명료하다고 알려준다. 그래서 그런 주제들에 대한 우리의 사고는 이런 주제들 자체가 아니라 일상적 대상, 사건, 결정에 관해 우리가 말하는 방식에 대한 분석을 통해 명료화될 수 있다는 것을 나는 증명하고 싶다.

비록 이런 문제들과 관련하여 절박성의 분위기가 없다는 것이 인정된다 할지라도, 이런 문제들을 '하찮다' 고 부르는 것은 교양이 없는 짓일 것이다. 훈련받은 철학자가 아닌 지식인들은 이런 문제들을 사실상 '인생이 의미가 있는가?', '인간에게 선이란 무엇인가?', '정의란 무엇인가?' 처럼 모든 사람에게 절박한 것으로 보일 수 있는 매우 거창한 물음과 대비시키고 싶은 생각이 들 것이다. 이런 물음들은 의심할 여지없이 정치적 또는 전국

민적 관심사의 물음이지만, 우리는 어떻게 해서 그런 물음들에 관해 말하는 것이 신뢰할만한 무언가가 있다고 가정하는가? 도대체 우리는 인생이 의미가 있는지, 정의가 무엇인지를 어떻게 아는가? 우리가 태어날 때 별이 빛나는 것을 봄으로써? 무심코 답을 끌어냄으로써? 시인과 예언자들은 장터에 서서 거창한 답을 선언할 수 있지만, 철학은 이런 답이 불만족스럽다는 것을 발견한 사람들에 의해 도입되었다.

위대한 철학자들은 종교 창시자들에 필적할 만큼 인류 역사에 영향을 미쳤다. 플라톤과 아리스토텔레스는 학문 분과라는 개념을 창조했다고 할 수 있다. 그들은 두 학교, 즉 그 뒤 모든 고등교육 제도의 유래가 된 아카데메이아와 리케이온을 세웠다. 그들은 또한 인간 본성에 대해 어떤 견해를 도입했는데, 이 견해를 통해 우리는 지금 선진사회와 원시사회를 구별한다. 오늘날 우리가 생각을 지각이나 감정과 구별하고, 우리 자신을 정신을 가진 지적 존재로 생각하는 것은 바로 그들 덕택이다. 이러한 혁명은 이소크라테스가 불평하듯이 바로 과거 사상가들의 사변을 논리적 이치를 따져 하나씩 차근차근 생각해보고 탐구함으로써 달성되었다. 근대에 헤겔과 마르크스는 독일, 이탈리아, 러시아, 중국의 집단주의 정권의 출현에 적잖은 책임이 있었다. 반면에 집단주의 반대자들은 흄과 밀에게서 무기를 얻었다. 이 네 철학자 중에서 마르크스는 독일 관념론뿐만 아니라 고대 그리스 철학에서 깊은 영향을 받았으며(파리 사본의 증언에 따르면), 다른 철학자들은 자신들의 도덕적 · 정치적 사상을 형이상학에까지 깊이 뻗어 있는 뿌리에서 끌어낸 학구적 철학자들이었다.

형이상학에 대한 흄의 불충하지만 설득력 있는 폭발적 발언에 대해서는 그 발언으로 신앙이 흔들린 누구라도 그 학문 분과가 여전히 정치적 체제와 학문적 체제에 똑같이 두려움과 적개심을 고취하는 방식에서 안도감을 느낄 수 있을 것이다. 영국 정부가 대학에 서로의 학과들을 폐쇄하도록 조장했던 지난 10년 동안에 영국은 대학에서 철학 직장의 1/4을 잃어버렸다. 그보다 운이 더 나쁜 나라들에서는 비밀경찰이 대학에 들어갈 때 처음으로 체포된 사람이 순수 수학자나 곤충학자가 아니라 철학자들이었다.

제 2 장

이론의 개요

2.1 들어가는 말

18면에서 나는 철학자들이 논의하는 몇 가지 주제를 훑어보았다. 만족스러운 철학 이론은 그런 주제들의 공통점이 무엇이고, 왜 우리가 말하고 생각하는 방식을 살핌으로써 그런 주제들에 대해 통찰을 얻기를 희망할 수 있는지 보여주어야 한다. 추측건대 이 방법은 그런 주제들이 사고와 담화에 대해 탐구하는 것이면서 동시에 그런 탐구의 대상이 되는 것들이기 때문에 효과가 있을 것이다. 그러나 어떻게 그런 일이 있을 수 있을까?

철학의 핵심 문제들은 세 가지 차원을 갖는 것처럼 보인다. 우리는 좀 거칠게 직접적으로 시간이나 실존이나 의식이 무엇인지 물을 수 있다. 실재나 실재하는 것들 자체에 대해 연구하는 분야를 지칭하는 낱말로는 '존재론'이 사용되므로 우리는 이 차원을 '존재론적 차원'이라 부를 수 있다. 그 다음에 개념적 또는 인식론적 차원이 있는데, 이 차원에서 우리는 이런 것들을 우리가 어떻게 생각하고, 이런 것들에 대한 우리의 개념이 어란상암(魚卵狀岩, oolite), 피네싱(finessing), 빌하르츠 주혈흡충(bilharzia) 같이 철학자들이 조용히 지나간 것들에 대한 개념과 어떻게 다른지 묻는다. 그리고 언어적 차원이 있는데, 이 차원에서 우리는 좋음, 실존 등이 언어로 어떻게 표현되고, 그런 것들을 가장 잘 표현하는 낱말들이 어떻게 의미를 갖는지 살핀다. 훌륭한 철학 이론은 실재, 언어, 사고의 동형구조를 정밀하게 나타내고, 왜 그런 구조가 존재하는지 설명해야 한다.

앞의 30~32면에서 기술한 원자주의 이론은 이 요건을 충족시키는 방법 몇 가지를 제시한다. 존재론적 차원에서 그 이론은 속성을 가지면서 서로 관계를 맺는 대상들을 표현한다. 언어적 차원에서는 대상을 언급하는 표현과 속성과 관계를 뜻하는 술어-표현이 있다. 그리고 개념적 차원에서는 비록 정확한 대응물을 파악하지는 못한다 할지라도, 우리에게 속성에 대한 단순관념과 단순사고가 제시되는데, 이 단순관념과 단순사고는 합쳐서 그것들의 진리함수인 복합사고로 결합될 수 있다.

그렇지만 그 이론은 성공할 가망성이 전혀 없다. 그 이론의 설명력은 전적으로 장인이 어떤 형체를 만들거나 조립하는 재료들과 이 재료들에 부여한 형체나 배열 사이의 단일 관계, 즉 단순한 모델에 있다. 나는 그 모델을 통해 우리가 철학자들이 논의하는 것들 중의 어떤 것도 이해할 수 있다고 생각하지 않는다. 실존은 속성이나 관계가 아니다. 시간이나 변화나 수(數)도 속성이나 관계가 아니다. 종종 지혜, 비겁함, 아름다움 같은 속성들로 언급되는 어떤 철학적 주제들이 있다. 그러나 꽃병 모양이나 집의 구조와 유사한 것으로 생각하는 한 우리는 그 주제들을 절대 깊이 있게 살피지 못할 것이다. 그리고 우리의 사고와 담화가 세계와 어떻게 관계되어 있고, 그 사고와 담화가 옳은지 그른지 말하는 것이야말로 철학의 핵심 임무이다. 진리성과 허위성은 단순히 모양이나 공간적 관계와 전혀 다를 뿐만 아니라 꽃병, 집, 유화, 또는 원자주의 이론이 사고와 담화에 대해 제안하는 어떠한 모델에도 전혀 부여될 수 없다.

내가 전개하고자 하는 이론은 세 가지 기본주장으로 요약할 수 있다.

1. 철학자들은 어떤 대상이 실존하는지, 어떤 변화가 일어나는지, 어떤 속성이 예화되는지를 살피지 않는다. 철학자들의 임무는 대상의 실존, 변화의 발생, 속성의 예화에 대한 것이다.
2. 우리는 우리가 생각한 것들을 상술할 수 있으며, 이것들이 생각의 대상으로 나타나는 방식들을 기술할 수 있다. 개념 C는, 만일 우리가 '우리는 개념 C를 적용한다' 고 말하는 것이 우리의 사고에 작용하는 어떤 것을 상술하는 것이 아니라 다른 특정하지 않은 것들 중에서 바로 그 사고의 항목을 기술하는 것이라면, 철학적으로 중요하다.
3. 낱말과 그것들로 이루어진 구문은 두 가지 방식으로 의미를 가질 수 있다. 즉 낱말과 그 구문은 그것을 사용하는 화자가 어떤 것들을 표현하는지 결정할 수 있고, 화자가 이런 것들을 표현하는 방식, 즉 화자의 언어적 표현 방식이나 형식을 결정할 수 있다. 첫 번째가 아니라 두 번째 방식으로 의미를 갖는 한 어떤 언어적 항목은 철학적으로 중요하다.

이 기본주장들은 각각 '철학이란 무엇인가?' 라는 문제의 존재론적, 개념적, 언어적 측면을 다룬다. 만일 이 기본주장들이 올바르다면 언어, 사고, 실재의 동형구조가 어디에 있는지 말하기는 쉬울 것이다. 서로 다른 형태의 표현은 사물이 사고의 대상이 되는 서로 다른 방식과 대응하면서 그 방식을 (때로 불충실하게 또는 거짓으로) 반영한다. 그리고 사물이 사고의 대상이 되는 방식을 기술하는 것은 우리가 그 사물이 실재의 항목이 된다고 생각하는 방식을 말하는 것이다.

이 장에서 나는 이 기본주장들이 의미하는 것을 설명하는 일에 집중한다. 이 기본주장들은 철학의 주요 주제에 대해 논란의 대상이 되는 명확한 견해들을 수반한다는 것을 발견하게 될 것이다. 뒷 장들에서 나는 그러한 견해들을 전개하여 옹호하는데, 그것이 바로 이 철학 이론에 대한 내 논증,

즉 철학함에 대한 증명(*probabitur philosophando*)을 이룬다.

2.2 존재론적 기본주장

존재론적 기본주장은 대상, 속성, 변화에 의거하여 표현되었다. 나는 이 낱말들을 지금 설명할 전문적 방식으로 사용하고 있다.

'대상' (object)으로 나는 조약돌, 구름, 별처럼 고체나 액체나 기체로 이루어진 생명 없는 물체, 의자와 같은 인공물, 나무나 호랑이나 인간처럼 살아 있는 유기체를 의미한다. 나는 그 낱말을 '남자는 여자를 대상으로가 아니라 사람으로 대우해야 한다' 에서처럼 '사람' 과 대비시켜 사용하는 것이 아니라 '헤르필리스는 대상이고, 자홍색은 속성이며, 신성한 클라우디스를 바보로 만들기(apocolocyntosis)는 변화이다' 에서처럼 '속성' 이나 '변화' 와 대비시켜 사용한다.

'속성' (property)이란 말은 모양, 크기, 온도, 색깔 및 다른 물리적 속성들과, 위에 있음이나 1마일 떨어져 있음처럼 공간적 관계를 망라하기 위해 사용한다. 나중에 적시할 이유 때문에 나는 …보다 큼이나 …보다 뜨거움 같은 관계는 포함시키지 않는데, 비록 누군가가 그런 관계들을 포함시키기를 원한다 하더라도 내가 당황해서는 안 되겠지만 말이다. '속성' 에서 배제하는 것 중 더 중요한 것은 시간적 관계와 인과적 관계, 그리고 정신적 성질과 도덕적 성질이다. 이런 것들은 실제로 철학자들이 다루는 것들이며, 그래서 내가 그런 것들을 포함시키면 존재론적 기본주장은 그르게 될 것이다. 그런 것들과 물리적 속성 및 공간적 관계를 어떻게 구별하는지는 나중에 말할 것이다.

둘 이상의 대상 사이에 성립하는 공간적 관계는 한 대상이 홀로 모든 것을 예증하는 모양이나 색깔과 매우 다른 것처럼 보인다. 나는 두 가지 이유로 그것들을 하나로 묶어 분류한다. 첫째, 그런 공간적 관계는 모두 대상에 대해 서술하는 것이다. 유일한 차이는 모양이나 색깔이 단독으로 대상에 대해 서술하는 것인 반면에 위에 있음이나 사이에 있음은 일정한 순서에 있는 두 개 이상의 대상에 대해 서술하는 것이라는 점이다. '목성은 화성과 토성 사이에 있다'에서 나는 사이에 있음이라는 관계를 목성, 화성, 토성에 대해 바로 그 순서대로 서술하고 있다. 둘째, 모양이나 색깔 같은 관계는 대상들에 의해 예화된다. 하나의 대상은 그 대상이 갖는 임의의 모양, 길이, 표면적, 부피를 예화한다. 반면에 대상의 쌍은 그 대상들이 맺고 있는 관계이면서 그 대상들이 그런 용어로 불리는 관계를 예화한다.

대상은 단순히 속성을 갖거나 예화할 뿐만 아니라 속성을 획득하거나 상실하기도 한다. 어떤 속성을 획득하거나 상실하는 일은 내가 '변화'라는 말로 의미하는 것이다.

어떤 철학자가 취하는 첫 번째 움직임은 특별히 주의를 기울여 검토할 필요가 있다. 그런 움직임을 따라가는 독자는 바보처럼 가장 빨리 철학적 외통수에 걸린 것을 깨닫게 될 수 있다(흄의 『인성론』의 시작하는 말은 이 점에 대해 경고하는 말의 예다). 그렇다면 이 대상, 속성, 변화 개념에 대해 좀 더 자세히 생각해보자.

왜 나는 소크라테스, 내 자동차, 행성 화성을 함께 묶어서 '대상'이라고 부르는가? 그것들 사이에 물리적 유사성이 있기 때문에 그런 것은 아니다. 그것들이 어떤 속성을 공통적으로 가지고 있기 때문에 그런 것도 아니다. 그 이유는 우리가 그것들에 관해 똑같은 방식으로 생각하고 말하기 때문이다. 우리는 그것들이 모두 실존한다, 속성을 가지고 있다, 변화를 겪는다고는 말하지만, 그것들이 발생한다거나 예화된다고는 말하지 않는다. 내가 속성과 변화를 하나로 묶는 이유는 비슷하다. 붉음이라는 색깔, 1갤런이라는 부피, 위에 있음이라는 관계는 모두 서술하고 예화하는 것이라고 우리는 말한다.

색깔, 부피, 방향, 거리의 변화는 모두 발생하는 것이다. 우리는 또한 변화를 보고하는 일, 변화를 이해하거나 설명하는 일에 대해 말하는 반면에, 대상을 기술하고 그 대상에 대한 개념을 형성한다.

집토끼와 산토끼의 차이는 우리와 독립적으로 자연 속에 실존한다. 그리고 보기에 따라서는 야드와 미터의 차이 또한 마찬가지인데, 비록 이런 길이들을 정의하는 데 도움이 되는 것으로 막대 또는 무엇이건 대상을 우리가 선택한다 할지라도 그렇다. 그리고 갈색이 됨과 흰색이 됨의 차이 역시 마찬가지다. 그러나 나는 방금 산토끼, 색깔 흼, 산토끼들이 겨울에 흰색으로 바뀌는 변화 사이의 차이가 우리가 그것들에 관해 생각하고 말하는 방식에 있다고 말했으며, 그런 것이 담화나 사고와 별개로 실존하는지는 의심스럽다. '토끼들이 하얗게 된다'(Hares become white)고 말할 때 나는 세 가지 다른 낱말을 사용한다. 우리는 내 담화에서 이런 낱말들이 어떤 종류의 대상, 변화, 색깔을 구별하게 한다고 말할 수도 있다. 그러나 그것들이 담화나 사고와 다른 것으로서 실재 속에서 구별되는지 묻는 것은 거의 의미가 없을 것이다.

만일 이것이 대상, 속성, 변화가 서로 다른 방식이라면, 또 다른 두 가지 물음이 제기된다. 첫째, 모든 언어와 모든 사고자가 그것들을 구별하는가? 나는 이 낱말들을 원시사회에서 나타나기를 기대할 수 없는 전문적 개념을 표현하기 위해 기술적 용어로 사용하고 있다. 나는 그런 사회들에서 내가 '대상', '속성', '변화'에 부여한 전문적 의미를 가진 낱말을 사용하기를 기대하지는 않을 것이다. 그러나 나는 어떤 정상적 수렵 채집인이 다양한 종류의 대상에 대한 개념, 어떤 속성들에 대한 개념을 가질 것으로 기대할 것이고, 그가 어떤 대상이 때로는 속성을 갖고, 때로는 속성을 획득하거나 상실하는 것으로 생각하기를 기대할 것이다. 그래도 여전히 이런 지적 자원들을 결여한 어떤 종족의 증거가 나의 현재 기획을 방해할 것인지 의심한다. 그래서 만일 그런 자원들을 철학의 전통적 주제에 관심이 있는 사람들이 공유한다면 그것으로 충분하다.

둘째, 우리가 다른 것들의 집단에 관해 언급하는 방식을 통해 그것들을 앞에서 말한 세 가지 것들과 구별할 수도 있지 않을까? 우리가 다른 범주들 집단을 사용할 수도 있지 않을까? 확실히 대상, 속성, 변화로 쉽게 분류할 수 없는 것들이 있다. 철학자들에게 좀 더 흥미로운 것들 중에는 물질적 재료와 정신 상태가 있다. 우리는 피, 청동, 호랑이, 창에 대해 다르게 말하고, 보는 일, 쾌락을 경험하는 일, 땀나는 일, 녹색으로 변하는 일에 대해 다르게 말한다. 그렇지만 나는 대상, 속성, 변화에 관해 생각하는 방식에 의거해 우리가 물질적 재료와 정신 상태에 관해 생각하는 방식을 설명하려 할 것이다. 만일 다른 사람들이 다른 범주를 사용하기를 원한다면, 그들에게 행운이 있기를 빈다. 그것이 바로 그들이 철학을 하는 방식이다. 그러나 대상, 속성, 변화는 개인적으로 내가 철학자의 붓으로 전통적인 주제들을 그리려고 하는 기본원색들이다.

그렇게 말하는 것은 세 가지 기본원색이 서로 유사한 것처럼 들리게 만들 것이고, 어쩌면 철학이 대상의 실존, 속성의 예화, 변화의 발생과 관계가 있다고 말하는 것 역시 마찬가지일 것이다. 사실상 그 세 가지 사이에 유사성의 결여는 내가 방금 말했던 방식으로 세 가지를 구별하는 일의 이유가 되는 것이며, 철학을 어렵게 만드는 것들 중의 하나이다. 실존하는 대상은 특수 개별자인 반면에, 속성과 발생하는 변화는 특수 개별자가 아니다. 발생하는 변화는 예들이 있는 것인 반면에, 대상은 그 자체로 그 대상이 가진 어떤 속성의 예이다. 그래서 속성과 변화가 둘 다 예화되는 두 가지 다른 종류의 것이라고 말하는 것은 만족스럽지 않은데, 왜냐하면 우리는 어떤 단일 종류의 것, 즉 속성이 예화되거나 소유되면서 동시에 획득되거나 상실된다고 똑같이 말할 수 있기 때문이다. 대상, 속성, 변화라는 개념은 철학자의 손에서 이리저리 몸을 뒤트는 뱀장어와 같다. 그 개념들을 유사한 것으로 만들려는 유혹이 들겠지만, 그 유혹에 굴복하는 것은 사고의 실체에 접촉을 하지 못하게 되는 결과를 낳는다.

나의 존재론적 기본주장이 얼마나 논란의 소지가 있는가? 어떤 종류의 살아 있는 유기체, 천체 등이 실존하고, 그것들이 어떤 속성을 가지며, 어떤 변화를 겪는지 말하는 것은 과학자들의 일이지 철학자의 일이 아닌 것이 분명하다. 다양한 비철학적 전문가들은 인공물에 관해서도 이에 필적하는 지식을 가지고 있다. 발생하는 다양한 변화와 사람들이 하는 일을 설명하는 것은 과학자들 역시 하는 일이며, 사회과학자, 역사학자 등이 하는 일이기도 하다. 그러나 어떤 비철학자도 실존하거나, 발생하거나, 예화하고 있는 것이 무엇인지 말하지 않는다. 그래서 철학자들은 아무런 경쟁도 하지 않고 스스로 이런 주제들을 연구 대상으로 삼을 수 있다.

그러나 처음에는 그런 것들 중 하나, 즉 실존만이 나의 전통적 주제 목록에 있는 것처럼 보인다. 목록에 있는 다른 항목들, 즉 진리, 수, 시간, 인과관계, 의식, 좋음, 기타 등등은 어떤가?

존재론적 기본주장의 부정적 역할은 이런 것들 중의 어떤 것이 엄밀히 말해 실존하거나 발생하거나 예화된다는 것을 부정한다는 것이다. 철학에 경험이 없는 누군가에게 그것은 놀랍게 들릴 것이다. 인과관계가 발생하지 않는다고? 의식과 좋음이 실존하지 않는다고? 우리는 철학적 회의주의에 대해 들었지만, 이것은 우리가 하는 최악의 상상을 능가한다. 이와 대조적으로 잘 경험을 쌓은 형이상학자는 무언가를 야기하는 일을 속성의 변화에 추가되는 특별한 과정으로 다루거나, 좋음을 노랑과 똑같은 방식으로 예화될 수 있는 속성으로 다루려 할 때의 어려움에 대해 기꺼이 받아들여지는 설명의 말로 들을 수 있다. 존재론적 기본주장의 부정적 역할은 의도상 회의적인 것이 아니다. 나는 철학자들이 논의하는 것들이 어느 것이나 착각이라고 말하고 있지 않다. 그러나 내가 부정하는 것의 요점은 이런 주제들에 대한 나의 긍정적 취급의 관점에서 헤아려져야 한다.

나는 이 주제들 중의 어떤 것이 단순히 실존이나 발생의 방식일 뿐이라고 주장한다. 실존 개념은 수 개념과 밀접하게 연관되어 있다. 이것은 분석철학에서 상투적으로 하는 말이다. 길든 호랑이들이 실존한다고 말하는 것은 길든 호랑이의 수가 0보다 크다고 말하는 것이다(그래서 Moore, 1936). 어느 정도까지 실존은 많음으로 설명될 수 있다. 상투적인 말은 아니지만 내가 제5장에서 주장하는 어떤 것은 시간이 발생하고 있거나 변화를 겪고 있다는 것이다. 우리는 일어나는 변화와 그 변화가 일어나는 일을 구별할 수 있다. 이 구별은 물론 두 가지 다른 과정이나 변화 사이의 구별이 아니다. 그것은 어떤 변화의 두 측면 사이의 구별이다. 나는 연속된 시간이라는 개념이 이 측면들 중 두 번째 측면의 개념임을 보여주기를 희망한다. 그리고 제6장에서 나는 논란의 소지가 있는 또 다른 기본주장을 전개한다. 이 두 번째 방식으로 생각했을 때, 즉 일어나는 어떤 것이 아니라 어떤 것의 일어남으로 생각했을 때 변화는 원인, 즉 어떤 것을 일어나게 하는 일로 생각된다. 그렇다면 존재론적 기본주장은 얼핏 보았을 때 시사하는 것보다 더 많은 전통적 주제들을 망라해 다룬다.

그렇지만 존재론적 기본주장은 이러한 모든 주제가 실존, 발생, 예화의 방식이라고 주장하지는 않는다. 존재론적 기본주장은 그러한 모든 방식이 철학자의 임무라고 주장한다. 그러나 철학자들이 살피는 어떤 것들은 인식론적 기본주장으로 더 쉽게 분류된다. 우리가 그런 것들에 대한 개념을 적용한다고 말하는 것은 우리 생각에서 다른 것들이 하는 역할을 기술하는 것이다.

2.3 인식론적 기본주장

맥베스는 스코틀랜드의 왕이 되고 싶었다. 오셀로는 데스데모나가 캐시오를 사랑한다고 믿었다. 이렇게 말할 때 우리는 믿음이나 욕구라는 정신 상태를 셰익스피어 희곡 작품의 주인공들에게 귀속시킨다. 데카르트는 믿음과 욕구를 물리적 속성 모델을 통해 생각했다. 그는 우리가 믿음과 욕구를 사물이 모양이나 색깔을 갖는 방식으로 갖는다고 생각했다(예컨대 『철학원리』 I권, 32면을 볼 것). 오늘날 어떤 분석철학자들은 이에 동의한다(그래서 P. F. Strawson, 1959, 제3장; 그리고 그 자신에 따르면 J. Fodor, 1981, 228~33면). 그러나 다른 사람들은 우리의 믿음과 욕구 개념이 일차적으로 설명적 개념이라고 주장한다. 맥베스는 그렇게 되도록 행동한다는 점에서 볼 때 왕이 되고 싶어 한다. 오셀로는 데스데모나가 불충실하기 때문에 그렇게 행동한다는 점에서 볼 때 불충실하다고 믿는다.

제7장에서 나는 이 두 번째 견해가 올바르다고 논한다. 만일 그렇다면 정신 상태는 인식론적 기본주장 아래 분류될 수 있다. 만일 이아고는 오셀로가 자신을 숨 막히게 하는 것이 바로 데스데모나가 캐시오와 잠을 자고 있다는 것 때문이라고 생각한다면, '이아고는 오셀로가 데스데모나에 관해 무언가를 믿는다고 생각한다' 거나 '이아고는 오셀로에게 믿음이라는 개념을 적용한다' 고 말하는 것이 옳을 것이다. 그러나 이아고의 경우에 이렇게 생각한다는 것은 그가 인간 신체의 다양한 부분에 대한 개념, 다양한 공간적 관계, 베개 등 외에 믿음이라는 특별한 개념을 이용한다는 것이 아니다. 그것은 그가 이 다른 개념들을 특별한 방식으로 사용한다는 것이다. 마찬가지로 만일 데스데모나가 캐시오에게 손수건을 건넨 것은 그녀가 캐시오와 잠을 자기 위해서였기 때문이라고 오셀로가 생각한다면, '오셀로는 욕구라는 개념을 데스데모나에게 적용한다' 고 말하는 것은 옳다. 그러나 그

의 경우에 이렇게 생각한다는 것은 손수건, 손발의 위치 등의 개념들 외에 욕구 개념이 그의 마음속에 떠오른다는 것이 아니다. 믿음과 욕구 개념은 상황과 사건들이 인간의 행동에 대한 설명에서 할 수 있는 역할을 나타내는 개념이라고 말할 수도 있는 것이다.

기본적인 우리의 좋음과 나쁨 개념은 욕구나 혐오 개념과 매우 밀접한 관계가 있다. 좋음은 (아리스토텔레스가 『니코마코스 윤리학』의 첫 문장에서 말하듯이) 우리가 목적하는 것이다. 좋음은 우리가 행동하는 것을 안전하게 보증하는 것, 즉 조건이 달랐더라면 행할 수도 있었을 것들을 하지 못하게 하는 것을 막지 않도록 하는 것이다. 나쁨은 그 반대이다. 나쁨은 우리가 행동하는 것을 막고, 비밀로 해두는 것을 야기하지 못하도록 하는 것이다. 만일 욕구와 혐오가 설명적 개념이라면, 좋음과 나쁨 역시 마찬가지다. '나는 좋은 어떤 것을 생각했다' 나 '나는 좋음 개념을 적용했다' 고 말하는 것은 내가 적용한 어떤 개념이 아니라 내 생각에서 특정되지 않은 어떤 것이 하는 역할을 상술하는 것이다.

마찬가지로 조심할 필요가 있다. 만일 내가 다람쥐가 어떤 가지를 따라 움직이고 있기 때문에 그 가지가 굽어졌다고 생각한다면, 나는 원인 개념을 적용한다고 말할 수 있다. 그러나 그 개념은 내가 다람쥐, 가지, 어떤 모양과 위치 개념에 덧붙여 내가 적용하는 어떤 개념이 아니다. 내가 그 개념을 적용한다고 말하는 것은 오히려 내가 그러한 다른 개념들을 적용하는 방식을 말하는 것이다. 로티가 불평하듯이, 철학자들은 사고를 단지 사물들에 대한 일종의 심상이나 유사성 형성으로 생각하는 경향이 있다. 그러나 지성이나 지능은 유사성을 형성하는 능력이 아니라 이해하는 능력이다. 이해는 사물들을 관계 맺거나 연관 짓는 문제이다. 우리는 실제 상황이나 가공의 상황과 가능한 사건을 합목적적 행위와 관계 맺게 하면서 그 행위를 행위자의 이유와 목적을 통해 이해한다. 우리는 대상과 변화를 어떤 사물과 관계 맺게 함으로써 그 사물 속에서의 물리적 변화를 그 변화에 책임 있는 작인과 인과적 작용으로 이해한다. 내가 이유나 원인 개념을 적용한다고 말하는 것은 내 이해의 특성을 기술하는 것이다.

나의 인식론적 기본주장은 철학에서 오류와 혼동의 일차 원천을 지적한다. 우리는 (적어도 때로) 우리의 사고를 의식한다. 우리는 어떤 것들이 나타나게 되는지 말할 수 있으며, 그것들이 나타나게 되는 일을 기술할 수 있다. 그것은 하나의 생각의 두 측면을 기술하는 것이다. 그러나 만일 내가 '나는 인과적 연관이 있는지 궁금했다' 거나 '나는 비행기가 있는지 궁금했다' 고 말한다면, 내 말로부터 내가 이 측면들 중 첫 번째 측면을 상술하고 있는지, 두 번째 측면을 상술하고 있는지, 또는 이 두 측면이 구별될 수 있는 완전한 생각 조각을 상술하고 있는지 말할 확실한 방법이 없다. 나 자신은 내가 의식하는 것이 내 사고가 되고 있는 것인지, 사고의 항목 방식인지, 아니면 둘 다인지 확신하지 못할 수 있다. 예가 하나 있다.

만일 내가 조망이 좋은 상황에서 보통의 잘 익은 토마토를 본다면, 나는 그 토마토가 붉다고 생각한다. 만일 내가 반성을 해본다면, 나는 이것을 안다. 즉 나는 내가 토마토가 무슨 색깔이라고 생각하는지를 알며, 전혀 오류를 범하지 않고 꽤 잘 안다. 그러나 나는 붉음이 내가 그 토마토에 귀속시키고 있는 색깔이라는 내 확신을 내 앞에 붉은 어떤 것이 있다는 시비 불가능한(incorrigible) 믿음으로 잘못 해석할 수 있다. 많은 철학자가 이렇게 해왔다. 물질적 대상에 관한 어떤 믿음도 이런 식으로 시비 불가능하지는 못하기 때문에 철학자들은 이런 믿음들이 '현상' 이나 '감각자료' 라 부르는 비물리적 존재자들에 관한 것이라고 상상하는 쪽으로 이끌려왔다. 우리가 적용하는 개념의 자각에 대한 잘못된 해석은 전체가 허구의 존재자들로 이루어진 세계를 만들어낸다.

나는 푸름이 아니라 붉음이 내가 생각한 토마토의 색깔임을 안다. 나는 또한 내가 토마토가 붉지 않다고 생각하거나, 붉은지 궁금해하거나, 붉기를 바라는 것이 아니라 붉다고 생각한다는 것을 안다. 그래서 '나는 그 대상이 어떤 속성을 갖고 있다'거나 '나는 어떤 긍정의 믿음을 갖는다'고 말할 수 있다. 이러한 표현들은 실제로 그 속성이 내 생각이 되는 방식을 기술한다. 그러나 그 표현들은 그 뒤에 나타나는 어떤 것, 즉 믿음을 상술하는 것으로 잘못 해석될 수 있다. 그러면 '믿음이란 무엇인가?' 라는 물음이 제기되고, 이 물음에 대해서는 온갖 종류의 답이 제시되었다. 데카르트는 믿음이 승인하거나 동의를 하는 일종의 정신 작용이라고 말한다. 흄은 믿음이 우리의 정신적 심상에서 어느 정도의 밝음과 생기를 갖는 상태라고 말한다. 근대 철학자들은 믿음, 회의, 소망 등을 우리가 명제에 대해 채택하는 정신적 태도로 기술한다. 동의의 발언, 밝음의 정도, 몸의 자세는 우리의 생각에 떠오르는 것들이지만, 붉음이 어떤 대상의 색깔이라고 믿는 일, 붉음이 그 대상의 색깔인지 궁금해하는 일, 붉음이 그 대상의 색깔이기를 바라는 일은 그 색깔이 생각에 떠오르게 되는 방식들이다. 내가 언급한 철학자들이 이해하는 대로의 '믿음이란 무엇인가?' 라는 물음은 가짜 물음이다.

어쩌면 다음과 같은 응답이 있게 될 것이다. 믿음, 궁금해함 등의 관념은 사물들이 우리의 생각에 떠오르는 방식에 대한 관념으로 보는 것이 무방할 것이다. 그러나 왜 그것들은 또한 생각으로 떠오르는 것에 대한 관념이어서는 안 되는가? 사고에 떠오른 사물들의 항목이 그 자체로 사고의 항목이 될 수는 없는가? 만일 안 된다면, 여기서 지금 우리는 무엇에 관해 생각하고 있는가?

숨 쉬기와 땀 흘리기는 우리의 사고의 대상이 되며, 우리는 실제로 그것들에 대한 관념을 갖는다. 우리는 우리가 어떻게 숨 쉬는지, 어떻게 땀 흘리는 일이 발생하는지에 대해 (정확하거나 부정확한) 관념을 가지고 있다. 만일 믿음과 욕구함이 똑같은 방식으로 우리의 사고에 떠오른다면, 그것들에 대한 관념은 우리가 어떻게 믿는지, 욕구가 어떻게 일어나는지에 대한 관념이 될 것이다. 그 관념들은 우리가 믿거나 욕구하는 것을 실행하거나 겪기 때문에 과정에 대한 관념이 될 것이다. 오렌지를 자르는 법에 대한 나의 관념은 칼로 내가 오렌지를 자르는 일을 야기하기 때문에 운동에 대한 관념이다. 선을 이등분하기에 대한 나의 관념은 내가 선들을 이등분하도록 그리기 때문에 호에 대한 관념이다. 만일 내가 믿음이나 욕구에 대해 이에 필적하는 관념을 가지고 있다면, 그 관념은 거의 믿거나 욕구하는 것을 발생시키는 뇌의 물리적 과정에 대한 관념임이 틀림없는데, 비록 데카르트의 이원론에 향수를 느끼는 철학자들이 이러한 정신 작용들을 수행하는 정신적 과정이 있기를 희망한다 할지라도 그렇다. 그러나 만일 그 희망이 부정합하다면, 우리가 믿거나 욕구하는 방식을 묻는 것이 의미가 있다는 믿음은 곧바로 물리주의로 인도한다.

적어도 이 물음에 대해 이해 가능하게 대답할 수 없는 어떤 것들이 있다. 하나는 야기하는 일(causing)이다. 내가 칼로 오렌지에 변화를 가져오는 일을 야기함으로써 생기는 어떤 운동이 있다. 내가 그 칼로 그 운동의 야기를 가져오는 일을 야기함으로써 생기게 되는 운동은 있을 수 없다. 또 다른 것은 어떤 절차를 따르는 일이나 어떤 대상을 사용하는 일이다. 만일 내가 칼로 어떤 운동을 야기할 뿐만 아니라 또 다른 어떤 목적을 초래하기 위해서 그렇게 한다면, 나는 그 칼을 사용한다. 만일 내가 규정된 어떤 것을 할 뿐만 아니라 그것이 규정되어 있기 때문에 그것을 한다면, 예컨대 선을 이등분하는 절차이기 때문에 교차하는 호를 그린다면, 나는 어떤 절차를 따르고 있다. 어떤 절차를 따르는 데에는 어떠한 절차도 있을 수 없고, 내가 나의 인과적 행동이 어떤 이유나 목적을 위한 것이라는 것을 초래할 수 있는 것을 야기함으로써 생기는 어떠한 변화도 있을 수 없다는 것은 분명하다. 사물을 믿는 일과 사물을 원하는 일은 대상을 사용하고 절차를 따르는 일에 포함되어 있으며, 나는 그것들에 대한 또 다른 절차는 있을 수 없다고 생각한다.

많은 분석철학자는 그러한 절차에 대한 추구가 잘못 생각한 것이며, 믿음과 욕구 개념이 설명적 개념이라는 데 동의할 것이다. 그러나 그들은 여기에서 관련 있는 설명을 인과적 설명으로 만든다. 비물리적 대상이나 상태가 없고, 인간의 행동이 사물들의 이음매 없는 물리적 질서 상태로 짜여 있다는 것은 바로 그들의 일반적 인생관의 부분이다. 그래서 만일 그들이 과학 이전의 혼란된 것으로서의 전체 정신 상태 개념을 버리지 않는다면, 그들은 우리가 정신 상태를 특별한 인과적 역할을 하는 유기체의 물리적 상태라고 이해해야 한다고 말한다. 간단한 제안을 해보면 다음이 될 것이다. 즉 내 앞에 와인 잔이 있다는 내 믿음은 부분적으로 그 잔에서 반사되어 나온 빛이 내 시신경을 자극하고, 이 자극이 다시 내 시선을 그 잔에 도달하게 만듦으로써 야기되는 나의 뇌 상태다. 최근 위대한 기술적 재능을 통해 우리는 비인과적 개념에 전혀 호소하지 않고도 다양한 심리 현상에 대해 만족스러운 분석을 제시할 수 있다고 주장하는 데까지 나아갔다. 나는 이것이 헛된 노력이며, 우리의 믿음과 욕구 개념이 되돌릴 수 없을 정도로 목적론적 개념임을 보여주기를 바란다.

2.4 언어적 기본주장

담화나 언어는 말로 사물을 표현하는 일이다. 똑같은 것들이 우리의 사고에 등장하는 것처럼 우리의 담화에도 등장하며, 그것들이 담화에 등장하는 서로 다른 방식들은 그것들이 사고로 등장할 수 있는 서로 다른 방식들을 표현한다.

다양한 종류의 대상과 속성이 사고와 담화에 등장하며, 만일 내가 올바르다면, 그것들은 세계에 관한 일상의 사고와 담화로 등장하는 유일한 것들이다. 개별 대상은 언급이 됨으로써 담화에 등장한다. '화성은 붉다'와 '오디세우스는 뗏목을 건조했다'는 발언에서 나는 어떤 개별 행성과 개별 인간을 끌어들인다. 첫 번째 발언에서 나는 또한 어떤 속성을 끌어들이고, 두 번째 발언에서 어떤 종류의 인공물을 끌어들인다. 나는 화성이나 오디세우스를 표현한다고 할 수 없지만 — 어떤 개체를 표현하는 일에 대해 언급하는 것은 의미가 없다 —, 속성과 종류를 끌어들일 때 우리는 그것들을 표현한다고 할 수 있다.

나의 언어적 기본주장은 실존, 시간, 믿음 등이 엄밀히 말해 우리의 담화의 대상으로 등장하거나 말로 표현되지 않는다는 것이다. 내가 어떤 것을 표현했다고 말하는 것이 내가 속성이나 종류를 표현하는 일이나 개체를 언급하는 일을 기술하는 한 — 그리고 개체를 언급하는 일은 우리가 속성과 종류를 표현하는 일과 무관하게 할 수 있는 일이 아니다 — 그것은 철학적으로 중요하다.

어떤 것들이 우리의 담화가 되고, 그것들이 어떤 방식으로 담화가 되는지는 적어도 부분적으로 우리가 사용하는 낱말과 그것으로부터 구성한 구문에 의존한다. 철학자들이 개념의 적용에 대한 기술을 우리가 적용하는 공상의 개념에 대한 상술로 해석함으로써 길을 잘못 드는 것처럼, 그들은 낱말이나 구문이 실제로 다른 것들에 대한 우리의 표현을 결정할 때 그것들이 우리가 표현하는 특별한 것들을 뜻한다고 가정함으로써 길을 잘못 든다. 여기서 내가 '낱말'과 '구문'으로 무엇을 의미하는지 설명해보기로 하겠다.

우리는 낱말들로부터 문장을 구성함으로써 언어적으로 사물을 표현한다. (우리는 또한 문장들로부터 더 긴 담화를 구성하지만, 그것이 또 다른 말썽거리에 말려들게 하지는 않는다.) 우리는 차례로 낱말들을 제시하고

(때로는 한 낱말로 충분하다), '만일', '아니다' 같은 불변화사를 삽입하며, 어떤 언어들에서는 낱말들에 '어형에 변화주기'라 불리는 것을 함으로써, 즉 어떤 방식으로 그 낱말들을 수정함으로써 문장을 구성한다. '앉다'(sits)와 '앉았다'(sat)는 동사 '앉다'(to sit)의 변화된 형이다. 라틴어는 어형 변화가 매우 심한 언어로, 동사는 태(voice), 법(mood), 시제, 수(단수와 복수), 인칭의 변화가 있다. 폴리네시아 언어는 다소간에 어형 변화가 없으며, 그래서 'ama'의 법 변화나 'amabo'의 시제 변화에 의해 라틴어로 행해졌던 일이 마키저스 언어로는 문장을 시작할 때 불변화사 'a'나 'e'를 넣음으로써 행해질 것이다. 일반적으로 어떤 언어의 문법은 그 언어의 문장이 구성될 수 있는 방식에 대한 설명이다.

나는 철학자들이 낱말에 대해 매우 정밀한 어떤 개념을 가지거나 필요로 하는지 확신하지 못한다. 그러나 철학자들은 어떤 것이 다음 두 조건을 만족시키면 그것을 아주 기꺼이 낱말이라 부른다. 즉 (1) 그것은 문법 규칙에 따라 문장을 구성하게 하며, 그래서 문법적 범주에 속하는 어떤 것이다. (2) 그것은 어떤 언어의 어휘에 속한다. 나는 '파리'(Paris) 같은 고유명은 첫 번째 조건은 만족시키지만 두 번째 조건은 만족시키지 않는다고 생각한다. '구문'(construction)이란 말로 나는 '화성은 붉은가?'(Is Mars red?)에서 낱말 어순, 'Lalagen amabo'에서의 시제 변화, '달은 푸르지 않다'(The Moon is not blue)에서 'is' 다음에 'not'의 삽입 같은 어떤 것을 의미한다. 나는 낱말과 구문을 둘 다 망라해 표현하기 위해 '언어적 항목'(linguistic item)이라는 어색한 표현을 사용할 것이다. 낱말과 구문의 구별은 그 자체가 철학적으로 중요한 것이 아니다. 중요한 것은 언어적 항목이 의미를 가질 수 있는 두 가지 방식의 구별이다.

구문이 중요하거나 의미가 있다는 것은 분명하지만, 그것이 어떻게 의미를 갖는지는 그리 분명하지 않다. 우리는 '구형의' 같은 속성이나, '악어' 같은 어떤 종류의 대상이나, 또는 어쩌면 '파리'(Paris)처럼 어떤 사람이나 사물의 이름이 됨으로써만 어떤 항목이 의미를 가질 수 있다고 생각하는 경향이 있다. 사람들은 때로 구문, 즉 어떤 언어의 통사론에서 조건을 지정한 것들이 의미론이나 의미를 전혀 갖지 않는다는 것을 시사하는 방식으로 통사론을 의미론과 대비시킨다. 나는 우리가 사용하는 구문이 우리가 표현하는 속성이나 종류를 표현하는 방식을 결정한다는 점에서 구문이 의미를 갖는다고 주장한다. 우리는 대상의 속성을 서술함으로써 속성을 표현하며, 어떤 종류를 표현하는 가장 단순한 방식은 어떤 대상을 그런 종류의 대상이라고 부르는 것이다('모기가 나를 물었다' 에서처럼). 우리가 속성을 서술하고 대상을 언급하는 방식은 우리가 사용하는 구문에 의해 결정된다.

우리는 모두 우리가 사용하는 구문의 중요성을 알지만, 이런 종류의 의미를 설명하려고 할 때 우리는 종종 우리가 표현하는 또 다른 것들을 상술하고 있음을 시사할 수 있는 낱말을 사용한다. 우리는 과거 시제나 과거가 마치 우리가 표현하는 어떤 것인 것처럼 '"그의 얼굴이 빨개졌다"(His face became red)에서 "-졌다"(became)의 어형 변화는 과거 시제를 표현한다'고 말할 수도 있다. 또는 우리는 마치 인과관계가 공간적 관계와 똑같은 방식으로 담화에 등장하는 것처럼, '"난로 위에 있었기 때문에 초가 녹았다"에서 "때문에"가 인과관계를 표현한다'고 말한다. 사실상 '때문에'는 그 문장의 구문과 관계하고 있다. 그 말을 삽입하는 것은 초와 난로 사이의 공간적 관계가 담화의 대상이 되는 방식에 차이를 만든다. 어떤 언어적 항목이 철학자가 다룰 일이라는 나의 언어적 기본주장에 따르면, 그 언어적 항목이 바로 구문에 부여하는 종류의 의미를 갖는 한 그 의미를 설명하는 것은 철학자의 일에 속한다.

나의 언어적 기본주장은 논란의 소지가 매우 높다. 내가 알고 있는 한 내가 구문에 부여하는 종류의 의미를 아무도 인식하지 못하고 있다. 사람들은 화자가 표현하는 것과 그가 이렇게 표현하는 일을 구별할 수 있다. 그러나 그들은 그가 표현하는 것을 진술, 질문, 명령, 사실, 또는 적어도 명제를 포함하는 것으로 생각하며 — 그들은 왜 그것이 속성과 대상의 종류로 한정되어야 하는지 알지 못한다 —, '표현하는 일'로 그들은 자신의 어조, 그리고 자신의 담화가 명료한지 불명료한지, 감동적인지 단조로운지와 같은 것을 의미한다. 그들은 사고와 실재에 실제로 등장하는 것들에 대한 언어적 상대물로서의 표현 개념을 갖고 있지 않다.

나의 언어적 기본주장이 논란의 소지가 많기 때문에, 그리고 또한 다른 두 기본주장보다 이 기본주장을 설명하고 입증하는 일을 더 쉽게 하기를 바라기 때문에 나는 다음 두 장에서 이 기본주장을 계속해서 전개할 것이다. 나는 이 기본주장에 의존하는 의미 이론이 현존하는 이론들보다 나으며, 그 이론을 전개하면 내가 구별했던 첫 번째 집단의 철학적 주제들에 대해 통찰을 얻게 된다는 것을 보여주려고 할 텐데, 그 철학적 주제들이란 실존, 즉 비존재와 대비되는 존재로서의 실존, 수, 진리이다.

제 3 장
의미

3.1 3층위 이론과 프레게-오스틴 이론

왜 철학자들은 의미를 논의하는가? 의미가 있기 때문에? 철학자들은 적어도 두 가지 다른 이유를 가지고 있다.

첫째, 철학적 탐구는 언어적 전회를 채택하는 경향이 있다. '실존이란 무엇인가?' 와 '시간이란 무엇인가?' 같은 물음은 몹시 이상하게 들린다. 그들은 철학적 논의를 하는 경우가 아니면 그런 질문을 절대 받지 않을 것이다. '동사 "실존하다"의 의미는 무엇인가?' 나, 또는 '심지어 'peccavi' (죄를 고백하다)의 시제 변화의 의미는 무엇인가?' 라고 묻는 것이 더 현실적인 것처럼 보인다. 그러나 일단 어떤 탐구가 언어적 차원으로 옮겨지게 되면 그 탐구는 어떤 의미 이론의 견지에서 수행되어야 한다. 우리는 낱말이 어떻게 의미를 갖는지, 그리고 낱말이 어떤 종류의 것들을 의미할 수 있는지에 대해 좀 알아야 한다. 이런 인식에서 오류를 범하면 우리가 이런 식으로 논의하는 모든 것에 관해 철학적 과오를 범하게 될 것이기 때문에 이 인식들을 음미하는 것은 분별 있는 일이다.

둘째, 만족스러운 의미 이론은 낱말이 어떻게 사물과 관계를 맺고, 화자가 어떻게 옳은 진술이나 그른 진술을 말할 수 있는지 설명할 것이다. 비철학자는 왜 그것이 설명이 필요한지 의아해할 수도 있다. 우리가 옳거나 그른 것을 전혀 말하지 못하게 만드는 기호체계는 전혀 언어가 아닐 것이다. 그렇지만 언어의 이런 특징, 즉 사물과 관계되어 있고 진리를 인정하는 특징은 또한 사고를 규정한다. 그 특징은 심리적 상태를 심리적인 것으로 만드는 것의 중요한 부분인 것처럼 보인다. 그리고 언어와 사고가 세계와 맺는 관계는 일상의 공간적 관계나 인과적 관계와는 전혀 다른 것처럼 보인다. 그 관계를 분석할 수 있다는 것은 인간의 지성이 그보다 더 깊이 관여할 수 없는 문제에 대해 통찰을 얻는다는 것이다.

만일 언어와 사고가 모두 이 신비한 특성(전문 용어로 '지향성'이라 알려진 특성)을 갖는다면, 우리는 어떤 것을 먼저 다루어야 할까? 어떤 철학자들은 그림의 표상 능력을 통해 이 특성을 설명하기를 바라는 것처럼 보인다. 그들은 언어를 어떤 형태의 표상(representation)으로 보고, 사고를 내적인 표상 과정 또는 우리 자신이 스스로 하는 조용한 담화로 본다. 또 어떤 철학자들은 언어를 오히려 사고의 목소리로 보고, 정신 상태로 곧바로 나아간다. 이 장에서 나는 표상 개념은 그 개념에 요구된 일을 하지 못하지만, 올바른 의미 이론이 지향성에 대해 조명해준다고 논할 것이다. 언어와 구별되는 것으로서의 정신 상태는 제7장으로 미루어 다룰 것이다.

철학사는 두 가지의 주요 의미 이론을 포함한다. 최근까지 철학자들은 대부분 3층위 이론을 승인했다. 낱말은 대상과 속성을 의미하지만 우리는 그것들이 의미하는 것을 알며, 낱말 의미에 대한 이러한 파악은 지성적인 어떤 것이다 — 그것은 손에 어떤 것을 잡는 일의 문제가 아니다. 그래서 낱말과 대상 사이에는 정신적인 어떤 것, 어쩌면 대상에 대한 일종의 정신적 닮은꼴이 있는 것처럼 보인다. 그 낱말은 단순히 그 사물을 의미하지 않는다. 그 낱말은 그 사물의 개념을 표현한다.

이렇게 말하는 것이 자연스럽긴 하지만 난점들이 있다. 이러한 정신적 중간 매개물은 언어학자가 연구하는 낱말과 과학이 연구하는 사물과 똑같은 방식으로 관찰을 통해 파악할 수 있는 것이 아니다. 그렇다면 그것은 정확히 어떤 것인가? 우리가 실제로 그것이 실존한다고 확신할 수 있을까? 그리고 만일 그렇다면, 그것은 후퇴를 발생시키지 않을까? 만일 '호랑이'라는 낱말이 어떤 동물에 대한 일종의 닮은꼴이라는 첫 번째 의미 없이는 어떤 종류의 동물을 의미할 수 없다면, 그 낱말이 어떻게 어떤 동물-닮은꼴의 닮은꼴을 먼저 의미하지 않으면서 어떤 동물-닮은꼴을 의미할 수 있을까?

언어철학은 아리스토텔레스의 『해석론』(*De Interpretatione*)에서 시작되었으며, 독자들은 그 책의 시작 문장이 3층위 그림을 시사하고 있음을 발견했다. 그것은 그 그림이 17세기까지 철학자들에 미쳤던 영향력을 설명한다. 그 뒤로 아리스토텔레스의 권위는 벗겨졌지만, 이 의미 이론은 새로운 지각 이론에 의해 대파멸에서 구조되었는데, 이 새로운 지각 이론에 따르면 우리의 감각은 물리적 대상을 직접 접촉하는 것이 아니라 그 물리적 대상에 대한 정신적 표상만을 직접 접촉한다. 장미를 보고 나이팅게일 새의 소리를 듣는 대신에 우리에게는 장미 그림과 나이팅게일의 정신적 테이프 녹음이 제시된다. 만일 이러한 정신적 항목들이 (러셀이 말하고 싶어 했듯이) 우리가 직접 '익숙해지는' 유일한 것들이라면, 그것들은 우선 첫째로 낱말이 의미하는 것인 것처럼 보인다. 이 지각 이론은 20세기에 와서야 비로소 심각한 공격을 받았다. 이제 우리는 사물에 대해 낱말이 있고, 낱말에 대해 관념이 있는 반면에, 사물, 관념, 낱말은 일종의 형이상학적 샌드위치를 형성하는 것으로 볼 필요가 없다고 말할 수 있다.

오늘날 대부분의 철학자는 프레게(특히 1952와 1956)와 오스틴(1962, 1961)에서 유래하는 의미 이론을 사용한다. 그 의미 이론은 3층위 이론에 비해 두 가지 이점이 있다. 그 의미 이론은 정신적 중간 매개물이 없어도 된다. 그리고 3층위 이론이 문장에서 낱말들이 하는 역할과 무관하게 그 낱말들이 사전에 자리를 잡은 것처럼 낱말들에 의미를 할당하는 반면, 프레게-오스틴 이론에 따르면 어떤 낱말의 의미를 파악한다는 것은 바로 그 낱말이 사용되는 문장의 의미에 차이를 가져오는 것을 안다는 것이다. 낱말의 의미에 대한 그러한 일반적 설명을 나는 전적으로 올바르다고 생각한다.

그 이론은 낱말이 문장의 의미에 기여할 수 있는 세 가지 주된 방식을 구별하고, 그래서 그 문장이 가질 수 있는 세 가지 종류의 의미를 구별하는 데까지 나아간다.

1. 그 이론은 화자가 어떤 명제를 표현하는지를 결정하는 데 도움이 될 수 있다. 여기서 '명제' (proposition)는 옳거나 그르면서 낱말들로 표현될 수 있는 어떤 것을 의미한다. 이런 의미에서 실제로 명제들이 있다는 것은 바로 프레게-오스틴 이론의 토대이다.
2. 낱말은 그 낱말이 사용되는 발언의 힘(force, 효력)을 가리킬 수 있다. 발언은 진술, 명령, 약속, 경고를 포함하여 다양한 힘을 가질 수 있다. 발언이 어떤 힘을 갖는지는 낱말들이나 구문에 의해 절대적으로 고정되지 않는다. '만일 네가 멈추지 않는다면, 그는 너에게 한 방 날릴 것이다' 는 내가 언급한 힘들 중의 어떤 것이라도 가질 수 있다. 그러나 법의 변화, 불변화사 등도 힘의 징표를 제시할 수 있다.
3. 어떤 항목은 청자의 정신 상태에 영향을 미치는 발언의 경향에 기여할 수 있다. 다시 말해 어떤 항목은 설득하고, 경보를 발하고, 즐겁게 하고, 당황하게 하는 발언을 하는 데 도움이 될 수 있다. 프레게의 영어권 추종자들은 정신 상태에 영향을 미치는 화자의 경향을 표현하기 위해 '어조' (tone)라는 낱말을 사용한다. 그래서 의미를 갖는 세 번째 방식은 어조를 전하거나 변경하는 것이다. '네 눈물은 여자 같아' 라고 프라

이어 로렌스가 로미오에게 말한다. 그는 그 말이 로미오의 기운을 북돋게 하는 데 더 낫다고 생각하기 때문에 '여성 같은' (feminine) 대신 '여자 같은' (womanish)을 선택한다.

의미를 갖게 되는 이 방식들 가운데 우리 목적에 가장 중요한 것은 첫 번째 방식이다. '실존하다', '원인', '미래' 같은 낱말의 의미에 대해 탐구할 때, 우리는 확실히 그 낱말을 사용할 때 우리가 표현하는 명제에 대해 그 낱말이 차이를 만드는 것을 알고 싶어 한다. 그러나 프레게-오스틴 이론이 화자가 어떤 명제를 표현하는지 결정하기 위해 어떤 언어적 항목을 허용하는 방식은 매우 제한된다. (1) 그 이론은 서술되는 것을 결정할 수 있다. 만일 내가 '화성은 붉다' 고 말한다면, '붉다' 의 의미는 그 낱말을 사용함으로써 내가 색깔 붉음을 서술한다는 것이지, 이를테면 색깔 녹색이나 구형을 서술한다는 것이 아니다. (2) 그 이론은 어떤 종류의 대상이 언급되는지 결정할 수 있다. '비단뱀이 나를 죄었다' 에서 '비단뱀' 은 바로 그런 역할을 하고 있다. 그 이론은 화자가 비단뱀을 언급하고 있지 이를테면 곰이나 일본 레슬링 선수를 언급하는 것이 아님을 확실히 한다. (3) '모든' (all), '약간의' (some), '전혀 … 없는' (no) 같은 낱말(때로 '양화사' 라 불리는)은 화자가 언급하는 사물의 수를 결정하고, 그런 수의 사물들을 서술한다. (4) '만일' (If), '그리고' (and), '아니다' (not)는 우리가 그런 낱말을 사용할 때 표현하는 단순명제들(앞의 30면을 볼 것)의 진리함수가 무엇인지 결정한다. '7+5=12' 이고 또한 '7+6=13' 이라고 말하는 대신 '만일 7+5=12' 라면, 7+6=13이다' 라고 말한다고 해보자. 나는 여기서 그 진리성이 두 단순명제의 진리성의 명확한 함수가 되는 어떤 명제를 표현한다. 논리학자들은 그 명제를 진리함수명제 '만일 p라면, q' (또는 'p→q')라고 부를 것이다. 이 설명에서 '진리함수적 연결사' 라 불리는 접속사 '만일' 을 통해 나는 이 일을 할 수 있다.

이 이론은 얼마나 훌륭한 이론인가? 어조 개념은 건전하지만 우리의 현재 탐구에는 최저한도로 중요할 뿐이다. 나는 힘과 명제에 대한 프레게-오스틴의 개념들이 둘 다 돌이킬 수 없을 정도로 오류를 범했으며, 그 이론은 우리가 원하는 두 가지 일을 하지 못한다고 생각한다.

첫 번째 일은 철학적으로 흥미로운 낱말과 구문의 의미를 망라해 다루는 것이다. 프레게-오스틴 이론은 이 항목들 중의 어떤 것이 양화사와 진리함수적 연결사를 제외하면 어떻게 의미를 갖는지 말할 수 없다. 그리고 이런 것들은 논리철학자와 수학철학자의 흥밋거리일 뿐이다. (프레게에 대해 공평하게 말하자면 논리철학과 수학철학은 그가 흥미를 가졌던 것 전부였다고 말해야 할 것이다. 하지만 그것은 철학적으로 흥미로운 낱말과 구문의 의미를 주제로 다루는 영역에서 차지하는 땅이 너무 좁다.)

'좋은', '나쁜', '정직한', '아름다운' 같은 형용사들은 '붉은'이나 '구형의'와 문법적으로 비슷해 보이지만, 좋은 모든 것이나 나쁜 모든 것이 예화하는 속성을 의미하지 않는데, 그것은 그러한 속성이 없기 때문이다. 그런 형용사는 우리가 그것을 사용할 때 우리가 서술하는 것을 결정하지 않는다. '믿다'와 '원하다' 같은 동사도 우리가 서술하는 것을 결정하지 않는다. 믿음은 쉽사리 믿는 사람들이 실례가 되는 어떤 것이 아니고, 마실 것을 원함도 목마른 자에 의해 예화되는 속성이 아니기 때문이다. '만일'과 '그리고'와 달리 시간적 관계를 표현하거나 설명을 도입하는 접속사들은 진리함수적이지 않다. '카이사르는 브루투스가 찔렀기 때문에 죽었다'의 진리성은 단순히 '카이사르는 죽었다'와 '브루투스가 그를 찔렀다'의 진리성에 의존하지 않는다. '카이사르는 브루투스가 찌르기 전에 죽었다'의 진리성도 마찬가지다. 그러나 명제는 진리성과 허위성의 담지자(擔持者)이며, 화자가 어떤 명제를 표현하는지 안다는 것은 어떤 조건 아래서 그 명제가 옳은지를 안다는 것이다. 프레게-오스틴 이론의 지지자들은, 내가 표현하는 명제의 진리성이 어떻게 그 명제를 이루기 위해 연결된 단순명제들의 진리성에 의존하는지를 결정하는 일을 제외하고는, 내가 사용하는 연결사가 어떤 명제를 표현하는지 결정할 수 있는 방식을 파악하려 할 때 어려움을 겪는다. 다시 말해 그 이론에는 비진리함수적 연결사의 자리가 없다. 시제 변화형이나 '갖고 있다' (have), '…할 것이다' (will), '…해도 좋다' (may), '해야 한다' (must) 같은 낱말이 그런 것을 사용하는 사람이 어떤 명제를 표현하는지를 결정할 수 있는 방식 또한 아주 불분명하다. 그래서 이런 항목 중의 어떤 것도 프레게-오스틴의 첫 번째 방식으로 의미를 갖지 않는 것처럼 보인다.

그렇다면 그런 항목들은 두 번째나 세 번째 방식으로 의미를 갖는가? '왔다' (came)의 변화형이 특별한 힘을 가리키는가, 또는 접속사 '…할 수 있도록' (in order that)이 특별한 어조를 전하는가? 그 말은 우습게 들린다. 우리가 어떤 언어적 항목이 프레게-오스틴 이론이 허용하는 방식들 중의 어떤 방식으로도 의미를 갖지 않을 때 철학적으로 흥미롭다고 말한다고 해서 결코 틀렸다고 볼 필요가 없다.

이러한 잘못된 결합에 직면하면 우리는 그 이론이나 힘을 찢어발겨서 다루기 어려운 항목들을 그 이론이 제공하는 작은 구멍을 통해 어떻게 해서든 버릴 수 있다. 많은 20세기 철학은 두 번째 방책을 수행하는 시도들로 이루어진다.

무어는 '좋은' (good)이 어쨌든 어떤 속성을 의미하지만 그 속성은 이상한 '비자연적' 속성이라고 말했다(1903). 다른 철학자들은 '좋은'이 두 번째나 세 번째 방식으로 의미를 갖는다고 주장한다. 당신이 안락사가 좋다고 말하고 내가 그것은 나쁘다고 말할 때 우리는 다른 명제를 표현하는 것이 아니라 당신의 발언은 명령의 힘을 갖고 내 발언은 금지의 힘을 갖거나

(Hare, 1952), 당신의 발언은 청자들에게 안락사에 대해 열중하게 하는 경향이 있고 내 발언은 반감을 갖게 하는 경향이 있다(Stevenson, 1937). 맥타가트(1927, 10면, 19면)는 (적어도 대중의 사고에서) '과거', '현재', '미래' 같은 낱말이 사건이나 사태의 속성을 의미한다고 말한다. 그 견해에 따르면, 우리는 시제 변화형 '나는 왔다'(I came)의 의미를 화자가 그가 오는 일의 과거성을 서술한다고 말함으로써 설명할 수도 있다. 데이비드슨은 과거성, 현재성, 미래성을 속성으로 간주하는 일을 피하려 할 것이다. 그러나 그는 사건들이 정말로 속성을 갖는다고 생각하며, 그에게 '…보다 이르다', '…의 원인이다' 등은 사건들의 관계속성을 의미함으로써 의미를 갖는 것처럼 보인다(1980, 논문 6~9). 이러한 모든 의심스러운 신조들은 프레게-오스틴 의미 이론으로 고무되거나 뒷받침된다.

의미 이론의 두 번째 일은 언어가 어떻게 실재와 관계를 맺고 진리성과 허위성을 어떻게 수용하는지를 설명하는 것이다. 나는 명제 개념을 비판하면서 프레게-오스틴 이론이 이 일을 하는 데 실패하는 것을 보여주겠는데, 그 전에 힘에 대해 몇 마디 하기로 하겠다.

3.2 힘

프레게-오스틴의 힘 개념은 말하기라는 행위와 말하기에서 수행된 행위 사이의 구별에 의존한다. 대상을 언급하는 일, 명제를 서술하고 표현하는 일은 말하기라는 행위라고 가정된다. 주장하기, 질문하기, 명령하기, 경고하기, 약속하기는 말하기에서 수행된 행위라고 가정된다. 황소를 언급하고 그 황소의 사나움을 서술하면서 나는 질문을 던지거나, 주장을 하거나, 경고를 발하거나, 이런 행위들의 어떤 조합을 수행한다. 말하기 행위와 말하면서 수행하는 행위 사이의 이 구별은 올바르지 않으며, 말하기에서 수행된 언어 행위에 대한 프레게-오스틴의 전체 생각은 혼란에 빠져 있다.

오스틴 자신은 행위와 행위에 대한 표현을 혼동했다. 그는 주장하기, 경고하기, 공표하기, 응답하기가 서로 다른 행위라고 썼다(1962, 제12장). 동사 '주장하다', '경고하다' 등은 서로 다른 의미를 가진 다른 동사지만, 다른 행위를 의미하지는 않는다. '주장하다'는 단지 어떤 종류의 행위를 의미할 뿐이다. 다른 동사들은 게다가 어떤 행위가 수행되는 방식이나 목적을 의미한다. 만일 내가 당신을 조심하게 할 목적에서 황소가 성이 나 있다고 주장한다면 나는 황소가 성이 나 있다고 당신에게 경고하는 것이다. 만일 내가 당신이 나에게 물어보았기 때문에 황소가 성이 나 있다고 주장한다면, 나는 황소가 성이 나 있다고 응답하는 것이다. 만일 내가 대중적인 방식이나 권위 있는 방식으로 황소가 성이 나 있다고 주장한다면, 나는 황소가 성이 나 있다고 공표하는 것이다. 분명히 어떤 특정 목적에서나 특정 방식으로 어떤 것을 하는 일은 그 일을 하는 일과 다른 행위가 아니다. 당신은 말하기에서 내가 경고했거나 공표했다고 말할 수 있다. 그러나 그것은 마치 말하기에서 내가 조심하는 태도를 스며들게 하려는 목적이 있었다거나, 말하기에서 내가 권위 있게 행위했다고 말하는 것과 같다. 이러한 목적을 가지고 이런 식으로 행동하는 일은 말하기에 추가해서 어떤 행위 쌍을 이루지 않으며, 경고하기와 공표하기도 마찬가지다.

존 설(J. Searle, 1979, 제1장)은 이러한 혼동을 피하지만 또 다른 혼동을 고집하고 있다. 그는 진정한 언어적 행위를 사회적 행위로 동화시키는데, 이 사회적 행위의 절차는 언어적이다. 진정한 언어적 행위는 우리가 언어의 문법적 규칙을 따름으로써 언어로 하는 행위이다. 주장하기와 명령하기는 진정한 언어적 행위이다. 우리는 그것을 영어나 한국어로 수행한다. 그리고 터키어를 배우는 일은 터키어로 그 행위를 수행하는 법을 배우는 일이다. '사회적 행위'라는 말로 나는 그 사회에서 관례가 되거나, 그 사회의 규칙이나 법률이 설정한 어떤 절차를 수행함으로써 사회 속에서 수행되는 행위를 의미한다. 아이에게 이름 짓기, 피고인에게 유죄 판결 내리기, 약속하기, 즉 당신 자신에게 어떤 것을 할 의무를 지우기는 사회적 행위들이다. 나는 스페인의 법에 따라 스페인에서 어떤 여자와 결혼한다(나 자신에게 그 여자를 소중하게 대할 의무를 부과한다 등등). 대부분의 사회에서 이런 행위를 수행하는 절차는 적어도 부분적으로 언어적이다. 나는 몇 마디 말을 발언함으로써 돌로레스와 결혼한다. 그 말은 스페인어일 수도 있다. 그렇지만 나는 스페인어 문법에 따라서가 아니라 스페인 법률에 따라 스페인어로가 아니라 스페인에서 그녀와 결혼한다.

모든 언어적 행위는 사회적 행위이며, 언어는 곧 사회적 제도라는 반론이 있을 수도 있을 것이다. 확실히 언어는 적어도 초보적인 사회라도 없으면 존재할 수 없으며, 언어 없는 사회는 실제로 야만적 사회일 것이다. 여전히 주장하기나 명령하기 같은 행위와 약속하기나 명명하기 같은 행위는 차이가 있는데, 이는 마치 서브하기와 으뜸패 내놓기 같은 행위에 차이가 있는 것과 마찬가지다. 우리는 게임에서 그러한 게임들의 규칙에 따라 서브를 넣고 으뜸패를 내놓는다. 게임 역시 사회적 제도이다. 그럼에도 게임, 사회, 언어는 서로 다르다. 그것들은 목적이나 목표에서 다르다. 게임의 목적(특정 선수의 목적일 필요는 없다)은 이기는 것이다. 즉 그것은 스테이크를 얻는 것이 아니라 인내심을 던져버리기 등등의 방법을 통해 상대방의 왕에게 외통수를 던짐으로써 상대를 이기는 것이다. 게임의 규칙은 그 목표를 향해 진행하면서 따라야 할 절차는 물론이고 무엇을 승리하는 것으로 간주하는지도 규정해놓는다. 사회의 목적은 특정한 기획(온두라스에서 마호가니 원목을 없애기 위해 세워진 회사)이나 어떤 종류의 공동생활일 수 있다. 그 목적은 종종 규칙들로 자세히 표현된다. 어쨌든 규칙들은 그 목적이 어떻게 달성되는지 말한다. 언어의 목적은 어떤 종류의 승리하기도 아니고 어떤 종류의 공동생활도 아니다. 언어의 규칙을 통해 우리는 다양한 방식으로 사물을 말로 표현할 수 있으며, 나는 그것이 바로 언어가 어떤 것을 위한 체계가 되는 이유라고 생각한다.

주장하기, 부정하기, 질문하기, 명령하기, 금지하기, 소망을 표현하기는 진정한 언어적 행위들이다. 프레게-오스틴 이론은 그것들이 우리가 말하기에서 수행하는 행위라고 말한다. 더 정확히 말하면 그것들은 말하기라는 행위이다. 우리는 주장하기나 명령하기나 그런 종류의 어떤 것에 대한 개념을 미리 가정하지 않는 말하기 행위에 대해 아무런 개념도 가지고 있지 않다. 프레게-오스틴 이론은 언급하기와 서술하기를 말하기 행위로 간주한다. 그러나 카이사르를 언급하기 위해서는 '카이사르'라는 이름을 발언하는 것으로 충분하지 않다. 서술하기에 대해서는 단순히 '구형의' 또는 '…의 아래'라는 문자를 발언하는 것으로 충분하지 않다. 어떤 대상을 언급하기 위해서는 나는 그 대상에 관해 무언가를 말해야 하고, 어떤 속성을 서술하기 위해서는 어떤 것이 그 속성을 가지고 있다고 말해야 한다. 그렇지 않으면 나는 어떤 것이 그 속성을 가지고 있는지 묻거나, 어떤 것이 그 속성을 가지고 있지 않았으면 하는 소망을 표현하거나, 프레게-오스틴 이론이 말하기에서 수행된 행위로 분류할 다른 어떤 행위를 수행해야 한다.

설은 이 점을 인정한다. '우리는 주장을 하거나, 질문을 던지거나, 다른 어떤 수행행위(illocutionary act)를 수행하지 않고는 전혀 언급하고 서술할 수 없다'(1969, 25면). 그러나 그는 이것이 그가 유지되었으면 하는, 말하기라는 행위와 말하기에서 수행된 행위의 구별을 부당하게 만든다는 것을 파악하지 못하고 있다. 그는 이런 행위들이 '투표용지에 "X" 표시를 하는 일과 투표하기 사이에 성립하는 관계'처럼 관계되어 있다고 주장한다(24면). 그러나 종잇조각에 'X'가 나타나게 만드는 일은 순전히 물리적 행위이며, 우리는 투표하기나 다른 어떤 사회적 또는 약정적 행위를 수행하지 않고도 그저 그것을 할 수 있다. 언급하기와 서술하기는 어떤 물리적 행위가 그것이 성립시키는 약정적 행위와 맺는 관계처럼 주장하기, 명령하기 등과 그런 관계를 맺지 않는다. 그 관계는 색깔 있음이 붉음, 푸름 등과 맺는 관계와 더 비슷하다.

만일 내가 당신에게 '당신의 넥타이가 비뚤어졌어' 라고 말한다면 내 목적은 당신이 넥타이를 바로잡도록 하는 것일 수 있기 때문에, 그리고 만일 내가 권력자라면 당신은 내 발언이 명령의 '힘을 갖는다' 고 말할 수도 있기 때문에, 어떤 철학자들은 길을 잘못 들 수 있다. 나는 그 발언이 명령과 똑같은 실제적 효과를 가지며, 말하기에서 내 목적이 그 효과를 달성하는 것이었다는 데에 동의한다. 그럼에도 명령의 힘을 갖거나 갖기를 의도하는 것은 당신의 넥타이가 비뚤어졌다는 나의 주장이나 진술이다. 내 발언의 문법은 그 목적을 결정하지 않는다. 그러나 그 발언의 목적도 내가 사실상 명령을 하는지 진술을 하고 있는지를 결정하지 않는다.

프레게-오스틴 이론의 옹호자들은 의심할 여지없이 진술하기나 명령하기를 어떤 목적을 가지고 말하기로 정의할 수 있다. 그렇지만 그것은 '진술하다' 와 '명령하다' 가 현재 사용되는 방식이 아니다. 그리고 만일 새로운 정의들이 이해될 수 있는 것이라면, 우리는 진술하기라는 개념이 응답하기와 경고하기라는 개념과 무관한 방식으로, 그리고 살을 베어내기라는 개념이 상처입기와 수술이라는 개념과 무관한 방식으로 말하기에 대해 진술하기와 명령하기 같은 모든 개념과 무관하게 어떤 개념을 가져야 한다. 프레게-오스틴 이론의 지지자들은 자신들이 바로 그러한 개념을 소유하고 있다고 생각한다. 그것은 명제-표현하기(proposition-expressing)라는 개념이다. 이제 나는 명제에 대한 프레게-오스틴의 개념이 부정합하다고 주장할 것이다.

3.3 명제

명제는 옳거나 그르면서, 말로 표현될 수 있고, 우리가 옳다고 믿을 수 있는 것이며, 달리 표현해 생각으로 품을 수 있는 어떤 것이라고 가정된다. 실제로 그렇게 생각되는 명제 같은 것들이 있는가? 만일 있다면, 명제는 철학자에게는 천금보다 더 귀중한 것이 될 것이다. '우리는 어떻게 세계에 관해 말하고 옳거나 그른 것을 말할 수 있는가?' 라는 질문을 받으면, 철학자는 '세계에 관한 것이면서 옳거나 그른 명제들이 있는데, 우리는 그것을 말로 표현할 수 있다' 고 대답할 수 있다. '우리의 사고는 어떻게 사고 밖의 어떤 것과 관계를 맺을 수 있는가? 우리는 어떻게 세계에 관해 생각할 수 있는가?' 라는 질문을 받으면, 그는 '우리는 명제를 마음에 품고, 그것이 옳다고 믿거나, 옳은지 궁금해한다' 고 말할 수 있다. 그러나 이처럼 답을 쉽게 낼 수 있다는 바로 그 사실 때문에 조심해야 한다. 어떻게 해서 명제가 세계에 관한 것일 수 있는가? 명제가 옳거나 그른 것이라면 그래야 하는 것처럼, 명제가 어떻게 해서 세계 속에 있는 사물을 언급할 수 있을까? 만일 내가 화성은 붉다는 명제를 표현함으로써 화성에 관한 어떤 것을 말하려 도모한다면, 그 명제는 화성에 관한 어떤 것을 말해야 하지 않을까? 그리고 만일 우리의 사고가 화성 같은 대상과 어떻게 해서 관계를 맺을 수 있는지 신비스럽다면, 우리가 이런 명제들이 옳은지 궁금해하는 경우에 그래야 하는 것처럼, 사고가 화성은 붉다는 명제처럼 명제들과 어떻게 해서 관계를 맺을 수 있는지 또한 신비스럽지 않을까?

그러나 존재한다고 주장되는 명제 같은 불가사의한 존재자가 있을 수 있을까? 말로 표현 가능하면서 동시에 옳거나 그른 어떤 것이 어떻게 생겼을까? 그리고 우리는 어떻게 해서 그것을 표현한다고 생각하는가?

프레게-오스틴 이론에 따르면, 나는 다음 발언들에서 (적어도 내가 똑같은 개체와 똑같은 시간을 언급한다고 한다면) 똑같은 명제를 표현한다.

1. 테아이테토스가 앉아 있다.
2. 아, 앉게. 테아이테토스!
3. 테아이테토스가 앉아 있기만 한다면!
4. 테아이테토스가 앉아 있는가?

(이 예는 플라톤의 독창적인 대화편 『소피스트』(*sophist*) 263면에서 따왔다.) 만일 내가 테아이테토스가 앉아 있다고 믿거나, 앉아 있는지 궁금해하거나, 앉아 있기를 바란다면 내 마음에 똑같은 명제가 떠오를 것이다. 이 정신 상태들 사이의 차이는 그 명제에 대해 내가 채택하는 태도에 있다고 주장된다. 그래서 그 명제를 믿는 일은 그러한 하나의 태도를 채택하는 일이다.

우리가 이러한 정신 상태를 생각하는 데 사용하기 위해 끌어들이는 모델은 방문객을 받아들이는 일의 모델이다. '명제를 받아들이는 일' 이라는 표현은 자주 사용되며, 우리가 방문객들에 대해 채택할 수 있는 태도 — 환영, 적대, 의심 등 — 는 명제에 대한 태도의 자연스러운 모델들이다. 테아이테토스가 앉아 있다고 믿는 일은 만면에 미소를 띠며 팔을 쭉 벌려 포옹하면서 그 명제를 환영하는 일이다. 그가 앉아 있는지 궁금해하는 일은 좀 더 조심스럽거나 의심스러운 자세를 유지하는 일이다. 그런 까닭으로 명제는 우리에게 제시될 수 있는 어떤 것이며, 철학자들이 로크 시대만큼이나 오늘날에도 끌어내는 모델(그래서 Fodor, 1981, 26면)은 그림이다. 현재 예의 경우에 테아이테토스 같이 앉아 있는 인물의 그림이다. 그렇다면 어떤 명제를 표현하는 일은 그림을 전시하고, 그 그림을 사람들에게 보이며, 어쩌면 (그 그림 자체는 개인 정신의 사적인 금고 속에 자물쇠가 채워져 있으므로) 그 복제품을 보이는 일의 모델에 의거해 생각해볼 수 있다.

그러나 그림과 그림을 보여주는 일은 어떤 것을 옳거나 그르다고 말하는 일에 대한 모델을 제공할 수 없다. 테아이테토스가 앉아 있다는 주장을 옳거나 그르게 만들기 위해서는 테아이테토스의 용모를 가진 앉아 있는 인물의 그림을 만들어내는 것으로 충분하지 않다. 우리는 또한 (플라톤이 『크라틸로스』 430면에서 인정하듯이) 무언가를 말해야 한다. 즉 우리는 '이것은 테아이테토스에 대한 그림이며, 이것은 그가 있는 모습이다' 또는 '이것은 그가 있는 모습이 아니다' 라고 말해야 한다.

우리는 옳은 그림과 그른 그림에 대해 말하기 때문에 그림이 어떤 모델을 제공해줄 것이라고 생각할 수 있다. 그러나 우리는 '옳다' 와 '그르다' 라는 낱말의 두 가지 사용을 구별해야 한다. 나는 어떤 것이 어떤 것에 대해 옳다고 말할 수 있다. 그래서 '테아이테토스가 앉아 있다는 것은 테아이테토스에 대해 옳다' 또는 나는 그 낱말들을 홀로, 즉 문법학자들이 말하듯이 '절대적으로' 사용할 수 있다. 그래서 '테아이테토스가 앉아 있다는 것은 옳다.' 어떤 그림이 옳다고 말할 때 우리는 그것이 어떤 것에 대한 옳은 그림이라는 것을 의미한다. 그것은 다시 그 그림에 묘사되거나 보여진 속성들이 그것에 대해 옳거나 그것이 가지고 있는 것임을 의미한다. 그러나 그 그림은 절대적으로는 옳은 것이 아니다. 비록 예술가가 그 그림을 창작할 때 마음속에 어떤 특정 대상을 염두에 둘 수 있다 할지라도, 그 그림은 그 자체로는 어떤 대상도 언급하지 않는다. 하물며 그 그림이 어떤 대상이 묘사된 속성을 가진다고 주장하거나 부정하는 것은 더더욱 아니다.

그러나 테아이테토스가 그 그림의 주제일 수 없을까? 그리고 그 그림은 그 주제를 묘사된 속성을 갖는 것으로 나타내고 있지 않은가? 만일 내가 앉아 있는 것으로서의 테아이테토스를 그린다면, 나는 그가 앉아 있다고 주장하고 있지 않은가? 언제 앉아 있냐고? 내가 그리던 그 시간에? 이런저런 시간에? 그 그림이 존재하는 어떤 시간에라도? 나는 전혀 그런 주장을 하지 않는다. 나는 우리가 살피고 있는 발언 네 가지 모두에서 그에 대해 앉아 있다고 말하는 방식으로만 테아이테토스를 앉아 있는 것으로 나타낸다. 그림은 완전한 문장과 비슷한 것이 아니라 술어-표현과 비슷하다. 그래서 그림은 '앉아 있는 테아이테토스' 나 '앉아 있고, 납작코이며, 눈이 휘둥그레진 수학도' 와 비슷하다. 우리는 어떤 것을 주장하거나 어떤 것을 묻기 위해 술어-표현 대신 그림을 사용할 수 있다. 그러나 그림은 그 자체로 무언가를 주장하거나 무언가를 묻지 않는다. 따라서 그림은 절대적으로 옳거나 그른 어떤 것, 또는 무언가에 관한 어떤 것에 대한 모델로 기능하지 못할 것이다. 그리고 그림을 그리거나 그림을 보여주는 일도 그렇게 기능하지 못할 것이다.

비트겐슈타인(L. Wittgenstein)은 『논리철학론』(*Tractatus*, 2.15, 3.1432)에서 그림이 옳을 수 있는 방식을 보여주는 것처럼 보이는 제안을 한다. 자신의 방 그림에서 반 고흐는 의자를 침대 왼쪽에 있는 것으로 그린다. 물감 조각 A는 의자를 나타내고, 조각 B는 침대를 나타내며, A는 B와 …의 왼쪽에 있음이라는 관계를 맺는다. 비트겐슈타인은 이 관계에서 B에 대한 A의 관계 맺음이 의자가 침대에 대해 똑같은 관계를 맺고 있다고 제안한다. '의자는 침대의 왼쪽에 있다' 는 문장도 마찬가지다. 여기서 '의자' 라는 낱말은 '침대' 라는 낱말과 앞에 있으면서 '…의 왼쪽에 있음' 에 의해 구별됨이라는 관계를 맺고 있다. 이러한 관계를 맺고 있음은 의자와 침대가 '…의 왼쪽에 있음' 이 의미하는 관계를 맺고 있다는 주장을 옳거나 그른 주장으로 만든다.

이것은 미묘한 제안이지만 간단한 주장에 대해서만 효과가 있을 것이다. 왜냐하면 '의자는 침대의 왼쪽에 있지 않다' 를 생각해보라. '의자' 가 '침대' 에 대해 앞에 있으면서 '…의 왼쪽에 있음' 에 의해 구별됨이라는 관계를 맺고 있지 않음이 의미하는 관계를 대상들이 맺고 있지 않음을 주장한다고 말하는 것은 불합리하다. 왜냐하면 '의자' 가 '침대' 와 맺고 있지 않은 관계가 무한히 많기 때문이다. 그리고 '의자가 침대의 왼쪽에 있는가?' 는 어떠한가?

내 논증은 다음과 같이 요약할 수 있다. 명제는 말로 표현 가능하면서 동시에 절대적으로 옳거나 그른 것이라고 가정된다. 그러나 말로 표현할 수 있는 것이 공간적 관계 모델이나, 닮은꼴로 예화될 수 있는 다른 것들을 통해 생각되어야 하는가? 그리고 그러한 어떤 것도 절대적으로 옳거나 그를 수 없다. 나는 아래에서 절대적 진리성과 허위성이 일정한 방식으로 낱말을 사용하거나 개념을 적용하는 행위에만 부여된다고 논할 것이다.

그렇지만 나는 언어로 표현 가능하면서 옳거나 그른 어떤 것이라는 개념이 집요할 정도로 철학적 정신에 뿌리를 두고 있음을 인정해야 한다. 이제 그 뿌리 세 가지를 드러내 잘라내려고 해보겠다.

1. 우리는 '내가 말한 것은 옳다. 반면에 네가 표현한 생각은 그르다' 는 식으로 말한다. 그런 표현들은 진리성과 허위성이 우리가 표현하는 것에 부여된다는 것을 곧바로 보여주지 않는가?

그렇지 않다. 만일 내가 어떤 것이 옳다고 말한다 해도, 그것으로부터 옳으면서 내가 말한 어떤 것이 있다는 결론은 직접적으로 따라 나오지 않는다. 이것은 내가 물에 집어넣은 막대의 부분이 굽은 모양을 보인다 하더라도, 어떤 모양이 있고, 굽어 있으며, 막대가 우리에게 보이는 어떤 것이 있다는 결론이 따라 나오지 않는 것과 마찬가지다. '나는 옳은 어떤 것을 말했다' 는 '나는 푸른 어떤 것을 떨어뜨렸다' 와 같지 않은데, 후자의 경우에는 '푸른 어떤 것이 있다' 를 끌어내는 추리가 성립한다. 그것은 '나는 영리한 어떤 것을 했다' 와 비슷하다. 만일 영리한 어떤 것이 있고 내가 그것을 따라 잘한다면 내가 영리한 어떤 것을 하는 것이 아니라, 만일 내가 영리한 방식으로 행동한다면, 나는 영리한 어떤 것을 하는 것이다. 영리하게 행동하는 한 가지 방식은 그것을 행하는 것이 영리한 것이 되게끔, 상황에 어떤 변화를 일으키는 것이다. 주가가 높을 때 주식을 파는 것은 영리한 사고이다. 주가가 낮을 때 똑같은 일을 하거나 중개인에게 똑같은 지침을 주는 일은 어리석은 일일 것이다. 옳은 어떤 것을 말하는 일은 그와 비슷하다. 만일 내가 말을 걸고 있는 사람의 얼굴이 붉어졌을 때 '당신의 얼굴이 붉어졌네요' 라고 말한다면, 나는 옳은 어떤 것을 말한다. 만일 내가 그렇지 않을 때 '당신의 얼굴이 붉어졌네요' 라고 말한다면, 나는 그른 어떤 것을 말한다. 영리한 어떤 것을 행하는 일이 영리하게 행동하는 일인 것처럼, 옳은 어떤 것을 말하는 일 또한 옳게 말하는 일 — 이것은 정직하게 말하는 일과 같은 것이 아니다 — 이다. 만일 내가 엘리너가 LA에 있다고 믿으면서 '엘리너는 파리에 있다' 고 말한다면, 나는 정직하게 말하고 있지 않다. 그러나 엘리너가 있는 곳이 파리라면, 나는 옳게 말하고 있는 것이다.

그리스인들은 논증 (1)을 명확히 표현하는 일을 몹시 어렵다고 판단했을 것이다. 그리스어는 옳은 어떤 것을 말하는 일과 그른 어떤 것을 말하는 일을 나타내기 위해 각각 동사 *alêtheuein*과 *pseudein*을 가지고 있다. 이와 대조적으로 십중팔구 근대 철학자들은 근대 언어철학이 '2와 3의 합은 5이다' 같은 수학적 발언에 대한 연구에서 시작되었기 때문에 명제의 존재를 믿는 것이 자연스럽다고 판단했을 것이다. 이런 발언은 특정한 대상이나 시간에 대한 언급을 전혀 포함하지 않는다. 따라서 만일 '2+3=5' 라고 말할 때 누군가가 어쨌든 옳은 어떤 것을 말하는 것이라면, 어느 시간에라도 똑같은 문장을 발언하는 다른 누구라도 옳은 어떤 것을 말하는 것이다. 그러므로 누군가는 옳으면서 '2+3=5' 를 발언하는 누군가가 말하는 어떤 것이 있다고 생각할 수도 있는 반면에, 옳으면서 '당신의 얼굴이 붉어졌네요' 라는 말을 발언하는 누군가가 말하는 어떤 것이 있다고는 누구도 상상하지 못한다.

2. 내가 '만일 이카로스가 구형이라면 그것은 행성이다' 라고 말한다고 해보자. 나는 이카로스가 행성이라고 주장하는 것이 아니다. 그러나 확실히 나는 이카로스가 행성이라는 명제를 표현한다. 내가 '이카로스는 구형이 아니다' 나 '이카로스가 구형이라고 가정해보자' 라고 말하는 경우도 마찬가지다.

나는 이 발언들에서 내가 이카로스를 언급하고 구형의 모양을 표현한다는 데에 동의한다. 그러나 나는 적어도 만일 '명제' 가 옳거나 그른 어떤 것을 의미한다면 내가 왜 이카로스는 구형이라는 명제를 표현한다는 데 동의해야 하는지 이유를 알지 못한다. '이카로스가 구형이라고 가정해보자' 를 말할 때 확실히 나는 옳거나 그른 어떤 것을 전혀 말하고 있지 않다. 그리고 '만일 이카로스가 구형이라면, 그것은 행성이다' 에서 나는 이카로스가 구형일 경우에가 아니라 이카로스가 구형임이 이카로스가 행성임의 충분조건일 경우에 옳은 어떤 것을 말하고 있다.

우리는 발언들을 진행형으로 구성된 것으로 생각해야 한다. 만일 내가 '이카로스는 구형이다' 고 말한다면, 나는 정말이지 내가 서술한 속성을 내가 언급한 대상이 가졌을 경우에 옳은 어떤 것을 말하는 것이다. 만일 내가 '아니다' 를 삽입한다면, 그 결과는 관계되어 있지만 다른 조건이 충족될 경우에, 즉 그 대상이 그 속성을 갖지 않을 경우에 옳은 어떤 것을 말한다는 것이다. 그리고 만일 '이카로스는 구형이고, 그것은 행성이다' 대신에 '만일 이카로스가 구형이라면, 그것은 행성이다' 고 말한다면, 내가 이 구문을 사용하는 일의 결과는 그 대상이 지정된 종류의 대상이거나, 의미된 속성을 결여할 경우에 옳은 어떤 것을 말한다는 것이다. 각각의 문법적 변형은 진리성이나 허위성에 대해 다른 담지자를 가져온다. 그래서 이카로스가 구형이라는 명제가 '만일 이카로스가 구형이라면, 그것은 행성이다' 는 전체

문장에 의해서가 아니라 '만일 이카로스가 구형이라면' 에 의해서만 표현된다고 말하는 것은 별 효과가 없을 것이다. 그러나 만일 내가 한 마디를 추가한다면, 즉 만일 내가 '만일 이카로스가 구형이라면' 이나 '만일 …라면 이카로스는 구형이다' 라고 말한다면, 그리고 그대로 놓아둔다면, 나는 더 이상 옳거나 그른 어떤 것을 말하지 않을 뿐만 아니라 더 이상 어떤 것을 언급하지도 않는다.

'이카로스는 구형이 아니다' 라고 말할 때 이카로스가 구형이라는 명제를 표현한다고 느끼는 사람은 누구라도 명제-표현하기를 그림을 보여주는 일의 모델을 통해 생각하고, 명제의 부정을 표현하는 일을 그림 위에 X 표시나 '이와 같지 않음' 같은 말을 포함하는 그림을 보여주는 일의 모델을 통해 생각하고 있음이 틀림없다고 나는 생각한다. 이 모델이 효과가 없음이 분명하다면 그것으로 내 현재 목적에는 충분하다. 나는 제4장에서 부정에 대한 적극적 설명을 제시한다.

3. 논리학은 명제에 관한 학문이다. 논리학은 전제와 결론이 명제와 복합명제로 이루어진 논증을 연구하는데, '만일 어떤 소행성도 구형이 아니라면, 구형인 어떤 것도 소행성이 아니다' 같은 복합명제는 그 형식에 의해 옳다. 그렇다면 만일 우리가 명제들이 있다는 것을 부정한다면, 우리는 논리학을 폐지하고 있는 것 아닌가? 또는 적어도 유니콘과 켄타우로스를 연구하는 동물학으로 논리학을 강등하는 것 아닌가?

논리학자들은 확실히 진리성과 허위성의 담지자를 다루며, 그것을 '명제' 라 부른다. 그러나 그들은 명제가 프레게-오스틴 이론이 요구하는 종류의 명제, 즉 명제가 말로 표현되는 것이라고 가정할 필요가 없다. 어떤 논리학자는 '만일 이카로스가 행성이라면, 그것은 구형이라는 명제가 이카로스는 행성이라는 것과 이카로스는 구형이라는 두 개의 다른 명제의 진리함수이며, "만일 p라면 q다" 라는 논리적 형식을 갖는다' 고 말할 수도 있다.

그러나 논리학에서는 '"만일 이카로스가 행성이라면, 그것은 구형이다"라고 말하는 사람의 표현이 옳은지의 여부가 "이카로스는 행성이다"와 "이카로스는 구형이다"라고 말하는 사람들의 표현이 옳은지에 달려 있다'를 의미하도록 이것을 요구하는 것이 전혀 없다. 그 논리학자의 주장을 '"만일 이카로스가 행성이라면, 그것은 구형이다"라고 말하는 누군가가 옳게 말하는지 여부가 "이카로스는 행성이다"와 "이카로스는 구형이다"라고 말하는 사람들이 옳게 말하는지에 달려 있다'로 해석하는 일을 막는 것은 아무것도 없다. 이 해석들 사이에서의 선택은 논리학에 속한 일이 아니다. 그것은 언어철학에 속한 일이다. 논리학자들은 존중할만한 사람들이며, 프레게-오스틴 이론의 지지자들은 의심할 여지없이 그들을 자신들 편에 두고 싶어 할 것이다. 그러나 이 논쟁에서 논리학자들은 중립임이 틀림없다.

3.4 새로운 의미 이론

프레게-오스틴 이론에 따르면, 어떤 언어적 항목은 힘을 가리키거나, 그 언어적 항목을 사용하는 사람이 표현하는 명제를 결정함으로써 의미를 가질 수 있다. 만일 우리가 힘과 명제 개념을 거부한다면, 우리는 완전히 새 의미 이론을 구성해야 한다.

언어란 말로 사물을 표현하는 일이다. 이 말은 대부분의 경우에 논란의 여지가 없지만, 우리가 표현한다고 할 수 있는 것들이 아주 많기 때문에 조명해주는 바가 없기도 하다. 우리는 진술, 물음, 명령을 표현한다. 우리는 감정과 사고를 표현한다. 우리는 속성과 대상의 종류를 표현한다. 나는 의미에 관해 명료해지고 싶은 철학자들이 언어를 속성과 종류를 나타내는 낱말로 표현하는 일로 간주해야 한다고 제안한다. 그러면 우리는 언어적 항목이 의미를 가질 수 있는 두 가지 주된 방식을 구별할 수 있다. 언어적 항목은 그것을 사용하는 화자가 어떤 속성과 종류를 표현하는지 결정할 수 있다. 또는 언어적 항목은 화자가 이 사물들을 표현하는 방식을 결정할 수 있다. 그것이 바로 그 이론이다. 나는 계속해서 언어적 항목들이 이 방식들 중 어느 방식으로 의미를 갖는지, 표현하는 것과 표현되는 것이 다른 것들과 어떻게 다른지, 이 이론이 프레게-오스틴 이론과 어떻게 비교되는지 말할 것이다.

어떤 낱말이나 구절에 대해 우리는 그것이 사물에 대한 표현이라고 말하고, 또 다른 낱말이나 구절에 대해서는 그렇게 말하지 않는다. 첫 번째 범주에서 '고양이', '행성', '세척기' 같은 종류의 대상에 대해서는 보통명사, '구형의', '심홍색의', '리터의' (1리터의 병에서처럼) 같은 비관계적 속성에 대해서는 형용사, '…의 아래에', '…의 왼쪽에' 같은 속성에 대해서는 전치사가 주어진다. 두 번째 범주에서는 로크(*Essay* III vii)가 '불변화사' — 'the', 'for', 'than' 같은 낱말들 — 구문이라 불렀던 것이 포함된다. 나는 첫 번째 범주의 항목들이 첫 번째 방식으로 의미를 갖는다고 주장한다. 다시 말해 그 항목들은 화자가 말로 어떤 속성과 어떤 종류의 대상을 표현하는지를 결정한다. 두 번째 범주의 항목들은 두 번째 방식으로 의미를 가지며, 화자가 이런 것들을 표현하는 방식을 결정한다. 나는 첫 번째 집단의 항목들이 또한 화자의 표현 형식을 결정하지 않는다는 것을 의미하지 않는다. 나는 모든 항목이 어느 정도까지 이 일을 한다고 생각한다. 그러나 첫 번째 집단의 항목들은 정말이지 표현되는 것을 결정하는 반면에, 'as' 같은 항목과 가정법은 두 번째 방식으로만 의미를 갖는다.

우리가 마치 첫 번째 방식으로 의미를 갖는 것처럼 언급하는 항목이 다양하게 있다. 그래서 '금', '공기', '와인' 처럼 물질적 재료의 종류를 나타내는 표현도 있고, '현명한', '무지한', '관대한' 처럼 정신적, 도덕적인 성질을 나타내는 표현도 있다. 현재로서는 나는 이런 표현들을 고려하고 싶지 않다. 나중에 나는 이런 표현들이 화자가 표현하는 것을 결정하는 것처럼 보이지만 실은 두 번째 방식으로 더 의미를 가지며, 다른 것들이 말로 표현되거나 사고의 대상이 되는 방식을 기술한다고 논할 것이다. 화자가 표현하는 것을 결정하는 일 외에 '고릴라'와 '의자' 같은 명사는 또한 이처럼 좀 더 복잡한 방식으로도 의미를 갖지만, 그것 역시 나는 뒤에 나오는 장들에서만 논할 것이다.

또 다른 언어적 항목 집합에는 '가정법', '가언명제' 같은 전문 용어와, 보통은 이런 식으로 전문 용어로 생각하지 않겠지만 '대상', '속성', '변화', '형태', '크기' 같은 용어가 망라된다. 나는 이런 용어들을 공식적으로 다루지는 않겠지만, 독자는 내가 이 용어들을 어떻게 다루고 싶어 하는지 짐작할 수 있을 것이다.

그러나 '녹색의'와 '인간' 같은 낱말은 사물을 나타내는 표현의 범형 사례이고, 그런 낱말을 사용하는 화자가 무엇을 표현하는지를 결정한다. 그런 낱말은 어떻게 그런 일을 하는가? 속성을 나타내는 낱말은 화자가 어떤 속성을 서술하는지를 결정한다. 이런 낱말을 사용하는 일은 서술하는 일이고, 속성에 대하여 그것이 표현된다는 것은 그것이 서술된다는 것이다. 하나의 같은 속성이 다양한 방식으로 서술될 수 있는데, 정확히 어떻게 서술되는지는 그 문장의 구문과, 두 가지 방식 중 두 번째 방식으로 의미를 갖는 낱말들에 의해 결정될 것이다.

대상의 종류를 나타내는 낱말은 화자가 어떤 종류의 대상을 언급하는지를 결정한다. 내가 여기서 '언급하다'(refer)로 의미하는 것은 무엇인가? 일상의 담화에서 '언급하다'(to refer)는 타동사로 지시하는 일('나는 백과사전에서 그를 참조했다'(I referred him to the encyclopedia))이나 연관 짓는 일('그는 나의 나쁜 건강을 내 식습관 탓으로 돌렸다'(He referred my poor health to my diet))을 의미할 수 있다. 언어철학에서 이 낱말의 사용배후에 들어 있는 주된 착상은 술어적 서술이라고 나는 생각한다. 그래서 어떤 대상을 언급한다는 것은 일차적으로 어떤 술어를 그 대상과 관계 맺기 위해 언급한다는 것이다. 만일 내가 '화성은 붉다' 고 말한다면, 나는 색깔 붉음을 행성 화성에게 귀속시킨다. 우리는 또한 어떤 결과나 인과적 작용을 어떤 대상에게 돌릴 수도 있다. 만일 내가 '달이 해수면 상승을 일으키는가?' 라고 묻는다면, 나는 해수면의 변화를 달의 탓으로 돌린다 — 이 예에서 내 언급은 물론 질문이지 긍정이나 단언이 아니다.

어떤 대상을 언급하기 위해서는 우리는 66~67면에서 지적했듯이 '말하다' (say)의 넓은 의미로 그 대상에 관해 무언가를 말해야 한다. 우리는 이름, '그 나무' (that tree) 같은 지시사, '내가 어제 잃어버린 연어' (the salmon I lost yesterday) 같은 정관사를 사용하여 명확한 대상을 명확하게 언급할 수 있다. 또는 우리는 대상들을 불명확하게 언급할 수 있다. 불명확한 언급의 예는 '말벌이 나를 쏘았다', '침대 밑에 강도가 없다', '당신의 양 떼 중에 얼마나 많은 양이 검지 않은가?' 등이다. 첫 번째 예에서 나는 나를 쏜 어떤 말벌이 있다(또는 있었다)고 말하지만, 어느 말벌이 그랬는지는 말하지 않는다. 두 번째 예에서 나는 침대와 그 아래에 있음이라는 관계를 맺고 있는 강도가 없다고 말한다. 세 번째 예에서 나는 당신의 양 떼에서 어떤 색깔을 띠지 않은 양이 얼마나 많이 있는지 묻는다.

어떠한 대상이라도 어떤 종류의 대상임이 틀림없으며, 그 대상을 우리의 담화에 끌어들이기 위해서는 우리는 그 대상을 명시적으로나 함축적으로 어떤 종류의 대상으로 언급해야 한다. '말벌이 나를 쏘았다' 에서 나는 어떤 것을 명시적으로 말벌로 언급한다. 불명확한 언급은 보통 명시적이다. 'Paris was delightful' 에서 나는 Paris를 어떤 도시 또는 트로이의 영웅으로 명시적으로 언급하지 않는다. 그러나 나는 적어도 프랑스의 도시 파리나 트로이의 영웅 파리스, 또는 'Paris' 라는 이름과 관계가 있는 다른 어떤 명확한 종류의 개체를 언급하려고 해야 한다. 그렇다면 낱말은 그 낱말을 사용하는 일이 어떤 대상을 그런 종류의 대상으로 언급하고 있다는 점에서 어떤 종류를 표현한다. 그리고 종류는 화자가 이런 식으로 대상들을 언급한다는 점에서 언어로 표현된다.

'인간' (man) 같은 낱말은 전형적으로 대상을 언급할 뿐만 아니라 서술한다고 종종 가정된다. '소크라테스는 인간이다' 는 마음에 드는 철학적 예다. 확실히 그 문장을 발언할 때 나는 소크라테스에 대해 '인간' 이 의미하는 것을 서술하는가? 자연스럽게 보이긴 하지만 나는 이 견해가 틀렸다고 논할 것이다. '인간' 같은 명사는 술어적 사용을 갖지만, 그런 사용은 드물다. 반성적으로 검토해보면 우리는 '소크라테스는 인간이다' 같은 발언이 꽤 예외적이며, '나는 어떤 인간을 만났다' 나 '어떤 인간이 나를 보기 위해 왔다' 같은 경우가 훨씬 더 일상적인 사용임을 깨닫는다. 종류는 전형적으로 그런 명사를 언급적으로 사용할 때 표현된다. 우리가 어떤 종류를 표현하는가는 우리가 사용하는 명사에 달려 있다. 우리가 어떻게 표현하는지는 우리가 어떻게 언급하는지에 달려 있으며, 이것은 다시 구문, 그리고 정관사와 부정관사처럼 구문과 똑같은 방식으로 의미를 갖는 낱말에 달려 있다.

나는 이런 점들을 제4장에서 전개할 것이다. 그 전에 잠시 나의 표현 개념을 현재 통용되는 다른 표현 개념들과 비교하고 싶다.

속성과 종류 외에 우리는 한편으로 감정과 사고를 표현하고, 또 한편으로 진술, 질문, 명령을 표현한다. 각각의 경우에 우리는 표현되는 것과 표현 방식을 구별할 수 있다. 감정의 경우에 우리는 때로 단순히 감정에 굴복하는 일과 시인이 사랑이나 비탄을 표현하듯이 말로 그것을 표현하는 일을 구별할 수 있다. 그러한 구별을 추구하는 것은 실은 미학에 속한다. 그러나 어떤 언어적 항목이 화자가 표현하는 사고, 진술, 질문에 차이를 가져오거나, 또는 이것을 표현하는 일에 차이를 가져옴으로써 의미를 가질 수 있다고 말하는 것은 왜 안 되는가?

이것은 내 구별에 대한 진정한 대안이 아니다. 오히려 그것은 의미를 갖는 내 방식 모두와 '어조'에 기여하는 일 사이의 구별이다. 나의 구별은 어떤 항목이 화자가 어떤 사고, 진술, 질문을 표현하는지를 결정할 수 있는 두 가지 방식 사이의 구별이다. 어떤 항목은 담화가 사람들의 정신 상태에 영향을 미치는 경향을 결정하는 한 이것에 대해 표현하는 일을 결정한다.

표현과 표현되는 것을 구별할 때 문예비평가들은 보통 이 경향과 그것이 의존하는 낱말의 선택을 염두에 둔다. 그러나 언어철학자의 목적상 나는 내 용법이 낫다고 생각한다. 왜냐하면 어떤 진술을 표현하는 일은 단순히 그 진술을 하는 일이다. 질문을 표현하는 일은 그 질문을 던지는 일이다. 명령을 표현하는 일은 명령을 내리는 일이다. 나는 이런 행위들을 테아이테토스에 관한 발언 (1), (2), (4)에서 수행한다(앞의 70면). 그런 발언들 사이의 차이는 각각에서 내가 다른 어떤 것, 즉 각각 진술, 명령, 질문을 표현한다는 것이 아니다. 각각의 경우에 나는 똑같은 것, 즉 앉아 있음이라는 자세를 표현한다. 지금 직설형이고, 지금 명령형이며, 지금 의문형인 것은 바로 이것에 대해 내가 표현하는 행위이다.

내가 '담배 피고 있군요' 라고 말하는지, '담배 피고 있습니까?' 라고 말하는지, '담배 피지 마세요!' 라고 말하는지가 당신이 담배를 끄도록 하려는 내 담화의 경향에 영향을 미칠 수 있다는 말은 옳다. 그러므로 이 구문들 사이의 선택은 문예비평가가 '표현' 이라고 부르는 것에 속할 것이다. 그렇지만 그 사실에서, 그의 의미와 내 의미에서 표현이 확고하게 구별되지 않는다는 결론은 따라 나오지 않는다. 그 사실에서는 어떤 구문이 둘 다 의미에 차이를 가져올 수 있다는 것만이 따라 나온다. '붉은' 같은 낱말에 대해서도 이 비슷한 어떤 것이 성립한다. '그 시인은 자기 부인이 빨간 입술을 가졌다고 말했다' 는 그 시인이 그의 시에 끌어들인 몇 가지 — 색깔 붉음과 입술 — 를 알려주지만, 또한 그가 자신의 부인이 매력적이라는 사고를 표현하는 그의 문체와 방식에 관해서도 무언가를 알려준다. 여자 입술의 색깔, 넓적다리의 모양, 발 크기를 언급한 일 사이에서의 선택은 문체상의 문제이고, 의미론적 함축은 물론이고 화용론적 함축도 갖는다.

어떤 것들이 표현되는지를 결정하는 일과 화자의 표현 방식을 결정하는 일에 대한 나의 구별은 처음에는 어떤 명제가 표현되는지를 결정하는 일과 힘을 지시하는 일에 대한 프레게-오스틴의 구별과는 별로 다른 것처럼 보이지 않을 수 있다. 그렇다면 이제 몇 가지 차이를 자세히 말해 보기로 하자.

첫째, 내 이론에서 화자가 주장하는지, 질문하는지, 명령하는지는 사용된 구문이 단순히 가리키는 것이 아니라 그 구문이 결정한다.

다음으로, 프레게-오스틴 이론에서는 명제-표현하기가 주장하기, 명령하기 등에 논리적으로 선행한다. 그래서 원리적으로 이런 것들 중의 어떤 것을 하지 않고도 어떤 명제를 표현하는 일이 가능해야 한다. 나는 주장하기, 질문하기 등이 언어적 표현의 종류(species)이며, 이런 행위들 중의 하나를 수행하지 않고는 아무것도 표현할 수 없다고 말한다.

이 차이는 심리철학(philosophy of mind)에 대해 함의하는 바가 있다. 명제-표현하기 자체는 명제를 마음속에 품는 일의 언어적 대응물이다. 일단 주장하기, 명령하기, 그 비슷한 어떤 일을 하지 않고 어떤 명제를 표현하는 일이 불가능하다는 것을 알고 나면, 우리는 어떤 명제가 옳다고 생각하거나 그르기를 희망하거나 다른 어떤 명확한 사고를 갖지 않고도 그냥 그 명제를 생각할 수 있다고 생각하고 싶은 마음이 덜 들 것이다. 우리는 내가 어딘가에 써진 문장(예컨대 '어떤 독수리도 난잡하지 않다')을 보고, 그것이 의미하는 것을 알지만 그 문장이 말하는 것이 옳거나 그르다고 생각하거나, 심지어 옳은지 궁금해하지 않기 때문에 이것이 가능하다고 상상할 수도 있다. 그렇다면 나는 어떤 독수리도 난잡하지 않다는 명제를 마음에 품고 있는 것 아닌가? 그렇지 않다. 나는 이것이 그 낙서가 말하는 것이라는 명확한 사고를 가지고 있다.

셋째, 프레게-오스틴 이론은 언어가 어떻게 세계와 관계를 맺는지를 불명료한 채로 남긴다. 철학자들은 때로 언어가 실재에 어떻게 '고리가 걸려 있는지' (hooks onto), 또는 어떻게 실재에 '도달하는지' (reach up)를 묻는다. 이 은유는 비트겐슈타인에게서 따온 것이지만, 데카르트 시대 이래로 철학자들은 우리 각자가 제 자신의 정신이라는 독방에 감금된 채 살고 있으며, 우리는 이 내적인 공간에서 외부 세계로 뻗어 나가려 한다고 생각하는 경향을 보여왔다. 나는 우리가 자유롭게 세계 속을 움직인다고 말하는 쪽을 택하고 싶지만, 우리는 사물을 표현하는 언어를 구성함으로써 그렇게 할 뿐이다. 언어는 대상과 속성을 그 속에 끌어들임으로써 세계와 관계를 맺는다. 그러나 그것은 속성, 그리고 대상이 속하는 종류가 말로 표현된다는 뜻이다. 내 견해에서는 철학자들은 바로 우리가 표현하는 것들에 대한 우리의 표현 행위, 언급과 서술 방식에 관여한다. 그래서 언어가 세계와 관계를 맺는 방식은 바로 철학이 언어적 등장인물에 대해 우리에게 말해주는 것이다. 시제 변화와 '때문에' 같은 항목들이 우리의 표현하기에 어떻게 기여하는지를 말할 때 우리는 세계에 관해 우리가 어떻게 질문을 던지고, 명령하고, 옳은 진술을 할 수 있는지를 말한다.

프레게-오스틴 구별과 내 구별의 네 번째 차이는 양 구별이 다른 위치에 속한다는 것이다. 프레게-오스틴 이론에 따르면, '만일', '아니다', '모든', '약간의'는 명령법 변화형이나 질문형 어순과는 별도로 분류되고, '붉은', '구형의', '행성'과는 함께 분류된다. 내 이론에서는 정반대이다. 그래서 내 이론에서는 '만일', '모든' 등이 법 변화에 따른다. 결과적으로 나는 주장하기, 질문하기, 명령하기를 포함하는 행위 집합을 프레게-오스틴 이론이 허용하는 것보다 더 큰 원소를 가진 집합으로 생각한다. 나는 사물이 실

그림 1

<table>
<tr><td>오스틴 / 설
언어행위</td><td colspan="3">발언행위 또는
명제표현하기</td><td colspan="2">수행행위
(말하기에서)
주장하기 약속하기</td><td>성취행위
(말하기에 의해)
설득하기</td></tr>
<tr><td rowspan="2">오스틴: 의미의
종류</td><td colspan="3">뜻, 언급대상</td><td colspan="2" rowspan="2">힘</td><td rowspan="2"></td></tr>
<tr><td colspan="2">내용</td><td>형식</td></tr>
<tr><td rowspan="2">프레게: 의미의
종류</td><td colspan="3">뜻 또는 사고</td><td colspan="2" rowspan="2">힘</td><td rowspan="2">어조</td></tr>
<tr><td colspan="2">내용</td><td>형식</td></tr>
<tr><td rowspan="2">제안된 행위</td><td colspan="4" rowspan="2">(말하기라는) 언어적 행위</td><td colspan="2">실제적</td></tr>
<tr><td>제도적</td><td>심리적</td></tr>
<tr><td rowspan="2">제안된 의미의
종류</td><td colspan="4">언어적</td><td colspan="2">실제적</td></tr>
<tr><td>내용</td><td colspan="3">형식</td><td>약정적</td><td>심리적</td></tr>
<tr><td>언어적 항목</td><td>붉은
고양이</td><td>현명한
옳은</td><td>아니다
모든</td><td>오!
좋은
법 변화</td><td>나는 약속한다
노트럼프 두 번</td><td>넌 쓰레기야!
넌 천사야!</td></tr>
</table>

존하거나 실존하지 않는다고 말하기, 어떤 것을 다른 것에 대한 조건이나 다른 것에 대한 대안으로서 말하기, 주장하기와 구별되는 것으로서의 부정하기를 포함시킨다. 좀 더 관대한 이 방책은 제4장에서 옹호될 것이다.

마지막으로 내 이론은 프레게-오스틴 이론이 미칠 수 없는 항목들까지 망라해 다룬다. 도덕적 용어, 시제 변화, 비진리함수적 연결사는 모두 우리가 표현하는 것들에 대한 우리의 표현하기에 기여한다고 할 수 있다. 그것은 시간, 변화, 인과관계, 정신 상태에 대한 언어적 차원의 이론들인데, 이 이론들에 대해서는 나중 장들에서 전개한다. 이 항목들이 변화에 의해 예화되는 속성을 의미한다고 말할 필요는 없다. 하물며 이 항목들이 주로 어조를 전달하는 일을 통해 의미를 갖는다고 말할 필요는 더더욱 없다.

내가 제안하는 이론이 오스틴, 설, 프레게의 이론과 어떻게 관계되는지에 대한 일반적 그림은 앞의 그림 1에 제시되어 있다.

제 4 장

존재, 실존, 진리

4.1 존재와 비존재

속성은 서술됨으로써 언어로 표현된다. 서술(predication)이란 무엇인가? 우리는 다음 문장들을 살펴보았다.

1. 테아이테토스가 앉아 있다.
2. 아, 테아이테토스 앉게!
3. 테아이테토스가 앉아 있기만 한다면!
4. 테아이테토스가 앉아 있는가?

대부분의 철학자는 똑같은 속성, 즉 앉은 자세가 이 모든 발언에서 서술된다는 데 동의할 것이다. 그러나 다음은 어떤가?

5. 테아이테토스는 앉아 있지 않다.
6. 테아이테토스가 곧 앉을 것이다.
7. 테아이테토스가 앉아 있었다.

여기서 역시 똑같은 속성이 서술되는가, 아니면 다른 속성들이 서술되는가? 앉아 있지 않음 같은 속성이 있는가? 앉아 있음이라는 속성과 구별되는 앉게 됨이라는 속성이 있는가? 현재의 앉음성(性)이라는 속성과 다른 것으로서 과거의 앉음성, 즉 과거에 앉아 있음이라는 속성이 있는가?

그러한 물음들을 던지는 것은 분석철학자들이 존재(being) 개념에 접근하는 한 가지 방식이다. 철학자들이 존재에 관해 많이 언급하지만, 비철학자들이 이것을 혼란스럽게 생각한다는 것은 잘 알려져 있다. 하이데거의 논문 선집은 영어로 『존재의 물음』(*The Question of Being*)이라는 제목으로 출판되었다. 어떤 철학자가 서점에서 그 책을 요구했을 때, 여직원이 말했다. '무슨 물음이라구요?' (The question of being what?) 이 사건을 전해 들은 라일은 말했다. '그 여직원에게 철학박사 학위를 수여해야 하는데.'

어떤 언어들은 동사 '존재하다' (to be)나 '가지다' (to have)가 없다. 마퀴사스어가 그 예이다(그런 동사가 없기 때문에 존재 문제와 관계된 많은 철학적 문제를 마퀴사스어로 설명하기란 매우 어려운 일이다). 우리가 '저 나무에 망고가 있다' (There are mangoes on that tree), '이 망고는 달다' (This mango is sweet), '나는 카누를 가지고 있다' (I have a canoe), '프랑스에 가본 적이 있는가?' (Have you been to France?) 같은 발언에서 그런 동사의 도움을 받아 말하는 것들을 마퀴사스어는 불변화사와 어순을 통해 말한다. 그러나 존재 동사들을 가지고 있는 그리스어, 라틴어, 영어 같은 언어에서는 그 동사들이 두 가지 주요 방식, 즉 '지하창고에 와인이 좀 있는가?' (Is there any wine in the cellar?)에서처럼 실존(existence)을 표현하는 방식과 '이 와인은 붉다' (This wine is red)에서처럼 서술하는 방식으로 사용된다. 후자의 경우에 우리는 와인이 붉다고 말할 때 화자가 와인에 관해 말하는 것이 무엇인지 물을 수 있지만, 와인이 있다고 말할 때 그가 말하는 것이 무엇인지 물을 수는 없다. 서술적 사용에서 '이다' (to be) 자체는 서술된 어떤 것을 의미하지 않는다. 그 낱말은 그런 일을 하는 그것을 보완하는 낱말이다. 그러나 철학자들이 존재를 실존과 구별되는 것으로 생각하는 일이 여전히 가능하다. 존재를 실존과 다른 것으로 생각하는 일은 존재를 존재하지 않음과 대비되는 존재, 생성(becoming)과 대비되는 존재, 이미 일어났음이나 일어나려고 함과 대비되는 존재로 생각하는 일이다 — 그리고 어쩌면 철학적으로 흥미로운 다른 대비들도 있을 것이다. 있음과 있었음의 대비는 시간 개념으로 들어가는 길이며, 있음과 생성됨의 대비는 변화 개념으로 들어가는 길이다. 이런 대비들은 제5장과 6장에서 논의할 것이다. 그러나 있음과 있지 않음의 대비는 진리 개념에 대한 연구방식을 제공하는데, 이제 그것에 대해 논의할 것이다.

나는 문장 (1)~(4)에서처럼 테아이테토스에 관한 문장 (5)에서도 똑같은 속성이 서술된다고 제안한다. (5)와 (1)의 의미상의 차이는 서술되거나 표현되는 것에 있는 것이 아니라 표현 방식에 있다. (1)에서 표현 방식은 긍정이다. 그래서 그 속성이 테아이테토스에 대해 주장된다. 그리고 그 속성은 테아이테토스에 의해 예화된다고 한다. (5)에서 표현 방식은 부정이다. 그 속성은 테아이테토스에 대해 부정되거나, 테아이테토스에 의해 예화되지 않는다고 한다. 주장과 부정 개념은 두 가지 대안의 표현 방식 개념인데, 그중 전자를 우리는 '존재 표현하기'(expressing being)라고 부르고 후자를 '비존재 표현하기'(expressing not being)라 부를 수 있다. 불변화사 '아니다'는 (5)의 발언에 이 형식을 부여한다.

'아니다'가 부정 불변화사이고, 어쨌든 부정을 표현한다는 데는 아마 누구나 동의할 것이다. 그러나 이 말이 의미하는 것은 무엇인가? 그렇다고 '아니다'가 부정에 대한 표현이라는 것은 아니다. '부정'은 부정(否定)을 나타내는 한국어 낱말이다. '아니다'는 (5)와 같은 발언에서 그 말을 사용하는 일이 부정하는 일이라는 점에서 부정을 표현한다. 그 말은 존재하지 않음이 우리가 표현할 수 있는 것이라는 점에서가 아니라 그 말을 삽입하는 일이 다른 어떤 것, 이 경우에 '앉은' 이 의미하는 속성에 대한 화자의 표현하기를 제공한다는 점에서 존재하지 않음을 표현하는데, 다음과 같은 특수 형식을 갖는다. 즉 그 말은 그 속성이 어떤 것에 의해 예화되지 않는다고 말하기라는 형식을 제공한다.

이 설명은 현재 통용되는 정설과 대비된다. 대부분의 철학자(예외일 수 있는 철학자는 Ramsey, 1990, 43면)는 '아니다' 의 의미에 대해 매우 다른 두 가지 이론 중 하나 또는 둘 다를 승인한다. 좀 더 단순하고 좀 더 대중적인 이론은 '아니다' 가 그 낱말 없이 표현되는 명제의 부정을 표현하는 데 사용되는 절의 나머지와 결합한다는 것이다. 이 이론은 물론 내가 올바르지 못하다고 논했던 프레게-오스틴의 명제 개념에 의존한다.

두 번째 이론은 (5)에서 '아니다' 가 다른 모든 낱말이 아니라 그저 '앉은' 과 결합한다는 것이다. 그래서 이 이론은 '앉은' 을 통해 '앉은' 이 의미하는 속성과 일정한 방식으로 관계된 어떤 속성을 의미하는 복잡한 술어-표현을 형성한다. '앉지 않음' 은 '앉은' 이 의미하는 속성이 속하지 않는 우주의 모든 대상에 속하고, '앉은' 이 그러한 대상들 중의 어떤 것에도 속하지 않는, 어떤 속성을 의미한다. 다시 말해 앉아 있지 않은 모든 대상에 속하고, 앉아 있는 대상들 중의 어떤 것에도 속하지 않는 속성을 의미한다.

이 이론에 대한 한 가지 반론은 비현실적이라는 것이다. 실제로 그러한 모든 대상, 그리고 그러한 대상들에만 속하면서 앉아 있지 않는 속성이란 없다. 또 다른 반론은 이 이론이 순환적이거나 후퇴를 일으킨다는 것이다. 이 가공의 속성은 앉은 자세에 속하지 않는 대상들에 속한다고 가정된다. 어떤 속성이 어떤 대상에 속하지 않는다고 말할 때 우리가 의미하는 것은 무엇인가? '앉은 자세는 테오도루스에 속하지 않는다' 는 말을 생각해보자. '아니다' 가 테오도루스에게 속하지 않음이라는 속성이 속하지 않는 모든 속성에 속하는, 극단적인 가상의 속성을 의미하기 위해 '테오도루스에 속한다'와 결합하는가? 또는 어쩌면 '속한다'가 의미하는 관계를 테오도루스와 맺고 있지 않은 모든 속성에 의해 테오도루스와 맺고 있는 어떤 극단적인 가상의 관계를 의미하기 위해 그렇게 결합하는가? 이러한 극단적인 가상의 존재자들에 대해서는 똑같은 물음 — 테오도루스에게 속함이라는 속성이 어떤 속성에 속하지 않는다고 말할 때 우리는 무엇을 의미하는가? — 이 제기되며, 우리는 그런 문제들이 끝없이 증식되는 상황을 맞게 될 것이다.

4.2 실존과 수

'코끼리', '경위의'(經緯儀) 같은 명사들은 대상의 종류를 의미한다. 그렇다면 그것은 어떤 종류의 의미인가?

우리는 '바바는 코끼리이다', '그 기구는 경위의이다'고 말할 수 있다. 그렇다면 이 명사들은 우리가 서술하는 것, 즉 어쩌면 속성들 집합을 의미하는가? 로크는 그렇게 생각했지만(*Essay* III vi 3~8) 난점들이 있다.

첫째, 내가 예로 제시한 발언들은 대상이 아니라 낱말에 관한 말로 해석하는 것이 가장 쉽다. 만일 당신이 우리가 '바바'라는 이름을 사용하는 것을 듣고 '바바가 누구야'라고 물었을 때 내가 '바바는 코끼리이다'라고 대답한다면, 이때 의미는 우리가 코끼리를 언급하기 위해 그 이름을 사용하고 있다는 뜻이다. 만일 당신이 '경위의가 뭐야?'라고 묻는다면, 나는 '저기 있는 저 기구가 경위의야'라고 대답할 수 있는데, 그러면 이때 내 말은 '경위의'라는 낱말이 그와 같은 기구들을 의미한다는 뜻이다. 내가 '소크라테스'라는 이름이나 '인간'이라는 낱말에 관해 무언가를 말하려 하지 않으면서 '소크라테스는 인간이다'고 말할 수 있는 상황을 생각하기란 어렵다. 그가 인조인간인지 의심하고 있는가?

둘째, 어떤 개체를 언급하기 위해서는 우리는 그 개체를 어떤 종류의 원소로서 명시적으로 또는 함축적으로 언급해야 한다. 만일 '소크라테스는 게으르다' 라고 말할 때 내가 진정한 진술을 하고 있다면, 나는 그 사람을 소크라테스라고 언급하거나, 우리 집 개 블러드하운드를 소크라테스라고 언급하거나, 또는 일정한 종류에 속하는 다른 어떤 같은 이름의 대상을 언급하고 있음이 틀림없다. 만일 내가 어떤 개체가 인간이라고 말하고 싶다면, 나는 그 개체를 인간이나 다른 종류의 원소로서 분명하게 언급할 수 없다. '그 인간은 인간이다' 는 공허하다. '저 나무 그루터기는 인간이다' 는 자체모순이다(어떤 상황에서는 내 실제적 목적에 기여할 수 있다 할지라도). 나는 '저 검은 물체' 나 '저 바스락거리는 물체' 비슷한 어떤 것을 말해야 한다. 그러나 우리가 개체들을 검은 물체나 소리를 내는 것으로 확인하는 것은 예외적인 상황에서일 뿐이다. 보통 우리는 개체들을 인간이나 나무로 확인한다. 우리의 종류 개념은 확인이라는 목적에 비추어볼 때 일차적으로 중요하다.

어떤 철학자들, 특히 힐러리 퍼트넘(H. Putnam, 1975)과 솔 크립키(S. Kripke, 1980, 제3장)는 '코끼리' 같은 낱말이 의미하는 것을 알기 위해서는 우리가 그 낱말을 사용하는 화자가 어떤 속성을 염두에 두는지를 알아야 할 뿐만 아니라 사실상 그 낱말이 어떤 대상들에 적용되는지, 그 낱말을 처음 도입했던 사람들이 그 낱말로 어떤 것을 나타내기를 원했는지도 알아야 한다는 것을 의미한다고 말한다. 이 철학자들은 때로 그러한 낱말에 대해 '뜻' (sense)이 (적어도 부분적으로) '언급대상' (reference)에 의존한다고 말한다. ('뜻' 과 '언급대상' 이란 용어는 비철학자들이 '의미' (meaning)라 부르는 두 가지 것을 구별하기 위해 도입되었다. 우리는 '"개밥바라기" (the morning star)라는 구절은 "때로 해뜨기 직전에 보이는 밝은 천체"를 의미한다' 거나 '그 구절은 행성 금성을 의미한다' 라고 말할 수 있다. 첫 번째 경우에 우리는 그 구절의 뜻을 제시하고, 두 번째 경우에 언급대상을 제시한다.) 나는 비슷하게 들리지만 전혀 다른 제안을 내놓고 싶다. 퍼트넘과 크립키는 '코끼리' 같은 낱말의 언급적 사용(referential use)과 서술적 사용(predicative use)을 예리하게 구별하지 않는다. 실제로 그들은 '저것이 코끼리인가?' 같은 서술적 사용에 집중한다. 내 제안은 그런 낱말의 일차적 사용이 서술적인 것이 아니라 언급적이라는 것이다. 다시 말해 그런 낱말은 속성을 서술하기 위해서가 아니라 대상을 언급하기 위해 사용된다는 것이다. 퍼트넘과 크립키는 이 제안을 부정할 필요가 없다. 그들은 다음과 같이 말할 수 있다. 즉 '코끼리' 의 의미를 파악한다는 것은 내가 '그 코끼리가 나팔을 불었다' 고 말할 때 내가 어떤 것을 하나의 원소로 언급하는 종류가 무엇인지를 안다는 것이며, 이 종류는 사실상 어떤 동물들을 언급하기 위해 '코끼리' (또는 다른 어떤 언어에서 그 조상이 되는 낱말)를 도입했던 바로 그 동물들이 속하는 종류이다. 나는 제6장에서 이 일반 이론에 반대하여 몇 가지를 말하고, 제9장에서는 다른 설명을 지지하여 몇 가지를 말할 것이다. 그렇지만 여기서 내 관심사는 종을 나타내는 낱말, 그리고 또한 생명 없는 대상의 종류를 나타내는 낱말이 어떻게 무엇이 됐건 그것이 의미하는 것을 의미하는지 설명하는 것이다. 그리고 이 일을 위해서는 그 낱말들이 어떻게 언급하는지, 언급하는 일이 무엇인지를 살피는 것으로 충분하다.

앞에서 나는 언급이 명확할 수도 있고 명확하지 않을 수도 있다고 지적했다. '제미마가 야옹하고 울었다' 나 '그 고양이가 야옹하고 울었다' 에서 나는 명확하게 한정적으로 언급한다. 영어의 정관사는 오류 불가능한 것은 아니라도 직접 언급의 징표다 — '요람을 흔들던 그 손이 세계를 지배한다' (The hand that rocks the cradle rules the world)를 생각해보라. 여기서 나는 불명확한 언급에서 시작하는데, 다음이 그 예들이다.

1. 고양이가 야옹하고 울었는가?
2. 고양이 두 마리가 야옹하고 울었다.
3. 우리 집 뜰에 고양이가 그리 많지 않았으면.
4. 당신이 보는 고양이를 모조리 쏴버려라.

불명확한 언급은 명확한 언급을 제외하는 것이 아니라 그것이 요구될 수 있다고 지적될 것이다. (3)에서 나는 뜰을 명확하게 한정적으로 언급하며, (4)에서는 어떤 사람(당신)을 명확하게 한정적으로 언급한다. 그리고 처음 두 발언에서는 아마 세계의 특정 지역과 특정 시간에 대한 함축적 언급이 있을 것이다.

이 예들에서 나는 어떤 종류의 대상, 즉 고양이들을 내 담화에 끌고 들어온다. 내가 어떻게 그 일을 하는가? (1)에서 나는 야옹하고 우는 고양이가 있었는지 묻는다. (2)에서는 야옹하고 운 고양이가 두 마리 있다고 말한다. (3)에서 나는 우리 집 뜰과 일정한 관계를 맺고 있는 것이 그리 많지 않기를 바란다. (4)는 다소간에 '당신이 보는 것 중에 당신이 쏘기를 그만두는 한 마리의 고양이도 없게 하라'와 동등하다. 그렇다면 나는 '고양이', 이 낱말을 사용하는 일이 어느 정도 명확하거나 불명확한 수의 어떤 종류의 대상들이 있다고 말하고 있거나, 있는지 묻거나, 다른 어떤 방식으로 고양이들을 세고 있거나, 수를 표현하고 있다는 점에서 어떤 대상의 종류를 의미한다.

서술하는 일이 얼마간 속성을 표현하는 일이듯이 불명확한 언급은 대상의 수를 표현하는 일이다. 어떤 속성을 표현하는 일이 그 속성을 가지고 있다고 말하거나, 그 속성을 가지고 있는지 묻거나, 그 속성을 가졌으면 하고 바라는 일일 수 있는 것처럼, 어떤 수를 표현하는 일은 어떤 종류의 대상이 그 수만큼 있다고 말하거나, 그 수만큼 있는지 묻거나, 누군가에게 그 수만큼 있는지 확인하라고 명령하는 일일 수 있다. 그러나 이 유사성은 중요한 차이도 동반한다. 서로 다른 속성들은 우리가 표현하는 서로 다른 것들이다. 만일 당신이 어떤 색깔을 표현하고 내가 또 다른 색깔을 표현한다면, 우리는 다른 것을 표현한다. 만일 당신이 어떤 수를 표현하고 내가 또 다른 수를 표현한다면 우리의 표현 형식이 다른 것이라고 나는 제안한다. 내가 표현하는 수를 결정한다고 가장 자연스럽게 말하는 그 언어적 항목이 내가 다른 어떤 것, 즉 어떤 종류의 대상을 표현하는 방식에 차이를 가져오는 것이다.

어느 정도까지 그것은 널리 승인될 것이다. 때로 양화사라 불리는 낱말들 '모든' (all), '약간의' (some), '어떤 …도 없는' (no)은 '붉은', '구형의'와는 분명히 다른 방식으로 의미를 갖는다. 그래서 만일 내가 '약간의 고양이는 파랗다' 고 말하고, 당신이 '어떤 고양이도 파랗지 않다' 고 말한다면, 우리의 진술은 논리적 형식에서 다르다. 그러나 만일 '우리 이모가 약간의 고양이를 가지고 있다' 와 '우리 이모는 고양이를 전혀 가지고 있지 않다' 가 형식에서 다르다면, 확실히 '우리 이모가 많은 고양이를 가지고 있다' 와 '우리 이모는 고양이를 거의 가지고 있지 않다', 또는 '우리 이모는 10마리의 고양이를 가지고 있다' 와 '그녀는 두 마리 고양이를 가지고 있다' 역시 마찬가지다. 나는 이 모든 낱말들이 우리가 간접적 언급을 통해 종류를 표현하는 방식을 결정함으로써 의미를 갖는 것이라고 제안한다.

이 제안에 대해서는 유한수가 무한히 많이 있다는 반론이 있을 수 있는 것처럼 보인다. 그래서 만일 각각을 표현하는 일이 서로 다른 표현 형식이라면, 무한히 많은 표현 형식이 있게 될 것이라는 것이다.

나는 그 반론이 실패한다고 생각한다. 실제로 무한히 많은 정수 표현이 실존하지 않는다. 단지 새로운 표현을 계속해서 구성하는 일이 가능할 뿐이다. 그리고 나는 새로운 표현 형식을 계속해서 구성하는 일이 왜 가능하지 않아야 하는지 이유를 알지 못한다. 숫자를 구성하는 규칙과 우리가 그 과정에서 반복해서 사용하는 숫자들 자체가 어떤 언어의 문법에 포함된다는 것이야말로 매우 중요하다. '15의' 같은 낱말은 그 어휘에 유일하게 또는 일차적으로 나타나지 않는다. 만일 어떤 낱말이 어떤 언어의 문법에서 논의된다면, 그 낱말은 일반적으로 주로 구문과 똑같은 방식으로 의미를 갖는다.

철학자들은 때로 '거의 없는' (few) 같은 낱말과 심지어 '15의' 같은 낱말이 특별한 종류의 속성을 의미한다고 말한다. 이 주장은 실존과 관계가 있기 때문에 중요하다. 약간의 길든 호랑이들이 있다거나, 심지어 길든 호랑이들이 거의 없다고 말하는 일은 확실히 길든 호랑이들이 실존한다고 말하는 일이다. 반면에 세상에서 길든 호랑이들의 수가 0이라고 말하는 일은 그것들이 실존하지 않는다고 말하는 일이다. 만일 양화사가 속성을 의미한다면, '실존하다' (exist)에 대해서도 똑같은 말이 성립하지 않을까?

'15의' 같은 낱말이 속성을 의미한다는 말의 사례는 이것이다. 우리는 때로 한 사물 집합의 모든 원소를 다른 집합의 모든 원소와 일대일 상관관계를 맺도록 할 수 있다. 그런 일은 내가 내 두 손을 맞출 때 일어난다. 내 오른손의 손가락 각각은 왼손의 다른 손가락과 접촉하게 되며, 그 반대도 마찬가지다. 검소한 식사 준비를 할 때 나는 칼, 포크, 접시, 잔을 일대일 상관관계가 되도록 놓는다. 우리는 서로 이러한 상관관계로 놓을 수 있는 모든 집합이 공통적인 어떤 것을 갖거나 다른 집합을 형성한다고 말할 수 있다. 내 머리의 눈 집합은 그러한 한 집합이 되고, 두 손 각각의 손가락 집합은 또 다른 집합이 되며, 내 콧수염의 털 집합은 세 번째 집합이 된다. 이와 같은 가능한 집합이 정수만큼 많이 있다는 것은 명백하다. 그렇다면 왜 예컨대 '5' 같은 낱말이 내 오른손의 손가락 집합을 포함하여 많은 익숙한 집합이 공통적으로 가지고 있는 속성을 의미한다고 말하면 안 되는가?

확실히 만일 어떤 집합이 5라면, 그 원소들은 이 부류의 다른 집합들과 일대일 상관관계를 맺을 수 있으며, 우리는 이것이 그 집합속성의 일종이라고 말할 수 있다. 그러나 내 왼발의 발가락 집합이 이 속성을 갖는다고 말하는 것과, 내 왼발의 발가락이 5개 대상에 의해 예화되는 속성의 일종이며, 그래서 5개 대상에 의해 예화됨이라는 특별한 이차질서 속성을 갖는다고 말하는 것은 별개의 일이다. 의심스러운 실존 이론으로 이끄는 것은 바로 이 또 다른 제안이다. 만일 5개 대상에 의해 예화됨이 속성들의 속성이라면, 어떤 대상들에 의해 예화됨도 확실히 속성들의 속성이며, 코끼리들이 실존하기 위해서는 코끼리임이라는 속성이 바로 그러한 이차질서 속성을 가져야 한다.

이 이론은 원래 실존이 일차질서 속성이거나 일상적 속성, 즉 대상들이 갖는 속성이라는 생각에 대한 반론으로 제안되었다. 어떤 것이 사실이라고 믿는다는 것이 무엇인지의 문제를 해결하려고 고심하면서 로크는 우리가 흼과 구형임 관념을 가지듯이 진짜 실존 관념을 갖는다고 제안하였다. 테아이테토스가 앉아 있다고 믿을 때 나는 앉아 있는 테아이테토스에 대한 정신적 그림을 가지고 있으며, 이 그림을 (어떻게든) 진짜 실존과 연결시킨다. 나는 그 그림과 닮은 어떤 것이 실제로 실존한다고 생각한다(*Essay* IV i 7을 볼 것). 흄(*Treatise* I ii 7)은 이 소박한 생각을 올바르게 거부했으며, 긍정적으로 보는 분석철학자들은 실존과 비실존이 "약간의"와 "어떤 …도 없는" 같은 양화사에 의해 표현된다고 강조했다.

그러나 명확하거나 명확하지 않은 수의 대상들에 의해 예화됨이 속성들의 속성이라고 계속해서 말한다는 것은 원래의 오류로 되돌아간다는 것이다. 만일 실존이 대상의 속성이 아니라면, 그것이 속성들의 속성을 예화하는 것은 더더욱 아니다. 그래서 수를 표현하는 언어적 항목들은 속성들의 속성을 의미함으로써 의미를 갖는 것이 아니다.

우리는 수를 표현하는 언어적 항목들이 어떤 방식으로 실존을 표현한다고 말할 수 있다. 왜냐하면 그것들은 불명확한 언급에서 우리가 종류를 표현하는 일에 기여하기 때문이다. 불명확한 언급은 대상들의 수가 있다고 말하거나, 그런 수의 대상이 있는지 묻거나, 그런 수의 대상이 있기를 바란다고 말하는 일이다. 그리고 이런 것들은 실존을 표현하는 방식으로 간주될 수 있다. 그러나 우리는 이런 방식들을 우리가 어떤 대상을 명확하게 한정적으로 언급하거나 이름을 통해 언급할 때 실존을 표현하는 방식과 구별해야 한다.

만일 내가 '프랑스의 왕은 참수되었는가?' 또는 '루이는 참수되었는가?' 라고 말한다면, 나는 프랑스의 왕이나 '루이' 라는 이름을 지닌 사람이 있었는지 묻는 것이 아니다. 나는 프랑스 왕이 있었다고 말하고, 그가 참수되었는지 묻는 것이다. 명확하게 언급하는 일은 특정 개체를 담화로 끌어들이는 일이며, 그렇게 하는 것은 언제나 그 개체가 실존한다고 말하는 일이다. 벳시 프리그는 해리스 부인(Mrs Harris)이 실존했는지 묻거나 해리스 부인이 실존하지 않는다고 말할 수 없다. 그녀는 '그런 사람은 없었다' 고, 즉 '해리스 부인' 이라는 이름을 지니고 있으면서 언제나 갬프 부인(Mrs Gamp)의 장점을 극구 칭찬하는 그런 사람이 없다고 말할 수 있을 뿐이다.

대상들의 수의 실존을 표현하는 일과 특정 대상들의 실존을 표현하는 일의 이런 차이 때문에 두 표현 방식 모두를 특징지을 때 '실존' 이라는 하나의 낱말을 사용하는 것은 약간 오도할 가능성이 있다. 우리는 명확한 언급만이 엄밀히 말해 실존을 표현하는 것이며, 불명확한 언급은 일차적으로 수를 표현하는 것이라고 말하는 쪽을 선호하는데, 비록 어떤 수를 표현한다는 것이 그런 수의 대상들이 있다고 말하거나, 그런 수의 대상들이 있는지 등을 묻는다는 것이라 할지라도 그렇다.

그렇다면 일반적으로 어떤 대상의 종류를 나타내는 낱말은 그 낱말을 사용하는 일이 그런 종류의 대상들의 어떤 수를 언급하는 일이거나(유명한 '그 고양이가 멍석 위에 있다' 에서처럼) 그런 종류의 특정 대상들의 실존을 표현하는 일이라는 점에서 그런 종류를 의미한다. 그러나 이 설명을 완성하려면 나는 이런 낱말들이 서술적으로 사용될 수 있다고 말해야 한다. 다시 말해 그 낱말들이 의미하는 속성을 서술하는 것이 아니라 그 낱말들이 의미하는 종류의 대상들의 전형적 속성이나 전형적이라고 가정되는 속성을 서술하는 것이라고 말해야 한다.

내가 '아서의 머리는 계란 모양이다. 그의 머리는 호박의 크기이다' (Arthur's head is the shape of an egg. it is the size of a pumpkin)라고 말한다. 여기서 나는 '계란' 과 '호박' 을 크기와 모양을 서술하기 위해 사용한다. 나는 이 일을 '이다' (is)를 '…의 크기이다', '…의 모양이다' 로 대치함으로써 수행하고, '모양', '크기' 같은 낱말은 내 서술의 특성을 결정한다. '모양' 은 모양-표현하기 행위를 만들고, '크기' 는 크기-표현하기 행위를 만든다.

잠시 이 담화 방식들에 대해 생각해보기로 하자. 첫째, 이 방식들은 관계 속성을 나타내기 위해 사용될 수 있다. '아킬레스는 오디세우스의 오른쪽에 있다' 고 말하는 대신에 헬레네는 '아킬레스는 보통 음식을 먹는 당신의 손이 당신의 다른 손에 대해 위치하는 것처럼 오디세우스에 대해 위치해 있다' 고 말할 수 있었다. 비록 불편하겠지만 우리는 보통명사, 즉 '모양' 이나 '관계' 같은 낱말과 통사론적 낱말만으로 이루어지는 어휘로 견딜 수 있다.

다음으로 '그의 머리는 호박 크기이다' 와 '그의 머리는 호박 모양이다' 는 형식에서만 다른 것처럼 보인다. 두 발언 모두에서 머리가 언급되고 호박을 끌어들인다. 차이는 전자에서 화자가 통상 호박과 연관된 크기를 서술하고, 후자에서는 모양을 서술한다는 것이다. 이런 점들은 호박을 끌어들이는 형식상 다른 방식인 것처럼 보인다.

만일 그 말이 올바르다면, 크기-표현하기와 모양-표현하기는 다른 종류의 언어적 행위이다. 따라서 '갤런' 과 '구형의' 는 전자가 크기-낱말이고 후자가 모양-낱말인 한 화자의 표현 형식에 차이를 가져올 것이다. 비록 어떤 낱말('구형의' 와 '갤런' 이 예들이다)은 표현되는 것을 결정하기도 하지만, 그것이 바로 내가 모든 낱말이 이런 식으로 의미를 갖는다고 말한 이유이다.

마지막으로 '그의 머리는 호박 크기였다' 는 '그의 머리는 내 왼쪽에 있었다' 와 똑같은 방식의 관계 진술이 아님이 분명하다. 화자는 그 사람의 머리와 크기가 똑같은 호박이 있었다고 말하는 것이 아니다. '그의 머리는 호박보다 컸다' 는 관계 진술을 말하는 것도 아니다. '그의 머리는 내 머리보다 컸다' 는 어떤가? 확실히 이 발언에서 나는 다른 사람의 머리는 물론이고 내 머리도 언급한다. 그러나 만일 '…보다 큰' 이 이 발언에서 어떤 관계를 의미한다면, 이 발언은 '그의 머리는 호박보다 컸다' 에서 어떤 관계를 의미해야 하며, 그렇게 말할 때 나는 그의 머리와 표현된 관계가 성립하는 호박이 있다(또는 그의 머리와 그런 관계가 성립하지 않는 호박은 없다)고 말하는 게 될 것이다.

'그의 머리는 호박보다 크다' 는 '그의 머리는 호박보다 둥글다(좀 더 완전한 구형이다)' 와 형식에서 다르듯이, '그의 머리는 내 머리보다 크다' 는 '그의 머리는 내 머리와 크기가 똑같다' 와 형식에서 다르며, '그의 코는 내 코보다 더 붉다' 는 '그의 코는 내 코만큼 붉다' 와 형식에서 다르다고 나는 제안한다. 처음에 이 제안은 언어적 표현 형식들이 달갑지 않게 새로이 증식된다고 우리를 위협하는 것처럼 보일 수 있다. 그러나 우리는 …보다 큼, …보다 붉음 등이 어떤 언어의 어휘에 속하는 항목들에 의해서가 아니라,

즉 '… 위에' (over) 같은 전치사들에 의해서가 아니라 긍정 형용사의 변형들에 의해 표현된다는 것을 생각해야 한다. 이러한 비교를 만들어내는 절차는 어떤 언어의 문법에서 규정되며, 문법적 규칙은 언어적 표현 형식을 결정하는 경향이 있다. 비록 '…보다 큼' 같은 항목들이 이항 술어-표현으로 사용될 수 있다 할지라도, 그것이 바로 내가 …보다 큼, …의 두 배임 등을 내가 사용하는 '속성'의 의미에서 관계 속성으로 간주하지 않는 이유이다.

보통명사로 되돌아가면, 나는 그것들이 표현하는 개념과 '그는 물 웅덩이에 악어들이 있다고 생각했다' 같은 발언에서 그것들의 의미에 관해 나중에 더 말할 것이다. 그러나 현재의 논의는 다음과 같이 요약할 수 있다. 이 낱말들은 주로 언급적으로 사용된다. 어떤 종류를 표현하는 일은 보통 그런 종류 대상들의 어떤 수를 언급하는 일이거나, 그런 종류에 속하는 어떤 특정 대상이 실존한다고 말하는 일이다. 그러나 그 낱말들은 서술적으로도 사용될 수 있는데, 이 경우에 그 종류를 표현하는 일은 어떤 것이 그 종류에 속한다고 말하는 일이 아니라 그 종류와 연관된 속성을 서술하는 일이다.

4.3 진리성과 허위성

프레게-오스틴의 명제 개념에 반대하여 나는 진리성과 허위성(즉 '절대적' 진리성과 허위성)이 우리가 표현하는 것들에 부여되는 것이 아니라 표현하기라는 행위에 부여된다고 논했다. '테아이테토스가 앉아 있다' 고 말하는 일은 표현된 자세가 테아이테토스에 의해 예화된다면 옳게 말하는 일이며, 표현된 자세가 그렇게 예화되지 않는다면 그르게 말하는 일이다. 언어에서 (그리고 의심할 여지없이 사고에서도) 진리성과 허위성의 차이는 존재론적 차이, 즉 존재(있음)와 비존재(있지 않음)의 차이인 것처럼 보이는 것에 의해 설명된다. 그리하여 제4.1절에서 나는 존재와 비존재의 차이를 파악하는 일이 두 표현 형식의 차이를 파악하는 일이라고 논했다. 그것이 진리에 대한 내 설명을 무효화하거나 순환적이게 만드는가? 그렇지 않다. 왜냐하면 나는 옳게 말하기와 그르게 말하기가 그 자체로 두 가지 다른 표현 형식이라고 말하고 있지 않기 때문이다. 둘 사이의 차이가 두 표현 형식의 차이를 파악하는 일에 의존한다고만 말한다. 그리고 그것은 내 설명을 강화시키는 것으로 보인다.

진리성과 허위성에 대한 만족스러운 설명이라면 어떤 것이든 우리가 그것들 사이의 대비를 어떻게 파악하는지, 우리가 똑같은 것이 옳으면서 동시에 그를 수 없다는 것을 어떻게 이해하는지 보여주어야 한다. 프레게-오스틴 이론에 따르면, 내가 옳은 어떤 것을 말하고 당신이 그른 어떤 것을 말할 때 그 대비는 우리가 말하는 것에 있다. 우리의 표현 방식은 동일하거나 동일할 수 있지만, 우리는 모순되는 것을 표현한다. 나는 우리가 이와 같은 진리성과 허위성의 차이에 대한 우리의 파악을 절대 이해하지 못하리라고 생각한다. 내 생각에 따르면, 당신이 '테아이테토스가 앉아 있다' 고 말하고, 내가 '테아이테토스가 앉아 있지 않다' 고 말할 때 우리는 똑같은 것을 표현하지만 그것에 대한 우리의 표현은 모순적이다. 앉은 자세에 대한 당신의 표현은 주장하기고 내 표현은 부정하기다. 우리가 진리성과 허위성이 양립 불가능하다는 것을 이해하는 것은 바로 우리가 이러한 서술 행위들의 모순적 특성을 파악하기 때문이다.

진리성에 관한 한 가지 난점은 그것이 도대체 어떻게 기반을 얻는지 아는 것이다. 두 번째 난점은 진리성이 허위성과 어떻게 양립 불가능한지에 대해 비순환적 설명을 제시하는 것이다. 세 번째 난점은 진리성이 실재와 어떤 종류의 대응이라는 생각, 즉 사태가 내가 말한 대로 있다면, 그리고 오직 그 경우에만 내가 옳게 말한다는 생각을 정당화하는 것이다. 표현하기와 표현되는 것의 구별을 통해 우리는 적어도 이 세 번째 임무를 시작할 수 있다.

'화성은 붉다'와 '화성은 붉지 않다'에서 '이다'(is)와 '아니다'(is not)는 있음과 있지 않음, 또는 예화와 비예화를 표현한다. 양화사와 다른 언급 장치는 실존과 비실존을 표현한다. 만일 색깔 붉음이 사실상 화성에 의해 예화된다면, '화성은 붉다'를 통해 표현되는 예화 방식은 표현된 색깔의 예화와 동일하다. 만일 사실상 내 뜰에 많은 고양이가 있다면, '내 뜰에 많은 고양이가 있다'가 표현하는 실존 방식은 표현된 동물 종류의 실존 방식과 동일하다. 또는 구형 모양을 예화하지 않는 행성 종류의 대상이 하나도 실존하지 않는다고 해보자. 그러면 '모든 행성은 구형이다'가 표현하는 실존과 예화 방식은 그 발언에서 표현된 대상의 종류와 속성에 대한 예화 방식과 일치한다. 이와 대조적으로 이카로스가 행성인데, 구형 모양을 갖지 않는다고 가정해보자. 그러면 '만일 이카로스가 행성이라면, 그것은 구형이다'가 표현하는 실존과 예화 방식은 표현된 것들의 실존과 예화 방식과 동일하지 않다.

이런 예들은 다음 일반적 설명을 시사한다.

> A는 옳게 말한다(A의 발언이 실재와 대응한다. 즉 사태는 A가 말한 대로 있다)=A가 표현하는 것들의 실존과 예화 방식은 A의 발언이 표현하는 실존, 그리고 예화 방식과 동일하다.

만일 이 설명, 또는 이 비슷한 어떤 설명이 올바르다면, '절대적으로' 사용될 때 '옳다'와 '그르다'라는 낱말에 어떤 종류의 의미가 부여되는가? 그런 낱말이 언어적 행위와 실재 사이의 관계를 의미하는가? 이 관계들이 이차질서 속성이라고 이해되는 한 언급에서 표현된 속성들은 사물이 아니라 언어나 사고에 관한 것이라고 말해도 해로운 점은 전혀 없다. 그러나 만일 '이카로스가 구형이라는 것은 그르다' 라고 말한다면, 나는 이카로스에 관해 언급하고 있는 것이 아닌가? 내가 어떤 발언을 언급하는가? 어쩌면 내 발언 자체에 대해 어느 정도 함축적으로 언급할 수도 있다. 그것은 '이카로스는 구형이다 — 아니다 — 그것은 그르다' 는 말과 비슷할 것이다 (Davidson, 1984와 비교해볼 것). 그렇지만 일상의 담화 형식을 기술할 때 이차질서 담화에서 일차적 사용을 갖는 낱말들이 종종 일상의 담화에 일정한 형식을 부여하기 위해 사용되기도 한다는 것을 깨달을 필요가 있다. '화성이 붉다는 것은 옳은가?' 에서 '옳다' 는 의문형 불변화사의 일을 하기 위해 '…라는 것은 …인가' 와 결합한다('est-ce que c'est que' 에서 두 번째 'est' 도 마찬가지 역할을 한다). '이카로스가 구형이라는 것은 그르다' 에서 '그르다' 는 단호한 부정을 형성하는 부분으로 간주할 수 있다.

대응에 대한 내 설명은 서술문의 발언에 대해서만 성립한다. 만일 어떤 발언이 의문형이거나 명령형이라면, 우리는 그 발언이 표현하는 실존이나 예화 방식과 표현된 것들의 실존이나 예화 방식 사이에 동일성이 있을 수 없다고 말해야 할 것이다. 현재 목적상 이것이 심각한 결함인지는 살피지 않겠는데, 그것은 프레게-오스틴 식 명제의 불가능성을 주장하는 것보다는 진리 대응론의 가능성을 옹호하는 것이 덜 중요하기 때문이다. 그 때문에 나는 부정에 관해 몇 마디 더 덧붙이고 싶은데, 이미 만족한 독자는 다음 장으로 건너가도 무방할 것이다.

4.4 '아니다'에 대한 첨언

프레게-오스틴 이론에 따르면, '아니다' 를 문장에 삽입할 때 우리는 다른 방식으로 표현했어야 하는 명제의 진리함수가 되는 명제를 표현한다. 나는 낱말로 표현되면서 옳거나 그른 어떤 것이 있다는 것을 부정하지만, '아니다'가 진리함수적 조작사라는 주장에는 동의한다. 우리가 표현하는 어떤 것도 다른 어떤 것의 진리함수가 아니지만, 하나의 표현하기는 다른 표현하기의 진리함수일 수 있다. '테아이테토스가 앉아 있지 않다'에서 '아니다'라는 말의 효과는 바로 화자의 표현하기가 '테아이테토스가 앉아 있다'에서의 표현하기의 진리함수라는 것이다. 부정 문장을 발언하는 일은, 만일 긍정을 발언하는 일이 그른 어떤 것을 말하는 일이라면, 그리고 오직 그 경우에만, 옳은 어떤 것을 말하는 일이다(나는 여기서 '테아이테토스가 앉아 있지 않다'와 '테아이테토스가 앉아 있다는 것은 그르다'의 차이를 무시한다).

'만일 테아이테토스가 레슬링을 하고 있다면, 그는 앉아 있지 않다'는 '만일 테아이테토스가 레슬링을 하고 있다면, 그는 앉아 있다'의 진리함수가 아니며, 그래서 '아니다'는 이 문장을 진리함수로 만들지 못한다. 그 발언은 두 발언 '테아이테토스가 레슬링을 하고 있다'와 '테아이테토스가 앉아 있다'의 진리함수이며, '아니다'는 그 발언을 '만일 p라면, q'와 대비되는 것으로서의 '만일 p라면, q가 아니다'라는 진리함수명제로 만든다. 마찬가지로 '만일 테아이테토스가 레슬링을 하고 있지 않다면, 테아이테토스는 앉아 있다'에서 '아니다'를 넣는 일은 그 발언을 '만일 p라면, q' 대신에 '만일 p가 아니라면, q'라는 진리함수명제로 만든다.

어떤 발언이 다른 어떤 발언이나 발언들의 어떤 진리함수인지 말하는 일은 논리학자가 그 발언의 의미에 관해 알 필요가 있는 것 전부이지만, 언어철학자는 '아니다'가 어떻게 우리의 표현하기에 기여하는지에 대해 또 다른 설명을 추구할 것이다.

서술문의 주절에 그 말을 삽입하는 일은 화자의 행위를 부정하기로 만든다. 내가 '테아이테토스는 앉아 있지 않다'고 말할 때의 부정은 정언적이다. '만일 테아이테토스가 레슬링을 하고 있다면, 그는 앉아 있지 않다' 에서의 부정은 조건적이다. 즉 화자는 테아이테토스가 레슬링을 하고 있다는 조건에서 부정한다. 나는 테아이테토스가 레슬링을 하고 있다면 화자의 표현 방식이 부정이며, 그렇지 않을 경우 다른 어떤 것이라는 것을 의미하는 것이 아니라, 그것이 조건적 부정임을 의미한다. 그것은 어떤 종류의 표현하기인가? 그 발언은 일정한 조건이 충족된다면 어떤 것에 의해 예화되지 않는 것으로서의 속성을 표현하고 있다. 조건문의 귀결절에서 '아니다' 는 조건적인 비예화를 표현한다. 마찬가지로 '테아이테토스가 레슬링을 하고 있지 않거나 그는 앉아 있지 않다' 에서 화자는 선언적으로 부정한다. 앉아 있는 자세는 비예화가 레슬링을 하지 않음에 대한 대안이 되는 어떤 것으로서 표현된다.

이 모든 경우에 '아니다' 는 똑같은 역할을 한다. 그것은 정언적, 조건적, 선언적 주장을 부정으로 전환시킨다. '만일 테아이테토스가 앉아 있지 않다면, 그는 레슬링을 하고 있다' 에서 그것의 역할은 약간 다르다. 화자는 테아이테토스의 앉은 자세를 부정하지 않는다. 그는 그 자세를 어떤 것으로 표현하는데, 이것의 비예화는 다른 어떤 것의 조건이 된다. 여기서 '아니다' 가 다른 기능을 갖는다는 것은 그리스어에서 다른 불변화사가 사용될 것이라는 사실, 즉 *ou* 대신 *mê*가 사용될 것이라는 사실로 증명된다. 마찬가지로 '행성이면서 구형이 아닌 한 가지 것이 있지 않다' 에서 두 번째 나오는 '아니다' 는 부정을 표현하지만 첫 번째 나오는 '아니다' 는 조건절의 '아니다' 와 같다. 첫 번째 나오는 '아니다' 는 구형 모양을 어떤 것으로 표현할 수 있게 하는데, 이 어떤 것의 비예화가 어떤 종류가 아님의 충분조건이 된다.

'아니다' 가 조건절과 주절에서 똑같은 의미를 가져야 한다는 주장이 있을 수도 있는데, 이는 '만일 테아이테토스가 앉아 있지 않다면, 그는 레슬링을 하고 있다' 와 '테아이테토스는 앉아 있지 않다' 에서 '그는 레슬링을 하고 있다' 를 끌어내는 추리가 타당하기 때문이다. 그러나 이 추리의 타당성에 필요한 것은 첫 번째 발언이 '테아이테토스가 앉아 있다' 와 '테아이테토스가 레슬링을 하고 있다' 의 진리함수 '만일 p가 아니라면, q' 이어야 한다는 것뿐이며, 나는 조건절에서 '아니다' 가 그런 효과를 갖는다고 동의했다. 지금 나는 이것은 '아니다' 가 화자의 표현 방식에 영향을 미치는 방식을 모조리 망라하는 것이 아니라고 말하고 있다. 영어에 오직 하나의 부정 불변화사가 있다는 사실은 아마 명제에 대한 많은 철학자의 믿음을 뒷받침했을 것이다. 프레게-오스틴 이론에 따르면, 나는 '아 테아이테토스, 앉게!' 나 '테아이테토스가 앉아 있지 않기만 한다면' 이라고 말할 때 테아이테토스가 앉아 있지 않다면 옳은 명제를 표현한다 — 이 점은 좀 더 많은 사람들에게 그 이론의 불건전성을 경고하는 것일 수도 있다. 사실상 '아니다' 는 이런 발언들 중의 하나를 금지로 만들고, 다른 발언을 부정적 소망으로 만든다. 그리스어에서는 *ou* 대신 다시 *mê*가 사용될 것이고, 라틴어에서는 *non* 대신 *ne*가 사용될 것이다.

복합문장에서 '아니다' 의 사용으로부터 '아니다' 가 어떤 발언을 부정으로 만들지 못한다고 논증하는 일 외에, 프레게와 그 추종자들은 주장하기와 부정하기가 동등한 대안이 될 수 없다는 것을 보여주는 논증을 몇 가지 제시한다. 그렇지만 이 논증들 중 어떤 것도 성공하지 못한다.

프레게는 부정하기를 주장하기에 대한 대안으로 만드는 사람이면 누구든 주장하기와 부정하기가 각각 술어를 주어에 갖다 붙이는 일과 술어에서 주어를 분리시키는 일이라고 말해야 한다고 생각했다. 나는 이것이 이런 행위에 대한 승인할만한 설명이 아니라는 점에서 그에 동의하며, 그 설명을 제안하고 있지도 않다. 내 견해에서는 주장하기와 부정하기는 둘 다 술어를 주어와 관계 맺게 하는 방식이지만, 서로 다른 방식이다. 이카로스에 대해 그것이 구형이라고 주장하는 일은 구형 모양을 그것이 예화하는 어떤 것으로서 이카로스와 관계 맺게 하는 일이다. 부정하는 일은 그 모양을 예화되지 않는 어떤 것으로서 관계 맺게 하는 일이다.

만일 부정하기가 주장하기와 다른 언어적 행위 형태라는 것을 인정한다면, 우리는 수문을 열어놓게 될 것이라고 마이클 더미트(M. Dummett, 1973, 317면)는 우려한다. 우리는 금지하기가 명령하기에 대한 대안, 한탄하기가 기뻐하기에 대한 대안, 어떤 부정적 조건에서 단정하기가 어떤 긍정적 조건에서 단정하기에 대한 대안 등등이라고 말해야 할 것이다. 왜 안 되는가? 더 복잡한 여러 가지 표현에 대한 이름을 발견하는 일이 좀 어색할 수 있겠지만, '테아이테토스가 앉아 있다'와 '테아이테토스가 앉아 있지 않다' 사이의 의미상의 차이를 '테아이테토스가 앉아 있다'와 '테아이테토스는 납작코이다' 사이의 의미상의 차이로 동화시키는 일에 어색한 점은 전혀 없다.

마지막으로 만일 부정이 주장하기에 대한 대안이라면, 주어진 단정적 주장이 부정인지 긍정인지를 결정하는 일이 가능해야 한다고 프레게(1952, 125면)는 논한다. 우리는 그 단정적 주장이 부정 불변화사를 포함하는지에 의거할 수 없는데, 이는 부정 불변화사를 가진 문장이 그것이 없는 문장과 정확히 똑같은 의미를 가질 수 있기 때문이다. '카이사르는 머리에 머리털을 가지고 있지 않았다'는 '카이사르는 대머리다'와 똑같은 것을 의미한다. 만일 우리가 '대머리의'가 부정적인 어떤 것을 표현한다고 말한다면, '죽는다', '죽을 수밖에 없는', '죽지 않는' 같은 낱말은 어떤가? 어떤 술어-용어가 부정적인 어떤 것을 표현하는지 긍정적인 어떤 것을 표현하는지의 물음은 무익한 물음이며, 적어도 어떤 경우에는 전적으로 결정 불가능하다.

프레게는 여기서 어떤 사고방식에 도전하고 있는데, 이 사고방식은 부정하기를 주장하기에 대한 대안으로 만들려는 철학자들의 독특한 특징이 아니다. 우리는 어떤 표현 집합에 대해 그 표현들의 의미가 예시적으로(ostensively) 설명될 수 있다는 것을 인정한다. 어떤 용어의 의미를 예시적으로 설명한다는 것은 그 용어를 예화하고, 그래서 그런 낱말이 실증해야 하는 대상을 지적한다는 것이다. 내가 미카버(Micawber) 같은 어떤 인물을 지시하여 '그는 내가 "대머리의"로 의미하는 것을 예화한다' 고 말할 수 있지 않을까? '대머리의' 의 의미를 파악하는 일은 머리털 개념을 소유하는 일에 달려 있다는 것이 나에게는 분명해 보인다. 어떤 낱말이 긍정적인 어떤 것을 표현하는지 부정적인 어떤 것을 표현하는지는 증명하기는 어려울 수 있지만, 그 점이 그 물음이 가짜라는 것을 보여주지는 않으며, 증명이 결여된 곳에서 우리는 적어도 논증을 제시할 수 있다. 프레게 예의 도전을 받아들인다면, 확실히 죽는 일은 어떤 것을 할 수 있기를 그만두는 일이다. 따라서 '소크라테스는 죽는다' 는 그가 '죽어가는' 이라 불리는 어떤 것을 하거나, '죽은' 이 의미하는 어떤 속성을 획득한다는 주장이 아니라 언제나 먹고 담화하고 등등의 일을 하리라는 것에 대한 부정이다. 그리고 '소크라테스는 죽지 않는다' 는 이 부정에 대한 부정, 즉 이중부정인데, 나는 이 이중부정을 주장과 논리적으로 동등하다 하더라도 주장과 다른 표현 형식으로 간주한다. 더 단호한 도전은 '열린' 과 '닫힌' 이 문에 적용될 때 제공된다. 나는 열린에 대한 긍정적 개념이 이리저리 옮겨다님이라고 제안한다. 이 이동은 벽 같은 것들로 방해를 받는다. 그 방해는 부분적으로 열려 있음으로 제거된다. 그 방해는 '문' 이라 불리는 움직일 수 있는 물체에 의해 복원되는데, 이 물체는 열려 있음을 출입구로 전환시킨다. 그리고 그 문은 닫혀 있을 때 방해를 하고, 열려 있을 때 방해를 하지 않는다.

제 5 장
시간

5.1 들어가는 말

우리는 시간의 세계 속에서 산다. 세계의 시간적 특성에 대해 곰곰이 반성해볼 때 우리 최초의 본능은 시간을 공간적 모델을 통해 생각하려는 것이라고 나는 생각한다. 연속된 시간은 선과 유사한 것처럼 보인다. 어떤 선이 시작되고 끝나고 더 이상 연장되지 않는 지점에서 나누어질 수 있듯이, 우리는 시간의 연속을 완전히 지속되지 않는 순간으로 한계가 정해지고 나누어질 수 있는 것으로 생각한다. 내가 자전거로 도약하여 한 공간적 위치에서 다른 공간적 위치로 갈 수 있는 것처럼, 웰스(H. G. Wells)는 타임머신을 타고 이 시간에서 저 시간으로 여행하는 사람을 상상한다. 물질적인 어떤 것도 연장되지 않는 텅 빈 공간 지대가 있거나 있는 것처럼 보이며, 우리는 거기서는 도대체 아무 일도 일어나지 않는 시간의 연속이 있을 수 있다고 생각한다.

이 사고방식은 형이상학적 그림을 만들어낸다. 만일 우리가 어떤 특정 사건의 발생을 참고 항목으로 채택한다면 — 비드(Bede)는 베들레헴에서 그리스도의 탄생을 처음으로 이용하기 시작했다 —, 다른 어떤 사건이라도 네 가지 척도나 좌표를 통해 그 사건에 상대적으로 위치시킬 수 있다. 말하자면 어떤 사건은 x마일 남쪽이나 북쪽, y마일 동쪽이나 서쪽, z마일 위나 아래, t시간 일찍 또는 나중에 일어난 사건이라는 식으로 말이다. 물리학자들은 종종 3차원 공간과 시간을 통일된 4차원 연속체로 봄으로써 자신들이 이런 식으로 연구하는 현상을 다룬다. 이것이 물리적 사건을 이해하거나 설명하는 데 도움이 된다면 그들에게는 그것으로 충분하며, 그들은 시간이 실제로 위도, 경도, 고도와 유사한 4차원인지 아닌지를 말할 능력이 없다. 그러나 이미 공간적 모델을 통해 시간을 생각하고 있는 철학자들은 그런 의견 쪽으로 기우는 경향이 있다. 북쪽에 있는 것과 남쪽에 있는 것이 실제로 실재하는 방식으로 그들은 과거와 미래의 사건들이 똑같이 실재한다고 생각한다. 만일 내가 북쪽을 향하고 있다면, 나는 나의 북쪽에 있는 것을 보지만 남쪽에 있는 것은 짐작만 할 수 있을 뿐이다. 그들은 과거와 미래의 차이가 그와 비슷하다고 제안한다. 우리는 일어난 것에 대해서는 확실히 알아낼 수 있으며, 일어날 것에 대해서는 추측만 할 수 있다. 그러나 이 차이는 과거와 미래의 사건들 자체에 있는 것이 아니라 그 사건들에 대한 우리의 방향 설정에 있다.

만일 과거와 미래가 극지대나 회귀선과 똑같은 방식으로 저기에 존재한다면, 변화는 어떻게 되는가? 이러한 시간관이 동반하는 변화관(그리고 내가 6장까지 늦춘 논의)은 변화가 시간이 달라짐에 따라 다른 것이 됨으로 환원된다는 것이다. 만일 내가 시간이 달라짐에 따라 다른 장소에 있다면, 나는 이동한 것이다. 만일 내가 시간이 달라짐에 따라 다른 핑크빛을 예화한다면, 나는 얼굴을 붉히는 것이다.

이 시간 이론은 꽤 많이 통용되는 정설이다. 이 이론에 대해 분석철학자들이 논의하는 유일한 대안은 시간 또한 어떻게든 지나가거나 흘러가는 동적인 측면을 갖는다고 주장하는 이론이다. 대륙철학자들은 일차원적 순간들의 계열 외에 시간에 존재하는 것은 무엇이건 인간 의식의 산물이라고 생각한다. 시간이란 '이미 그 안에 포함되어 있으면서 그 자신 앞에 있음을 가능하게 만들고, 걱정함을 가능하게 만드는 것' 이라고 하이데거는 『존재와 시간』(*Being and Time*, 1967) 마지막 면에서 말한다. 메를로퐁티(1962, 412면, 420면) 역시 마찬가지다.

나는 시간을 공간화하는 견해가 틀렸으며, 어떻게든 지나가거나 흘러가는 것이라고 가정하는 것 — 내가 부정합하다고 판단한 가정 — 보다 나은 대안이 있다고 믿는다. 나는 먼저 올바른 이론이라고 여기는 것을 제시한 다음, 현재 통용되는 정설을 비판할 것이다.

5.2 변화의 양상으로서의 시간

시간도 철학적으로 흥미로운 다른 어떤 것도 기하학자가 평면도형을 정의하고 과학자가 원소를 정의하는 엄격한 방식으로는 정의될 수 없다. 그러나 변화를 시간이 달라짐에 따라 다른 것이 됨으로 환원시키는 철학자들은 시간이 특별한 방식으로 정의 불가능하다고 생각한다. 그래서 시간과 공간은 원초 개념이라고 가정되며, 이 개념들로부터 우리가 운동과 변화 개념을 구성한다는 것이다(그래서 Gale, 1968, 4면). 이와 대조적으로 내 생각에는 시간과 공간 개념이 변화 개념보다 논리적으로 그리고 심리적으로 뒤에 오는 것으로 보인다. 우리는 다양한 종류의 변화에 직면하고, 그 변화들에 대해 불명료한 관념을 획득하며, 이 관념들을 분석하고 명료화하려고 함으로써 시간과 거리 개념에 도달한다. 거리와 시간은 운동과 변화의 양상들이다.

여기서 나는 여느 때처럼 물리적 변화에 대해 말하고 있는 것이지 화가 남, 어떤 믿음을 획득함, 어떤 것의 소유주이기를 그만 둠 같은 심리적 또는 법적 사건 발생에 대해 이야기하고 있지 않다. 물리적 변화는 온도, 모양, 부피 같은 본래적 속성이나 관계 속성의 측면에서 일어나는 변화이다.

이리저리 이동하는 것, 회전, 가속은 후자 종류의 변화이다. 나는 이리저리 이동하는 것에 집중하겠지만, 내가 말하는 것은 다른 여러 변화에도 쉽게 적용될 수 있다.

어떤 물체 A가 장소 P_1에서 1마일 떨어진 장소 P_2로 10분 안에 이동한다고 해보자. 그리고 그 물체가 연속해서 움직인다고 하자. 즉 도중에 멈추지 않고 계속해서 움직인다고 하자. 그러면 우리는 두 가지를 말할 수 있다.

1. A가 1마일 움직인다.
2. A가 10분 동안 움직인다.

그렇지만 우리는 이 표현들을 함께 묶어 다음과 같이 말할 수는 없다.

3. A가 10분 동안 1마일 움직인다.

우리는 어떤 여행객이 수 마일을 여행했다거나, 그가 수 시간 여행했다고 말할 수는 있지만, 그가 수 마일과 수 시간을 여행했다고 말할 수는 없다. 운동은 거리 단위로 계산될 수 있다. (1)은 A의 운동이 1마일 운동이라고 말한다. (1)은 또한 시간 단위로도 계산될 수 있다. (2)는 A의 운동이 10분 운동이라고 말한다. 그러나 A의 운동은 두 가지 방식으로 한꺼번에 계산될 수는 없다.

우리 집이 북쪽과 남쪽에서 보일 수 있는 것처럼 두 개의 다른 위치에서 보일 수 있는 물질적 대상은 문자 그대로 두 양상을 갖는다. 어떤 운동이 이러한 두 가지 다른 방식으로 생각되고 말해질 수 있지만 한 번에 두 방식 모두로 생각되고 말해질 수는 없다는 점에서 그 운동이 두 가지 양상을 갖는다고 말하는 것은 자연스러운 은유이다. A의 운동에 대해 한 번에 두 방식으로 말하는 것의 언어적 장애는, (2) 대신 우리가 'A는 10분 동안 운동 중이다'고 말할 수 있는 반면에 'A는 1마일 운동 중이다'나 심지어 'A는 1마일 동안 운동 중이다'고 말하는 것은 올바르지 못하다는 것이다.

어떤 양상에서 운동은 거리 단위로 측정되고, 다른 양상에서는 시간 단위로 측정된다. 시간 단위로 측정 가능한 것은 확실히 시간, 즉 연속된 시간이다. 그리고 거리 단위로 측정 가능한 것은 확실히 거리이다. 그래서 우리의 연속된 시간과 거리 개념은 어떤 운동의 이 두 양상에 대한 개념인 것처럼 보인다. 운동은 몇 마일 길이인 한 거리이며, 몇 시간이나 몇 분 길이인 한 모든 변화는 시간이다. 만일 그것이 올바르다면, 우리는 거리 a와 시간 a 개념과 구별되는 것으로서의 거리와 시간에 대한 일반적 개념이 이 양상들에 대한 개념이라고 말할 수 있다.

거리를 운동의 양상, 시간을 변화의 양상으로 설명하는 이 프로그램은 물론 대체로 이 양상들을 거리 단위와 시간 단위에 의거하지 않고 규정하는 어떤 방식을 발견하는 일에 달려 있다. 왜냐하면 '연속된 시간은 그 시간적 양상에서 운동이다'나 '시간 단위로 측정되는 것으로 생각되는'이라고 말하는 것은 너무 지나치게 순환에 빠지게 될 것이기 때문이다.

A의 운동을 1마일 운동이라고 생각할 때 우리는 그것을 만들어지고, 발생하며, 진행되는 운동으로 생각한다. A의 운동을 10분 운동으로 생각할 때 우리는 그것을 어떤 운동의 산출이나 발생이나 진행으로 생각한다. P_1에서 P_2로 A의 운동 산출이 만들어진 운동 이상의 어떤 것이 아님은 분명하다. 그것은 또 다른 운동이 아니다. 그러나 A가 P_1에서 P_2로 움직일 때 우리는 만들어진 그 운동을 상술하거나 기술할 수 있고, 우리는 A의 이 운동 산출 과정을 기술할 수 있다. 이런 것들은 한 가지 것의 두 가지 양상이다. 그것들 사이의 관계는 어떤 가능성의 달성과 달성된 가능성의 관계이다.

이 관계는 운동이나 변화에 독특한 것이 아니다. 이 관계는 예화되는 속성과 그 속성의 예 사이의 관계이다. 구형 모양은 대상들의 가능한 모양이며, 이 모양의 예다. 즉 구형 대상들은 이 가능성을 충족시키는 것들이다. 예들과 그것들을 예로 하는 것 사이의 관계는 전통적으로 특수자 대 보편자 관계로 알려져 있다. 이 관계는 가능성을 충족시키는 것들 대 충족된 가능성의 관계로 이해하는 것이 최상이다(그래서 나의 책, 1989). 그리고 그 관계는 대상과 속성 사이에서뿐만 아니라 시간 단위로 측정되는 변화와 다른 방식으로 측정되는 변화 사이에서도 성립한다.

그렇다면 나는 A의 운동이 1마일 길이라는 것은 그 운동을 만들어지거나 만들어질 수 있는 어떤 운동으로 생각하는 것이고, 10분 길이라는 것은 어떤 운동의 산출 과정으로 생각했다고 주장한다. 다음 고찰은 이 주장을 지지한다. (1) A의 운동의 첫 순간은 여행의 첫 순간이다. 첫 펄롱(길이의 단위. 1마일의 1/8_옮긴이 주)은 여행의 펄롱이 아니라 여행된 펄롱이다. (2) 우리는 'A는 10분에 1마일 운동을 했다' 고 말할 수 있지만, 'A는 1마일에 10분 운동을 했다' 고 말할 수는 없다. 그렇다면 A의 운동이 만들어지는 것은 1마일 운동으로서이지 10분 운동으로서가 아니다. (3) 우리는 'A의 그 운동 산출 과정은 1마일 운동의 10분 산출 과정이었다' 고 말할 수 있다. 반면에 '그것은 10분 운동의 1마일 산출 과정이었다' 고 말하는 것은 올바르지 못하다. (4) 똑같은 운동의 많은 산출 과정이 있을 수 있다. 그런데 똑같은 마일의 많은 여행이 있을 수 있지만, 똑같은 10분의 많은 여행은 확실히 있을 수 없다.

어떤 철학자들(예컨대 Putnam, 1962 ; Harrison, 1971)은 시간 여행이 가능할 수도 있다고 생각한다. 만일 그렇다면, 실제로 똑같은 10분의 많은 여행이 있을 수 있다. 우리는 똑같은 10분 동안 여러 차례 여행하거나 살 수 있다. 대부분의 사람은 시간 여행이 논리적으로 불가능하다고 느끼지만, 왜 그런지 말하기는 어렵다는 것을 알게 된다. 한 가지 제안은, 만일 내가 똑같은 달(month)을 살 수 있다면, 나는 각각의 차례에 다른 일을 할 수 있으며, 내가 1978년 3월에 크레타 섬에 있었다는 것은 옳으면서 동시에 그를 수 있다고 주장하는 것이다. 그러나 (퍼트넘이 묻듯이) 왜 나는 크레타 섬에 있으면서 마키저스 섬에 있지 않는 것이어야 하는가? 만일 바다뱀들이 이것을 할 수 있다면, 시간벌레(time-worms)는 왜 안 되는가? 내 시간 이론은 좀 더 직접적인 논증을 제공한다. 거리와 달리 연속된 시간은 연속된 시간 개념이 이미 여행 개념이기 때문에 여행할 수 없다. 만일 우리가 어떤 것을 여행 가능하면서 동시에 여행을 하는 것으로 생각할 수 없다면, 그리고 10분 걸리는 운동으로 생각하는 일이 여행을 하는 것으로 생각하는 것이라면, 우리는 연속된 시간이 여행 가능하다고 생각할 수 없다. 우리는 시간 여행이 생각 가능하다고 상상할 수 있지만 그것은 생각 가능하지 않다.

내 기본주장에 대해 몇몇 반론을 제기할 수 있지만, 나는 그 반론들이 성립한다고 생각하지 않는다. 첫째, 우리는 '뉴욕으로의 비행은 다섯 시간 걸린다. 열성적인 사업가들은 그 다섯 시간 비행을 일주일에 여러 차례 한다' 고 말할 수 있다. 그렇지만 여기서 '다섯 시간 비행' 으로 우리는 단지 오늘날의 여객기가 다섯 시간에 비행할 수 있는 거리를 의미할 뿐이다. 둘째, 건강 유지에 열성인 사람들은 '한 시간 동안 달리기는 내가 정말이지 매일 하는 어떤 것이다' 고 말할 수도 있다. 그 말은 그가 한 시간 동안 달리기를 행해진 어떤 것, 즉 날마다 반복할 수 있는 위업으로 생각한다는 것을 보여주지 않는가? '날마다 그는 1마일씩 달린다' 에서 우리는 어떤 위업, 즉 1마일 달리기를 표현하기 위해 '1마일' 이라는 낱말을 '달리다' 와 결합하여 사용할 수 있다. 그러나 그로부터 '날마다 그는 한 시간씩 달린다' 에서 우리가 '한 시간씩' 을 '달리다' 와 결합하여 채택할 수 있다는 결론은 따라 나오지 않는다. 왜냐하면 '날마다 그는 한 시간씩 달린다' 대신에 우리는 '한 시간씩 날마다 그는 달린다' 고 말할 수 있는 반면에, '1마일 동안 날마다 그는 달린다' 고 말하는 것은 올바르지 못할 것이기 때문이다. 1마일을 달리는 것은 위업이다. 달리기는 어떤 숙련된 기술만큼 대단한 위업은 아니다. 우리는 글쓰기나 뜨개질을 배울 수 있는 것처럼 달리기를 배울 수 있으며, 이러한 기술들 중의 어떤 것을 잠시 발휘할 수 있다. 그러나 한 시간 동안 달리기나 10분 동안 뜨개질하기 같은 기술은 없다. 만일 그런 기술이 있다면, 이 기술들 역시 일정한 시간 동안 발휘될 수 있을 것이다. 왜냐하면 그 경우에 건강 유지에 열성적인 사람은 오늘 얼마나 오래 한 시간 동안 달리기 기술을 발휘하는가?

나는 우리가 시간 단위로 측정하는 것은 바로 운동의 산출과 변화의 진행이라고 결론짓는다. 그렇다면 변화의 계속됨은 연속된 시간이다.

두 개의 다른 변화가 동시에 진행될 수 있다거나, 심지어 똑같은 운동의 두 다른 산출 과정(당신이 런던에서 파리로 가는 일과 내가 그렇게 가는 일)이 동시에 일어날 수 있다는 반론이 있을 수 있다. 그러나 두 개의 연속된 시간이 동시일 수 있다고 말하는 것은 이상하게 들린다. 만일 당신이 파리로 여행하는 일이 나와 동시적이라면, 확실히 우리가 여행하는 시간은 당신의 여행하기와 나의 여행하기 모두와 다른 어떤 것인가? 우리는 우리가 여행하는 시간이 당신의 여행하기와 나의 여행하기 이상의 어떤 것이라고 말하는 일과, 당신이 여행하는 시간이 내가 여행하는 시간과 동시적이라고 말하는 일 사이에서 선택하라는 요구를 받는다. 첫 번째 선택지는 내가 보기에 별로 매력이 없어 보인다. 이 부가적 시간이 어떤 것일 수 있는가? '제 자신의 본성을 가지고 있고 다른 어떤 것과도 관계가 없으면서 절대적이고, 옳고, 수학적인 시간은 똑같이 흐른다' 고 『자연철학의 수학적 원리』의 정의 8에 대한 유명한 주석에서 뉴턴은 말한다. 만일 우리가 여행하는 시간이 당신의 여행하기와 나의 여행하기 이상의 어떤 것이라면, 그것은 이 전설적인 유동체의 시간이어야 한다. 두 번째 선택지는 처음에는 좀 어색하게 들릴지 모르지만, 당신의 여행의 최초 시간과 내 여행의 최초 시간을 동일시하는 것은 아주 자연스러운 일이라고 나는 이미 지적했으며, 만일 우리가 동시에 출발하고 동시에 멈춘다면 당신의 여행 시간이 내 여행 시간과 동시적이라고 말할 수 있다. 우리는 연속된 시간의 동시성을 출발과 정지의 동시성에 의거해 정의할 수 있다. 출발과 정지는 어떤 종류의 사건들이지만 변화는 아니다. 그것들은 변화의 시작과 끝이다. 그리고 변화와 달리 그것들은 시간 속에서 일어나지도 않고 시간 동안 진행되지도 않는다. 나는 그것들로 되돌아가서 그것들 사이에 성립할 수 있는 동시성에 대해 간단히 살펴보겠지만, 여기서는 이 동시성이 연속된 시간의 동시성에 의거해 정의될 필요가 없다고 말할 수 있다.

만일 연속된 시간 개념이 어떤 변화의 진행됨이나 일어남 개념이라면, 우리는 우리의 시간 이론을 시간 일반이 변화의 진행됨이라고 말함으로써 완성할 수 있다. 시간은 사태를 지나가게 한다고 한다. 14행짜리 소네트(短詩)에서 셰익스피어는 시간을 마치 인과적 작인, 즉 마치 시간이 성형외과 의사가 우리를 젊고 예쁘게 만드는 방식으로 우리를 늙고 추하게 만드는 것처럼 쓰고 있다. 그러나 그것은 그냥 시일뿐이다. 세월은 아름다움이 우리를 아름답게 하는 방식으로 늙게 한다. 시간은 실제 변화를 초래한다는 점에서 변화를 산출한다. 그래서 시간은 효율적이지는 않지만 공식적인 변천의 원인이다.

5.3 시간 여행, 텅 빈 공간, 거리

철학적 이론을 시험하는 한 가지 방식은 그 귀결을 검토하는 것이다. 만일 이 귀결이 승인될만하지 않다면, 그 이론은 거부되어야 한다. 반면에 이 귀결이 환영할만하다면, 그 이론이 그로 인해 증명되는 것은 아닐지라도 우리는 그 이론을 채택할 새로운 동기를 얻게 된다. 내 시간 이론의 한 가지 귀결은 이미 지적되었다. 다시 말해 내 이론은 시간 여행을 배제한다. 두 번째 귀결은 내 이론이 텅 빈 시간, 즉 어떤 변화도 진행되지 않는 시간을 배제한다는 것이다.

어쩌면 그것은 증명이 필요할 것이다. 만일 우리가 변화가 계속 진행된다고 말할 수 있다면, 평온 상태, 즉 조용하고 움직이지 않는 부동의 상태 역시 계속 진행된다고 말할 수 없는가? 과거에 아이들에게는 '휴면하기'(resting)라 불리는 어떤 것, 즉 아마 오후에 한두 시간 휴면할 것이 요구되었다(그런 시간은 느리게 지나갔다). 우리는 생명 없는 물체에 대해 일정 시간 동안 정지해 있다고 말할 수 있다. 그래서 변화나 운동은 물론이고 정지나 부동의 시간이 있는 것처럼 보이며, 시간이 변화에 대해서뿐만 아니라 변하지 않고 머무르는 일에 대해서도 진행되고 있는 것처럼 보인다.

나는 확실히 저 의자 같은 특정 대상에 대해 그것이 한 시간 동안 움직이지 않고 변하지 않은 채로 있다고 말할 수 있다. 그러나 이렇게 말할 때 나는 시곗바늘이나 지구 같은 다른 것들이 계속해서 변한다고 가정한다. 의자는 변화를 중단하는 것이 지구가 시간당 15도로 회전을 시작하는 것과 동시적이라면, 그리고 변화하기 시작하는 것이 다시 지구가 시간당 15도로 회전을 마치는 것과 동시적이라면, 한 시간 동안 변화하지 않고 남아 있다. 여기서 문제가 되는 것은 전혀 없다. 의심스러운 것은 우주에서 도대체 어떤 방식으로도 아무런 변화가 일어나지 않는 시간의 연속이 있을 수 있는지 하는 것이다.

우리는 일정한 시간 간격으로 불변한 상태로 얼어붙은 것처럼 보이는 우주 부분들을 상상해볼 수 있다(그래서 Shoemaker, 1969). 어쩌면 어떤 부분은 3년마다 얼고, 어떤 부분은 4년마다 얼며, 어떤 부분은 5년마다 얼 것이다. 그 경우에 우리는 모든 것이 60년마다 얼 것이라고 계산할 수 있다. 그러나 만일 61년째에 사태가 다시 변화하기 시작한다면, 모든 것이 무변화 상태로 닫혀 있는 것처럼 보였던 60년 동안에 진행되고 있는 어떤 감추어진 과정들이 있었음이 확실하다. 그렇지 않으면 왜 변화가 61년째에 다시 시작되어야 하는가? 우주는 60년 동안에 더 일찍 변화하기 시작하면 안 되는가, 또는 그렇지 않으면 지하 세계의 테세우스처럼 영원히 불변한 채로 남아 있으면 안 되는가?

우리는 다시 변화를 시작하는 일이 전적으로 해명 불가능하다고 말할 수 있다. 다시 말해 그 변화는 그냥 일어날 뿐이다. 그러나 이것은 믿기가 매우 어렵다. 내가 나중에 적시할 이유 때문에 변화에 어떤 종류의 설명이 필요하다는 우리의 확신은 버리기가 쉽지 않다. 그래서 변화 없는 시간의 가능성을 남겨두고자 하는 철학자들은 우리가 연속된 시간 자체에 어떤 인과적 힘을 부여할 수 있다고 제안한다(그래서 Newton-Smith, 1980, 제2장). 우리는 60년을 통한 단순한 시간의 경과가 61년째에 변화가 시작되는 원인이라고 말할 수 있다. 이것은 시간을 차가운 우주의 사실로서 제시된 작용 원인으로 보는 셰익스피어의 시간에 대한 은유다. 그러한 표현의 대가는 뉴턴의 절대시간, 즉 옳고 수학적인 시간을 승인하는 일이다. 60년의 경과는 이 절대시간의 한 해이어야 한다.

뉴턴은 시간이 변화에 덧붙여 진행되는 어떤 것이고, 공간은 물질에 덧붙여 연장되는 어떤 것이라고 생각했다. 그는 시간과 공간을 물리적 실재로 생각했다. 그러나 그는 또한 시간과 공간이 공기나 자전처럼 실존하거나 진행되는 다른 것들과 중요한 방식에서 다르다고 생각했다. 그는 시간과 공간이 다른 것들에 영향을 미칠 힘이 없고, 다른 것들도 시간과 공간에 영향을 미칠 힘이 없다고 생각했다. 이러한 사고방식에 대한 반론은 이 사고방식이 부정합하다는 것이다. 다시 말해 영향을 미치거나 받을 힘이 없는 물리적 실재란 있을 수 없다는 것이다. 그렇지만 이 반론은 일정 간격

이후에 우주에서 변화를 시작할 힘을 절대시간에 부여함으로써 처리되지 않는다. 왜냐하면 그 힘을 가진 것은 어떤 것이라도 더 이상 절대시간이 아닐 것이기 때문이다. 그것은 시간이 걸리거나 시간 동안 진행되는 일상적인 어떤 물리적 변화 과정일 것이다. 인과적 힘을 갖춘 절대시간이라는 관념은 인과적 힘을 갖춘 절대시간 관념만큼 부정합하다.

변화 없는 시간에 반대하는 이 논증은 인과성에 관한 관념들, 즉 변화가 설명이 필요하다는 관념과 진짜 인과적 작용 방식은 밀기, 끌기, 가열하기 같은 어떤 일상적인 물리적 과정으로 진행되어야 한다는 관념에 달려 있다. 자연의 근본적 힘들, 즉 중력, 전자기력 등은 그러한 과정을 통해 작용하지 않는다는 응답이 있을 수 있을 것이다. 비록 그러한 근본적 힘을 절대시간에 귀속시키는 것이 괴상해 보인다 할지라도, 인과적 요인 고려와는 무관한 두 번째 논증을 텅 빈 공간 개념과의 비교를 통해 끌어낼 수 있다.

만일 A가 B로부터 1마일 떨어져 있다면, 그리고 그것들 사이에 물질이 전혀 없다면, 그것들 사이에는 텅 빈 공간이나 틈, 즉 1마일 공간이나 1마일 틈이 있다. 비록 우리가 여기서 1마일의 텅 빔에 대해 이야기할 수 있다 할지라도, 1마일 틈은 '텅 빔' 이라 불리는 1마일의 어떤 것은 아니다. 우리는 1마일의 끈이나 모래, 또는 더 나아가 1에이커의 모래나 10억 갤런의 물을 가질 수 있지만, 1마일이나 1에이커나 1갤런의 텅 빔이나 무를 가질 수는 없다. 마일, 에이커, 갤런은 1차원이나 2차원이나 3차원에서 연장 단위들이다. 그것들은 물질적 대상의 재료들이 연장되는 단위이며, 그 단위들로 측정되는 것은 물질적인 것이어야 한다. 무의 마일, 에이커, 갤런은 모래, 물, 기타 등등이 연장되지 않는 것이다. 그러나 우리가 모래가 연장되는 마일을 가질 수 있다고 해서 우리가 연장되지 않는 것의 마일을 갖는다거나 비모래(non-sand) 마일을 가질 수 있다는 결론은 따라 나오지 않는다. 연장되는 것이 아무것도 없는 마일, 즉 비물질의 마일은 마일이 아니라 오히려 비마일이다.

그러나 만일 1마일의 틈이 무(無)의 마일이 아니라면, 그것은 무엇인가? 만일 A와 B가 1마일 떨어져 있고, 둘 사이에 물질적인 것이 전혀 없다면, 의심할 여지없이 둘 사이에는 어떤 것의 마일이 있을 수 있다. 1마일의 끈은 바로 A에서 B까지 도달할 것이다. 1마일 길이의 정밀 자를 위치를 바꾸지 않고 둘 사이에 끼워 넣을 수도 있다. 1마일 대상이 들어갈 틈의 여지가 있으며, 일반적으로 1마일의 텅 빈 공간 크기는 정확히 그 공간을 채울 어떤 대상의 크기다. 그러나 만일 텅 빈 공간이 무엇인지 이해하고자 한다면, 이렇게 말하는 것은 별 도움이 되지 않을 것이다. 그것은 단지 또 다른 당혹스러운 존재자, 즉 그 틈의 가능한 채움자를 끌어들이는 것일 뿐이다. 우리가 이 존재자가 다른 곳에 실존하는 어떤 실재하는 대상이거나 가상의 어떤 것이라고 가정해야 하는가? 그 틈은 적어도 단순히 가상적인 것이 아니라 실재하는 것인 것처럼 보인다.

만일 A와 B가 1마일 떨어져 있다면, A에서 B로의 운동은 1마일 운동이다. 만일 시간 단위로 측정된 것이 연속된 시간이라면, 거리 단위로 측정된 것은 거리이거나 연속된 공간이어야 한다. 나는 어떤 운동이 만들어지거나 진행되는 어떤 것으로 생각될 때 거리 단위로 측정 가능하다고 논했다. 연속된 공간 개념 역시 만들어질 수 있는 운동 개념이기는 마찬가지다.

우리는 거리 단위와 길이 단위로 똑같은 낱말('야드', '미터' 등등)을 사용하지만, 거리 개념과 길이 개념은 다르다. 우리는 거리를 움직이는 반면에 길이에 걸쳐(over) 움직인다. 그래서 나는 1마일을 달리지만 1마일 모래 위를 달리거나 가로질러 달린다. 그 모래 마일은 달리는 사람과 독립적으로 실존한다. 바닷가에 그런 모래 마일이 있고, 나는 그 모래 마일을 따라 그 위를 달린다. 그러나 내가 1마일을 달릴 때 그 마일은 달리지 않는 것과 똑같은 방식으로는 실존하지 않는다. '나는 1마일을 달렸다'에서 '마일' 은 '나는 경주를 했다' 에서 '경주' 처럼 이른바 내적 대상이다. 실제로 내가 경주를 했을 때 그 경주는 단지 내가 경쟁을 하며 달린 거리이다. 마찬가지로 내가 6피트 점프를 했을 때 내가 점프한 6피트는 단지 내가 점프한 그 점프이다.

만일 운동과 길이가 그렇게 다르다면, 왜 우리는 우리가 측정하는 단위에 대해 똑같은 낱말을 사용하는가? 아마 똑같은 물질적 대상이 야드 길이와 야드 거리 둘 다를 정의하는 데 사용될 수 있기 때문일 것이다. 그 길이는 그 물질적 대상이 예화하는 길이이고, 그 거리는 한쪽 끝에서 다른 쪽 끝에 도달하는 데 필요한 운동이다. 만일 당신과 나 사이에서의 운동이 표준 야드의 한쪽 끝에서 다른 쪽 끝에 이르는 운동을 세 번 하는 것이라면, 당신과 나 사이의 거리는 3야드이다. 그리고 만일 그것이 사실이라면, 표준 야드의 세 배 길이가 되는 대상은 우리들 사이에 꼭 들어맞을 것이다. 그러나 비록 거리 단위와 길이 단위를 이처럼 함께 정의하는 일이 가능하다 할지라도, 몇 가지 목적 때문에 거리 단위를 자연적인 어떤 인과적 과정을 통해 정의하는 것이 나을 것이다. 광년은 지구가 태양 주위를 한 바퀴 도는 데 걸리는 시간 동안 빛 입자가 여행하는 거리다.

그렇다면 A와 B 사이의 연속된 공간은 우리가 한 지점에서 다른 지점으로 이동할 경우에 우리가 하는 운동이다. 운동은 꽉 채워진 것도 텅 빈 것도 아니며, 그래서 우리는 'A와 B 사이에 텅 빈 공간이 있다' 고 말할 때와 'A와 B 사이에 텅 빈 양동이가 있다' 고 말할 때와 완전히 똑같은 방식으로 '텅 빈' 을 사용하고 있지 않다. 만일 그 둘 사이에 거리가 있고, 그 둘 사이에 어떤 대상이나 물체가 없다면, 그 둘 사이에 텅 빈 공간이 있다. 우리는 텅 빈 공간들이 실존한다고 완전히 올바르게 말할 수 있다. 그러나 그 공간들은 가능성의 실현으로서가 아니라 가능성으로서, 또는 물, 공기 등의 팽창에 추가되는 실증적 실재로서가 아니라 가능성으로서 실존한다. 만일 A

와 B 사이에 참으로 물질이 전혀 없다면, 그리고 만일 A로부터 어떤 방향으로 1마일 움직임으로써 B에 도달하는 일이 실제로 가능하다면, A와 B 사이에는 실제로 1마일 틈이 실존한다.

만일 텅 빈 시간, 즉 아무 일도 일어나지 않는 때가 있다면, 그것은 연장되는 것이 전혀 없는 마일이나 1마일 틈과 유사한 것이 될 것이다. 연장되는 것이 전혀 없는 마일 개념은 부정합하다고 나는 논했었다. 모든 실제적 마일은 끈이나 모래나 그 비슷한 어떤 것의 마일이어야 하며, 똑같은 추론에 의해 모든 실제적 시간은 자전, 변경 등의 시간이어야 한다. 그렇다면 텅 빈 시간은 1마일 공간적 틈과 유사한 일종의 시간적 틈이어야 할 것이다. 그러나 1마일의 공간적 틈은 움직이기나 여행하기와 대비되는 것으로서 움직여지거나 여행될 수 있는 마일이다. 이와 대조적으로 연속된 시간은 여행될 수 있는 어떤 것이 아니라 바로 여행하기다. 그렇다면 어느 쪽이든 텅 빈 시간은 불가능하다. 진짜 유사물이랄 수 있는 공간적 모델, 즉 비물질의 마일은 부정합하며, 정합적인 모델, 즉 이동의 마일은 진정한 유사물이 아니다.

5.4 지속적이지 않은 순간이 있는가?

만일 시간과 거리에 대한 내 이론이 올바르다면, 연속된 시간과 연속된 선은 다른 어떠한 두 가지 것보다도 전혀 유사하지 않다. 한 변화가 진행되는 일과 또 다른 변화가 진행되는 일은 유사할 수도 있지만, 어떤 변화가 진행되는 일과 그렇게 진행되는 변화는 전혀 유사하지 않다. 다른 철학자들은 변화와 변화가 진행되는 일의 구별에 전혀 주의를 기울이지 않으며, 연속된 시간과 선의 유비가 근본적으로 건전하다고 생각한다. 그들에 대한 나의 비판은 세 부분으로 이루어질 것이다. 첫째, 나는 어떤 점이 선에 대해 어떤 관계를 성립시키듯이 무언가가 연속된 시간과 그런 관계를 성립시키는지를 의문시한다. 그 다음에(제5.5절) 나는 시간이 실제로 3차원 공간과 함께 4차원 좌표라고 주장하는 일에 대한 몇 가지 반론을 개관한다. 마지막으로(제5.6절) 나는 시간을 사건들을 순서에 따라 정돈하는 선형 체계로 이해하는 것에 대한 유일한 대안이 시간은 흐르거나 지나간다고 말하는 것이라는 견해를 공격한다.

선은 시작되고 끝나며, 공간의 크기가 전혀 없는 점들에서 나누어질 수 있다. 만일 연속된 시간이 선과 유사하다면, 시간은 지속적이지 않은 순간들로 한계가 정해지면서 나누어질 수 있을 것이다. 그러나 물체를 나누는 데 물리적 절차가 있고 선을 나누는 데 기하학적 절차(자와 컴퍼스를 포함하여)가 있는 반면에, 우리는 연속된 시간을 나누기 위한 아무런 절차도 가지고 있지 않다. 어쩌면 어떤 의미에서 우리는 운동을 나눌 수 있을 것이다. 만일 내가 기차로 파리에서 콘스탄티노플까지 여행을 하고 있다면, 나는 트리에스테에서 도중하차할 수도 있다. 운동은 이런 식으로 물체의 정지 상태를 움직임으로써 나누어지며, 만일 지속적이지 않은 순간들이 있다면, 그 순간들은 물체가 변화하기 시작하거나 변화하기를 그만두는 시간적 항목들이 될 것이다. 시작함과 중단함은 시간적으로 연장되지 않는다. 물체는 주어진 정도의 속도로 변화를 겪는 데, 예컨대 무에서 6 m.p.h.의 속도를 획득하는 데 시간이 걸린다. 그러나 콜린 스트랭(Colin Strang, 1974)이 부르듯이 운동 중임과 정지 중임 사이에서의 '교체'는 시간이 전혀 걸리지 않는다.

그러나 사태가 시간적 항목에서 시작되거나 중단될 필요는 없다. 만일(여느 때처럼 기준 틀이 되는 좌표계에 상대적으로) A가 움직이기 시작한다면, A가 시작하는 어떤 장소가 있어야 한다. A는 어딘가에서 시작한다. 그러나 우리는 A가 움직이기 시작하는 시간이 있다고 가정하지 않고도 그것이 언제 움직이기 시작하는지 말할 수 있다. 연속된 시간 이전과 이후에도 사태는 시작되고 중단된다. A는 10분 후에 중단된다. 어쩌면 A는 한 시간 전, 즉 바로 전 시간 이전에 시작되었을 것이다.

시작과 중지는 그 사건들처럼 시간적 연장을 전혀 갖지 않는 다른 사건들과 동시에 일어날 수 있다. '기차는 낮 12시에 움직이기 시작했다' 고 말할 때 나는 그 시작이 시곗바늘이 12시 위치를 통과하는 것(또는 디지털 시계의 숫자들이 보이기 시작하는 시간)과 동시였다고 말한다. 그렇지만 이렇게 말하기 위해 나는 그 기차가 시곗바늘이 12시 위치를 통과하는 것과 똑같은 순간에 움직이기 시작했다거나, 두 사건 모두와 다르면서 두 사건이 일어나는 순간이 있다고 가정할 필요가 없다. 왜냐하면 그 사건들이 이 순간에 일어난다고 말하는 것이 무엇을 의미할 것인가? 추정컨대 그 사건들이 이 순간과 동시에 일어난다는 의미일 것이다. 그러나 만일 두 사건이 그 두 사건 모두와 다른 어떤 순간과 동시에 일어나지 않고는 그 두 사건이 서로 동시에 일어날 수 없다면, 두 사건과 첫 번째 순간이 일어나는 두 번째 순간이 없는 한 두 사건은 확실히 그 첫 번째 순간과 동시에 일어날 수 없다. 그리고 그렇게 되면 후퇴에 빠지게 된다.

그렇다면 사건들이 동시에 일어난다는 것은 무슨 뜻인가? 몇 가지 가능성이 있다. 시곗바늘이 멈추지 않고 12시 위치를 통과할 때 그 시곗바늘이 그 위치에 도착하는 일은 그 시곗바늘이 그 위치를 떠나는 일과 동시인데, 왜냐하면 그 위치에 도착하는 일과 그 위치를 떠나는 일은 두 기술 아래서 하나의 똑같은 사건이기 때문이다. '시곗바늘이 그 위치에 도착했다' 와 '시곗바늘이 그 위치를 떠났다' 는 두 사건이 아니라 한 사건을 보고한다. 마찬가지로 툴리우스(Tullius)의 죽음과 키케로가 암살된 것은 같은 사건이기 때문에 같은 시간에 일어났다. 때로 두 사건은 같은 사건의 부분들이기 때문에 동시적이라고 주장될 수 있다. 아인슈타인의 열차가 번개가 칠 때 런던에서 에든버러로 여행하고 있다고 해보자(Einstein, 1920, 25면). 그러면 에든버러 방향에서 빛 입자의 출발은 런던 방향에서 빛 입자의 출발과 동시적인데, 그것은 이 두 사건이 같은 사건의 부분들이기 때문이다.

그러나 사건들이 공간적으로 서로 멀리 떨어져 있을 때 절대시간을 믿지 않는 사람이 그 사건들이 동시적인지 물을 것인지는 그리 분명하지 않다. 특수상대성이론에 따르면, 그 사건들은 우리가 두 가지 목적 가운데 어느 쪽으로라도 동시적이라고 가정해야 한다면 동시적이다. 그 두 가지 목적이란 제3의 어떤 사건을 두 사건의 결과로 설명하거나, 두 사건 모두를 제3의 어떤 사건의 결과로 설명하는 것이다. 예컨대 각 사건의 부분이 빛 입자의 방출이라고 해보자. 입자들의 만남은 원래의 두 사건의 결과일 것이다. 광속이 일정하기 때문에 만일 입자들이 원래 사건들이 일어났던 지점들 사이의 정확한 중간 지점에서 만난다면, 원래 사건들은 동시적이었음이 틀림없다. 달리 표현하면, 만일 똑같은 연속된 시간이 두 사건과 두 사건의 결과가 되는 사건, 또는 두 사건과 두 사건의 원인이 되는 사건을 구별하게 해준다면, 두 사건은 동시적이다.

그렇다면 우리는 시작이나 중지, 또는 동시성 때문에 지속적이지 않은 순간들이 필요한 것은 아니다. 그러나 그런 순간들이 불필요하다는 것이 그런 순간들에 대한 나의 유일한 반론은 아니다. 시간 여행이나 텅 빈 시간처럼 그것들은 내 시간 이론으로도 배제된다.

만일 정말이지 그런 순간들이 실존한다면, 그런 순간들은 연속된 시간의 경계선에 있는 것이어야 한다. 그런 순간들은 변화의 기간이 시작되고 끝나는 곳이어야 한다. 만일 P_1과 P_2 사이에서 A가 움직이고 있는 10분이 순간들에서 시작되거나 끝나지 않는다면, 우리는 존재하는 사물들 목록에서 순간들을 지울 수 있다. 그러나 변화 기간은 어떤 변화가 진행되고 있는 것인데, 변화들은 시작되고, 멈추고, 진행되는 것인 반면에 변화가 진행되고 있음은 이런 것들 중의 어떤 것도 하지 않는다. 만일 변화가 진행되고 있음이 무언가를 한다면, 그것은 모든 것을 해야 한다. A의 운동은 P_1에서 시작되고, 1마일 떨어진 지점에서 멈추며, 이 지점들 사이에서 10분 동안 진행된다. 만일 A의 운동이 진행되고 있음이 순간 T_1에서 시작하여 10분 뒤에 순간 T_2에서 끝난다면, 그것은 아마 어떤 종류의 초시간(supertime) 동안 그러한 순간들 사이에서 진행되어야 한다. 그러면 진행됨의 진행됨이 있을 것이고, 그 방식은 다시 그것의 진행됨을 위해 개방될 것이며, 이것은 또 다시 끝없는 진행됨에 길을 내주게 될 터인데, 이것은 적어도 윌리엄 오컴(William of Ockham)의 엄격한 동료들이 매우 혐오할만한 어떤 것이다. 이러한 악평을 방지하기 위해서는 우리는 시작이나 중지가 진행되는 연속된 시간이 없는 것처럼 진행됨이 시작되거나 중지되는 순간도 없다고 말해야 한다.

이로부터 변화가 영원히 진행된다는 결론이 따라 나오지는 않을 것이다. A의 운동이 진행됨에 대한 수학적 모델은 제곱을 했을 때 2보다 크고 3보다 작은 보통의 유리 분수 계열일 것이다. 이 계열에서는 모든 분수에 대하여 그 계열에서 그보다 큰 분수가 있고, 그 계열에서 그보다 작은 분수가 있다. 그러나 계열 밖에서는 $\frac{3}{2}$과 $\frac{5}{4}$처럼 그 계열 안에 있는 모든 분수보다 크거나 작은 분수들이 있다. 그리고 그 계열의 경계가 되는 분수는 없는데, 제곱했을 때 정확히 2나 3이 되는 분수가 없기 때문이다. 분수는 제곱했을 때 2보다 큰 수와 2보다 작은 수로 나머지 없이 나누어지며, $\sqrt{3}$ 보다 큰 수와 $\sqrt{3}$ 보다 작은 수로 나머지 없이 나누어진다. 비슷한 방식으로 만일 A가 낮 12시에 P_1에서 출발한다면, A가 운동 중인 최초의 시간이란 없다. 그러나 A가 운동 중인 모든 시간에는 그 이전의 시간들이 있다. 그리고 A의 운동의 실존은 여전히 정지 중인 시간들과 이미 운동 중인 시간들로 나머지 없이 나누어질 수 있다. (여기서 '시간' 이란 말로 우리는 우리가 원하는 만큼의 짧은 연속된 시간으로 이해할 수 있다.)

5.5 시간은 4차원인가?

많은 철학자는 그들의 과학자 동료들이 물리학에서 하는 것을 형이상학에서 하고 싶어하며, 시간과 공간을 단일 4차원(4-d) 연속체를 형성하는 것으로 생각한다. 만일 시간이 실제로 위도, 경도, 고도와 함께 4차원 좌표라면, 지속적이지 않은 순간과 텅 빈 시간은 점과 텅 빈 공간만큼 가능한 것이 되어야 한다. 그렇지만 그것이 이 시간 이론에 대한 나의 유일한 반론은 아니다. 나는 이제 나의 건설적 견해와 독립적인 몇 가지 다른 견해를 개관할 것이다. (시간이 내가 말하고 강조한 것과 같다는 점에 이미 만족한 독자는 그냥 다음 절로 건너뛰어도 좋을 것이다.)

4-d 시간 이론을 평가하기 위해서는 우리는 먼저 3-d 대상을 생각하는 가능한 방식을 공부해야 한다. 탑이 그러한 대상인 반면, 그 탑의 옆면과 기초는 2-d이다. 둥근 탑은 원형 기초를 가지며, 만일 커다란 빵칼을 가진 어떤 거인이 지면과 평행을 이루도록 탑을 잘라낸다면, 그 잘린 탑의 윗부분 바닥면과 아랫부분 윗면은 원이 될 것이다. 또는 만일 탑이 지면과 직각으로 똑바로 서 있다면, 그 잘린 면들은 원이 될 것이다. 만일 탑이 피사의 사탑처럼 기울어져 있다면, 지면과 평행되게 잘라내는 일은 타원의 면을 산출하게 될 것이고, 계속해서 더 위쪽을 향해 자르게 되면 직접적으로 하단 윗면이 아니라 탑이 기울어진 방향으로 나타나는 면들을 산출할 것이다. 만일 그 탑이 정사각형이고 기울어지지 않았다면, 그 면들은 정사각형일 것이다. 그러나 만일 탑이 올라가면서 점점 가늘어진다면, 윗부분의 사각형은 낮은 부분의 사각형보다 작을 것이다. 탑을 2-d 대상, 즉 높이에 따라 다른 지점에서 자름으로써 산출되는 면들에 의거해 기술하는 일이 가능

하다는 것은 명백하며, 그러한 기술은 우리가 그 탑에 대해 높이에 따라 변하고 있다거나 높아질수록 변하고 있다고 말하는 것과 똑같은 정보를 제공한다. 우리는 '각 면은 원형이며, 높은 면의 원들은 5피트 아래 원들보다 지름이 1피트 작다' 거나 '각 면은 잘라진 원뿔 모양이며, 5피트 올라갈 때마다 지름이 1피트씩 작다' 고 말할 수 있다.

이제 높이에 따라 다른 지점들에서 나누어질 수 있는 3-d 대상이라는 관념에 익숙해졌는가? 이 높이는 크기와 모양을 변화시키고, 심지어 높이를 통해 컴퍼스의 다른 점들 쪽으로 기울게 한다. 그러면 우리는 한 차원 올라가는 것이다. 탑은 3-d 대상인데, 그 탑의 한 차원은 높이, 즉 지면에서 위쪽으로의 연장이다. 이제 우리는 4-d 대상에 대해 생각하는데, 여기서 한 차원은 그 대상의 나이, 즉 그 대상(또는 언급대상이 된 어떤 사건)이 존재하게 된 때부터의 연장이다. 우리가 2-d 대상(면)을 3-d 대상의 높이에서의 다른 지점들에서 기술할 수 있는 것처럼, 우리는 3-d 대상(고체)을 4-d대상의 시간적 연장에서의 더 빠른 지점과 더 늦은 지점들에서 기술할 수 있다. 3-d 대상을 자르는 일은 모양, 면적, 위도, 경도의 윤곽을 가진 대상을 산출한다. 4-d 대상을 자르는 일은 3-d 모양, 부피, 위도, 경도, 고도를 가진 대상을 산출한다. 우리는 4-d 대상을 그 대상 나이의 다른 지점들에 있는 3-d 대상을 기술하거나, 그 대상을 나이를 통해 변하거나 불변한 채로 머무르는 것으로 기술함으로써 기술할 수 있다.

에드윈 애벗(Edwin Abbott)이 그의 선구적 저작 『평지』(*Flatland*, 1926, 94면)에서 말하듯이 이 모든 것은 '엄밀히 말해 유비에 따른' 것이다. 형이상학적 이론은 어떤 시간에 우리의 3-d 대상 개념이 4-d 대상의 시간적 연장에 있는 어떤 지점에서 존재하는 것에 대한 개념이며, 카이사르나 파르테논 신전처럼 시간을 통해 존재하는 대상에 대한 우리의 개념은 4-d 대상 개념이라는 것이다. 카이사르가 루비콘 강을 건넜다는 믿음은 카이사르의 나이에서 어떤 지점이 있는데, 그 지점 이전에서 잘랐을 때는 3-d 물지대(watery)의 한 면에 있는 3-d 인물들을 제공하고, 그 지점 이후에 잘랐을 때는 다른 면에 있는 3-d 인물들을 제공한다는 믿음이다. 카이사르는 약 70년 동안 살았다. 그래서 그는 시간을 통해 70년 동안 연장되고 있는 4-d 대상인데, 한쪽 끝에는 자그마한 아기가 있고, 다른 쪽 끝에는 커다란 전제자의 모습이 있다. 이 4-d 대상은 크기나 모양이나 공간적 위치에서 변하지 않는다. 그러나 70년의 서로 다른 지점들에서 3-d 대상들은 이 점들에서 다르며, 또한 정신 상태에서 다르다. 여기서 결정적 차이는 나중 시간의 정신 상태들이 부분적으로 앞 시간의 정신 상태들을 (이른바 '기억'의 형태로) 반영하며, 그 반대의 경우는 안 된다는 것이다.

이 이론에 따르면, 실제로 3차원만을 갖는 존재자는 지속적이지 않은 한 순간에서만 실존한다. 그 말은 우리가 물질적 대상을 일정한 시간 동안 존속해야 한다고 생각하기 때문에 이상하게 들린다. 그러나 그 주장은 존속하는 3-d 대상에 대한 우리의 개념이 네 번째 차원의 지점들에서 그 세 가지 차원이 다른 4-d 대상 개념과 동일하거나, 또는 그런 개념에 대한 불투명한 대안이라는 것이다.

탑의 높이에서 서로 다른 지점에 있는 2-d 면들은 그 높이가 절대 변하지 않는다. 더 높은 곳에서 잘린 조각은 언제나 더 높이 있다. 그러나 그것들은 모두 실제로 실재한다. 부분적으로 이런 이유 때문에 우리는 북쪽으로 12피트 기울기 시작함처럼 높아지는 과정에서 그 탑이 겪는 어떤 변화도 실재하는 변화가 아니라고 말하고 싶어진다. 마찬가지로 4-d 대상의 시간적 연장에서 나중 지점에 있는 3-d 대상은 언제나 나중에 있다. 그래서 그 대상들은 똑같은 순간에 실존하지 않는다. 그러나 그 대상들은 똑같이 실재하는 것이다. 그렇다면 우리가 카이사르나 파르테논 신전에 귀속시키는 시간이 걸리는 변화는 실재하는 변화가 아니며, 시간적으로 연장된 대상들은 변화하지 않는 것처럼 보인다. 어떤 사람들은 이것이 우리가 살피고 있는 이론에 대한 반론을 형성한다고 느낄 것이다. 우리 이론은 운명론을 수반하는 것처럼 보인다는 것이다. 그렇지만 그 이론의 지지자들은 이것을 흠이라고 생각하지 않는다. 그들은 대부분 운명론 같은 생각을 좋아한다. 또는 적어도 그들은 자유의지론자들을 희롱하는 것을 좋아한다. 좀 더 유망한 노선의 반론은 그 이론이 운명론적인 것일 필요가 없다고 주장한다.

그 이론은 내가 마드리드에 가고 있음이나 토마토가 점점 더 커지면서 붉어짐처럼 시간이 걸리는 변화가 4-d 대상이 그 차원들 중 하나를 통해 겪는 변화로서 잃는 것 없이, 또는 난처한 지경에 빠지지 않으면서 이해될 수 있다고 주장한다. 이러한 사고방식의 모델은 우리가 탑을 높아지면서 점점 더 좁아지는 것으로 생각하는 것(또는 그 문제라면 길을 길이를 통해 점점 더 높아지는 것으로 생각하는 것)이다. 이것은 물리학에 관한 주장이나 물리학자들의 실제 모습에 관한 주장이 아니다. 이것은 형이상학의 주장이고, 우리의 일상적 사고에 관한 것이다. 내 첫 번째 반론은 제안된 방식의 사고가 난처한 지경에 빠지게 한다는 것이다. 즉 우리는 대답될 수 없는 물음이 제기되는 것을 허용한다는 것이다.

탑들이 점점 높아짐에 따라 너비가 변할 뿐만 아니라, 높이 또한 변할 수 있다. 월요일 아침에 탑의 윗면인 것, 그래서 그 위에 더 이상 탑이 없던 것이 금요일 저녁에는 그 위에 3피트가 더 있다. 만일 우리의 4-d 카이사르가 실제로 탑과 유사하다면, 적어도 그가 시간적 한도를 늘이는 일이 가능해야 하고, 그래서 그에게 더 많은 세월이 추가될 수 있어야 한다. 이런 일이 일어나기 위해서는 어쩌면 우리는 다섯 번째 차원을 요청해야 할 것이다. 그러나 그렇게 되면 5차원의 한 지점에서 카이사르는 이를테면 50세만을 갖게 될 것이다. 거기에서는 출생 후 51년 어떤 3-d 인물은 정말이지 없게 될 것이다. 그리고 그 경우에 그 이론은 운명론을 수반하지 않을 뿐만 아니라 우리가 좋아하는 온갖 종류의 자유의지론과 정합적이기도 하다. 그러나 이 4-d 대상들이 정말로 시간적 한계가 변하는가? 이 물음은 부당한 물음이라고 배제할 수 없는데, 왜냐하면 3-d 대상은 그 모든 차원에서 변하기 때문이다. 그러나 이 물음도 대답할 수 없다.

그 다음에 대상은 인과적 작용을 통해 변한다. 제6장에서 논하듯이 우리는 초래됨(being brought about)이라는 관념이 없으면 변화가 일어남이라는 관념을 갖지 않으며, 우리는 변화를 인과적 작용에 기인하는 한에서 진정한 변화로 생각한다. 길은 단순히 수도에 가까워지면서 넓어지는 것이 아니라 불도저를 가진 인부 덕택에 넓어지는 경우에 실제로 점점 더 넓어지는 쪽으로 변하는 것이다. 4차원 이론은 변화가 일어남을 보여주지만 그 변화가 초래됨을 보여주지 않는다. 그 이론은 4-d 카이사르에게 점점 더 커지는 달들(특히 시간적 한도의 초기에)을 허용하지만, 이것은 4-d 카이사르에서의 실재하는 변화가 아니다. 실재하는 변화가 되기 위해서는 길의 너비의 실재하는 변화가 그 길의 길이에 인부가 미친 활동에서 기인하듯이 다른 4-d 대상들이 카이사르가 산 달들에 미친 영향에서 기인해야 할 것이다. 그러나 우리는 하나의 4-d 대상이 다른 4-d대상에 어떤 변화를 일으킬 수 있는 작용을 생각하는 일을 시작도 할 수 없다. 도대체 어떤 존재의 원천으로부터 카이사르의 나이에 해수를 추가하게 만드는 측정도구가 얻어지는가?

마지막 반론은 이것이다. 우리는 우리가 지속적인 3-d 대상이라고 부르고 싶은 것이 일종의 3-d 잘린 조각이거나, 우리가 4차원을 시간과 동일시하지 않은 상태에서 3-d 대상들을 나누는 2-d 면들과 유사한 4-d 대상의 극단이라고 생각할 수 있다. 그것은 애벗 이야기가 보여준다. 그 이야기의 주인공은 2-d 공간, 즉 평면에서 살고 있는 사각형(예언적으로 잘 이름 붙여진)이다. 그는 지적이고 말 많은 원을 봄으로써 3-d 대상들이 있다고 확신하는데, 이 원은 한 장소에서 오그라들다가 무의 상태로 아예 사라져버리고 조금 떨어진 어떤 장소에서는 무에서 다시 점점 더 커진다. 이것을 설명하는 최선의 방식은 그가 어떤 구의 잘린 조각들을 보고 있는데, 이 구로부터 그의 2-d 공간이 움직이면서 나오다가 다시 그 속으로 들어간다고 가정하는 것이다. 여기서 세 번째 차원은 분명히 공간적 차원이다. 우리는 우리의 공간에서 비슷한 어떤 것을 상상할 수 있다. 뚜렷이 구별되는 어른은 아기로 오그라들다가 사라지며, 그 다음에 북쪽으로 몇 피트 떨어진 곳에서는 아기, 또는 보다 나은 것으로 주름진 90대 노인이 나타나면서 똑같은 것들에 관해 잡담하는 비슷해 보이는 어른으로 채워진다. 만일 이런 일이 일어난다면(나는 이런 일이 일어난다는 것에 들은 적이 없다), 우리는 일상적인 3-d 대상인 것처럼 보였던 것이 실은 4-d 대상의 잘린 조각이었다고 결정할 수도 있을 것이다. 그러나 이번에도 또 다시 네 번째 차원은 공간적 차원일 것이다.

그렇다면 우리가 보는 것이 4-d 대상의 3-d 잘린 조각이라고 하는 데에 대해 우리가 가질 수 있는 어떠한 경험적 증거라도 네 차원 모두가 공간적 차원을 이루는 4-d 대상에 대한 증거인 것처럼 보인다. 우리가 네 번째 차원이 시간적 차원인 대상의 3-d 잘린 조각을 보고 있다고 말하는 것에 대한 유일한 정당화는, 비록 이 말이 그것이 어떤 시간 동안 실존하는 3-d 대상이라고 말하는 것과 다르게 들린다 할지라도, 이 진술들 사이에서 결정할 경험적 근거가 없다는 점일 것이다. 그러나 만일 '이것은 세 개의 공간적 차원과 한 개의 시간적 차원을 가진 것의 3-d 잘린 조각이다' 는 주장이 '이것은 네 개의 공간적 차원을 가진 것의 3-d 잘린 조각이다' 는 주장과 이 점에서 다르다면, 우리는 시간을 3개 차원 공간과 유사하거나 대등한 것으로 생각하지 않는다는 결론이 확실히 따라 나온다.

5.6 시간의 실재성

그럼에도 4차원 연속체에 관해 유보적 입장을 취한 어떤 철학자들은 시간이 사건들을 순서에 따라 정돈하는 선형 체계에 지나지 않는다고 주장한다. 그러한 모든 사건(어떤 기준 틀이 되는 좌표계에 상대적으로)은 다른 모든 사건보다 빠르거나, 늦거나, 동시적이다. 시간은 사건들이 실제로 이런 관계들을 맺는다는 점에서 실재하는 것이며, 이 관계들이 북쪽에 있음, 남쪽에 있음, 같은 위도에 있음 같은 관계와 다른 한에서만 공간과 다르다. 이 견해는 내가 시간이란 이런 관계를 맺는 사건들의 발생(the taking place)이라고 말하는 쪽을 선호한다는 점에서 내 견해와 다르다. 내가 알 수 있는 한 이 견해는 사태를 더 일찍 또는 더 늦게 만드는 차원 개념이 기울어진 탑이나 오르막길의 유비로 소생하지 않는다는 점에서만 4차원 이론과 다르다.

때로 이 견해에 대한 유일한 대안은 어떤 종류의 시간적 과정, 속성, 위치의 실재성을 승인하는 것이라고 생각되는데, 이런 것들에 대한 개념은 구제할 수 없을 정도로 부정합하다. 이 의심스러운 존재자들 중 가장 유명한 것은 공교롭게도 모조리 케임브리지대학에서 생각해낸 것이었다. 우리는 뉴턴이 절대시간을 '균등하게 흐른다'고 말한 것을 이미 보았다. 그는 운동, 변천 등만큼 시간이 진행된다는 것뿐만 아니라 1갤런의 물이 구멍을 통해 양동이 속으로 떨어지는 데 시간이 더 오래 걸리거나 적게 걸리는 반면에 절대시간 1시간은 언제나 경과하는 데 똑같은 시간이 걸린다는 것을 의미한다. 일상인은 사건들이 미래가 되는 것에서 현재가 되는 것으로, 현재가 되는 것에서 과거가 되는 것으로 변화를 겪는다고 믿으며, 사건들이 그것들이 획득하거나 상실하는 과거, 현재, 미래의 속성을 갖는 것을 상상한다고 맥타가트(1927, 제33장)는 말했다. 우리 시대에 휴 멜러(Hugh Mellor, 1981)는 그의 4차원 시간 이론 버전에 대한 유일한 대안이 그가

'시제' 라 부르는 존재자들이 실제로 실존한다는 것이라고 썼다.

아마 시간을 사건들 사이의 관계 체계로 보는 무균성 견해는 '이전에', '이후에', '…하는 동안에' 같은 접속사와 그에 대응하는 전치사들과 연관되어 있다. 이 언어적 항목들은 분명히 시간적 관계를 표현한다. 덜 건전한 견해들은 시제 변형, 그리고 시간을 나타내는 조동사나 불변화사처럼 그와 동등한 장치와 연관되어 있다. 이 항목들이 그 자체로 부적절한 것은 아니므로 부정합한 어떤 것이 실제로 그런 항목들로 표현된다고 말하는 것은 잘못임이 틀림없다. 그러나 철학자들은 정말이지 시간에 대한 부정합한 견해들이 어쨌든 그런 항목들을 오해해서 산출되는 것이라고 말하거나 생각한다. 내가 보기에는 어떠한 오해라도 이런 항목들을 사용하는 일상인의 생각에 있는 것이 아니라 이 생각에 대한 케임브리지 철학자들의 해석에 있는 것처럼 보인다.

일상적 사고에서 사람들은 일어나는 변화와 그 변화가 일어남을 구별한다. 왜냐하면 그들은 일어나지 않을 수도 있었던 변화가 일어나고, 일어날 수도 있었던 변화가 일어나지 않는다고 생각하기 때문이다. 그렇다면 그들에게는 실제적인 변화의 일어남이나 진행됨이라는 개념이 필요하다. 그러나 비록 사람들이 종종 시간이 진행되는 것처럼 이야기한다 할지라도, 그들이 실제로 뉴턴처럼 시간을 운동, 변경 등에 덧붙여 진행되는 그런 것들 이상의 어떤 것이라고 생각한다는 증거는 없다. 나는 그들이 시간을 변화의 진행으로 생각한다고 논했다. 나는 일상인이 어떤 것의 진행됨이 진행될 수 있는 또 다른 어떤 것이라 말할 것이라고 믿지 않으며, 그래서 그들이 시간의 경과에 대해 언급할 때 나는 그들의 말을 변화의 경과나 진행을 의미한다고 간주한다. 정의가 시간이 사건들 사이의 관계 체계라고 말한다고 해서 행해지는 것이 아니라는 대중적인 생각은 변화가 실제로 일어난다는 생각이다. 시간은 변화에 추가되는 실재로서 생각되지 않는다. 시간은 변화의 실재성, 즉 변화가 통과하기 위해 있는 것으로서 생각된다.

어떤 철학자들은 비철학자들이 원하는 모든 것이 변화가 실제로 일어난다는 것뿐이라는 것을 인정할 것이다. 그러나 그들은 사람들이 변화의 발생을 변화에 닥치는 또 다른 변화로 생각한다고 상상한다. 맥타가트에 따르면, 그들은 어떤 사건이 일어나기 위해서는 그 사건이 미래성의 속성을 잃고 현재성의 속성을 획득해야 한다고 믿는다. 그들은 미래성, 현재성, 과거성을 사건들의 속성이라고 간주한다.

왜 그들은 그런 종류의 어떤 것을 생각해야 하는가? 변화의 발생은 가능성의 충족이며, 충족됨은 가능성이 겪는 변화가 아니다. 사람들은 자신들이 실제적임(being actual)을 속성이라고 생각할 경우에만 발생함이 변화가 일어나는 어떤 것이라고 생각할 것이다. 그러나 그것은 어떤 비철학자가 일찍이 생각한 어떤 것이 아니다. 그것은 독특한 철학적 오류다.

그리고 만일 사람들이 실제성(actuality)을 속성이라고 생각하지 않는다면, 왜 그들이 과거성, 현재성, 미래성을 속성이라고 생각해야 하는가? '미래' 라는 낱말은 라틴어 동사 '존재하다' (to be)의 미래형 불변화사에서 유래한다. 미래인 것은 있게 될 것, 즉 실존할 것이나 나타날 것이다. 반면에 미래가 아닌 것은 있게 될 것이 아닌 것이다. 마찬가지로 현재는 단지 있는 것이고, 과거는 있었던 것이다. 만일 비철학자들이 실제적이라는 것을 어떤 속성, 즉 실제성을 갖는 것이라고 생각하지 않는다면, 그들이 실제적인 것이 되도록 진행되고 있음을 또 다른 속성, 즉 미래성을 갖는 것이라고 생각한다고 가정하는 것은 실제로 변덕스러운 짓이다. 왜냐하면 설령 실제적이라는 것이 실제성이라는 속성을 갖는 일이라 해도, 그 추리는 실제적인 것이 되도록 진행되고 있음이 이미 다른 속성 미래성을 갖는다는 것이 아니라 똑같은 속성을 갖는 일이 진행되고 있음이 될 것이기 때문이다.

맥타가트는 그것을 문제 삼을 것이다. 그는 우리가 '케케묵은 속성들' 이라 부르는 것의 존재를 믿었다. 그의 견해에 따르면, 부지깽이가 (의심할 여지없이 불 속에 넣어진 덕분에) 12일의 월요일에 빨개졌다고 말하는 것은 그 부지깽이에 '12일의 월요일에 빨개짐'이라 불리는 속성, 즉 12일의 월요일에 빨개짐이라는 속성을 귀속하는 것이다. 이 속성은 내가 '13일의 화요일에 빨개졌다'고 말하면서 그 부지깽이에 귀속시키는 13일의 화요일에 빨개짐이라는 속성과 예리하게 구별된다. 만일 이 말이 올바르다면, 미래에 실제적인 것이 되도록 진행되고 있다는 것은 미래의 실제성이라는 속성을 갖는 일이 될 것이다.

그러나 맥타가트의 분석은 제멋대로고 불합리하다. 월요일에 빨개짐이나 화요일에 빨개짐 같은 속성은 없다. 그리고 문법과 상식은 모두 다른 분석을 지시한다. 문법가들은 '월요일에 빨개졌다'에서 '월요일에'라는 구절이 형용사가 아니라 동사를 수식하는 부사구라고 말한다. 이 구절은 '그것은 검붉어졌다'(It was dark red)의 '검은'(dark)과 같지 않은데, 이 문장에서는 '검은'이 '빨간'이 표현하는 어떤 종류의 색깔 기능을 표현하기 위해 형용사 '빨간'과 결합된다. '월요일에 빨개졌다'에서 '월요일에'는 '졌다'(was)에 동반된다. 우리는 '빨강은 월요일에 있었던 색깔이다'고 말할 수 있다(반면에 우리는 '빨강은 어두웠던 색깔이다'고 말할 수 없다).

데이비드 루이스(David Lewis, 1986, 203~4면)는 오로지 주어를 가진 술어 표현을 해석하기 위해 시간적 구절을 술어 표현과 결합하여 해석하는 일을 피한다. 물체가 시간적 한도를 가진 4차원 존재자라고 믿음으로써 그는 '그 부지깽이는 월요일에 빨개졌다'에서 '월요일에'를 '그 부지깽이'에 붙이면서 화자가 부지깽이의 부분을 월요일의 빨개짐으로 서술한다고 말할 것이다. 나는 시간적 부분을 가진 4차원 대상이라는 개념을 거부하는 철학적 이유를 이미 제시했으며, 문법적 관점에서 볼 때도 '월요일에'를 '부지깽이'에 붙이는 것은 '빨간'에 붙이는 것보다 훨씬 더 잘못된 일이다.

대상에 대해 서술하는 속성은 대상에 의해 예화될 수 있는 속성이다. 속성들은 때로 예화되며, 우리가 속성을 서술할 때 우리는 그 속성에 대해 다소간에 때로 예화되는 것으로 이야기한다. 서술이 대상에 대한 언급을 포함하듯이 서술은 시간에 대한 명시적 또는 함축적 언급을 포함한다. 내가 이 부지깽이가 빨개진다고 주장하거나 어떤 부지깽이가 빨개지는지 묻듯이, 나는 이 부지깽이가 빨개진 어떤 시간이 있었는지, 또는 수요일에 빨갛게 될 적어도 한 부지깽이가 일요일에 있었다고 주장한다.

내가 '시간' (a time)으로 의미하는 것은 물론 지속적이지 않은 순간 또는 어떤 절대시간 조각이 아니라 과정이나 사건이다. 이번 월요일은 이번 주 지구의 두 번째 자전 시간이다. 그리고 우리가 시간에 대해 언급한다고 말할 때 나는 우리가 서술하는 것이 시간을 서술하는 것이라거나, 모든 서술이 말하자면 어떤 시간에 대한 가외 공간을 갖는다는 것을 의미하지 않는다. '그 부지깽이는 월요일에 빨개졌다' 에서 '빨간' 은 어떤 관계, 즉 내가 그 부지깽이가 특정한 지구의 자전과 맺고 있다고 말하는, 월요일에 빨개짐을 의미하지 않는다. 그 문장은 '네로가 만지작거렸을 때 그 부지깽이가 빨개졌다' 와 비슷하다. 이렇게 말할 때 나는 네로를 언급하지 그 부지깽이가 네로와 어떤 관계를 맺고 있음을 말하지 않는다. 오히려 빨간이 네로의 만지작거림과 동시에 예화되었다고 말하는 것은 빨간이 그 부지깽이에 의해 예화되었다는 내 말의 부분이다.

우리는 '이것' (this) 같은 이른바 지시어를 이용하여 어떤 대상을 언급할 수 있으며 — '이 부지깽이는 빨갛다' —, 아마 무언가를 언급하기 위해서는 우리는 그것을 어떻게든 우리가 지시할 수 있는 어떤 것과 관련시킬 수 있어야 한다. 만일 내가 '조지의 스푼을 훔친 사람은 …' 이라고 말하는데 당신이 끼어들어 '조지가 누구야?' 라고 말한다면, 나는 '저기 저 여자의 남편' 이라고 답한다. 우리는 또한 그러한 언급 수단이 되는 지시사와 시제 변형어를 이용하여 시간을 언급할 수도 있다. '그 부지깽이가 빨갛다' (The poker is red)에서 현재 시제의 의미는 내가 한 발언의 시간을 언급한다는 것이다. 나는 부지깽이의 빨강을 내가 말할 때조차도 그 부지깽이가 예화하는 어떤 것으로 서술한다. '그 부지깽이는 빨개졌는가?' 에서 나는 (의문형으로) 그 색깔을 내 발언 이전에 예화된 어떤 것으로 서술한다.

맥타가트는 사람들이 과거성, 현재성, 미래성이 사건들의 속성이라고 믿는 경향이 있다고 말한다. 멜러는 사람들이 그가 때로 '시간적 위치' (그래서 1986, 167면)라 부르고 '시제' (이 낱말의 사용은 사전편찬자도 몰랐기 때문에 혼란스럽다)로 더 자주 부르는 어떤 존재자들의 실재성을 믿는다고 말한다. 이 존재자들은 적어도 어떤 시제 변형어들과 '과거', '미래', '지난 세기', '이번 달', '내일' 같은 표현들이 의미하는 것들인 것처럼 보인다(1981, 16면). 나는 그가 다음 (1)과 (2) 중에 무엇을 생각하는지 전혀 확신하지 못한다. (1) 이 언어적 항목들이 정말로 시간상의 위치들을 의미하며, 사람들이 이러한 위치들을 우리의 사고와 독립적으로, 객관적으로 실재하는 것으로 여기는 것은 틀렸다. (2) 언어적 항목들이 실제 다른 방식으로 의미를 가질 때 사람들이 그것들이 시간상의 위치를 의미한다고 상상하는 일은 틀렸다. 만일 그가 후자를 생각한다면, 그가 그것들의 의미에 대해 올바른 설명을 제시하지 않는 것은 유감천만이며, 나는 도대체 어떤 비철학자가 그것들이 시간적 위치를 의미한다고 상상하는 대실수를 저질렀는지 알고 싶다. 한편 만일 그가 그 언어적 항목들이 모두 시간적 위치를 의미하지만, 이 위치들은 어쨌든 실재 세계의 이등 시민이라면, 나는 그 언어적 항목들이 이것저것 잡다한 것들의 다발이며, 서로 다른 방식으로 의미를 갖는다고 반대한다.

'내일' 은 '이 발언이 나온 날의 다음 날' 을 의미한다. 이 말은 날이나 지구의 자전일을 언급하는 지시 용어이다. 지구의 자전은 우리의 사고와 완전히 독립적인 실재의 일등 시민이다. 그래서 나는 그것을 '시간상의 위치'라 부르지 말아야 한다. 우리는 동시에 일어나게 될 자전을 언급함으로써 어떤 것이 언제 일어나는지 말할 수 있지만 — '달이 내일 빛을 잃게 될 것이다', 그 말은 이번 자전 다음의 자전을 어떤 위치로 전혀 만들지 못한다. '내일'에 들어맞는 것이 '지난해'와 '이번 달'에도 들어맞는다. 이런 말들은 명확한 물리적 과정의 특정한 발생을 언급하는 표현들이다.

그렇기 때문에 이런 말들은 그것들이 사용되는 담화에서 표현되는 것을 결정함으로써 의미를 갖는다. 이런 말들은 자전, 공전, 지구, 달을 그러한 담화에 끌고 들어온다. 그것은 시제 변형, '과거', '현재', '미래'와 다르다. 만일 내가 시제 변형어를 이용하여 무언가를 언급한다면, 내가 그 시제 변형어를 사용하는 것은 바로 그 발언에 대해서이다. 따라서 그 시제 변형어는 내가 표현하는 것에 추가되는 것이 아니다. 발언은 표현되는 것 자체의 부분일 수 없다. '그 부지깽이는 빨갛다'에서 시제는 '그 부지깽이는 빨갛다는 옳다'에서 '옳다'가 내가 표현하는 것을 결정하지 않는 것처럼 내가 표현하는 것을 결정하지 않는다. '테아이테토스가 앉아 있다'와 '테아이테토스가 앉아 있었다'의 의미 차이는 '앉은'이 의미하는 자세가 테아이테토스에 대해 서술하는 방식에 있다. 즉 그것은 화자가 그 자세를 테아이테토스와 관련시키는 방식에 있다.

형용사 '과거의', '현재의', '미래의'는 시제 변형과 똑같은 방식으로 의미를 갖는다. '우리 결혼은 미래의 일이다'는 '우리는 결혼할 것이다'를 말하는 어색한 방식이며, '우리의 결혼은 미래의 일이 아니다'는 '그 결혼은 취소되었다'를 의미한다. 만일 그것이 의심스러워 보인다면, 어떤 언어들에서 변형어를 대신하는 불변화사를 생각해보라. 마퀴사스어 문장 'e kai au'는 '나는 먹겠다'나 '내가 먹는 것은 미래의 일이다, 즉 나는 먹게 될 것이다'로 번역될 수 있을 것이다. 이제 우리는 'e'를 시제 표지어로 간주하지만, 그 언어를 처음 배우는 학생은 그것을 동사 '존재하다' (to be)의 미래 시제로 해석하였다(Dordillon, 1931, 27~44면).

'미래' 와 '과거' 라는 구절에 대해서는 나는 그 구절들이 시간상의 위치가 아니라 모든 시간이나 연속된 시간, 즉 각각 그 구절이 사용되는 발언의 이전이나 이후의 변화의 모든 진행을 지적한다고 말해야 한다.

내 견해에 따를 때 모든 사건이 똑같이 실재하는지에 대한 질문이 있을 수 있다. 미래의 사건들이 과거의 사건들만큼 실재적인가? 만일 '미래의 사건들' 로 일어나지 않을 사건들과 다른 것으로서 일어날 사건들을 의미한다면, 그리고 과거의 사건들에 대해서도 이 비슷하게 생각한다면, 추정컨대 일어날 일은 일어난 일만큼이나 확실히 일어날 것이다. 그러나 그것은 운명론을 수반하지 않는다. 내가 내일 파리에 있을 것이라고 말하는 것은 내가 내일 파리라는 위치를 차지하게 될 것이라고 말하는 것이지, 내가 지금 날짜가 적힌 위치 파리-내일을 갖는다는 말이 아니다. 운명론에 대해서는 우리는 날짜가 적힌 속성이 필요하다. 내 분석의 어떤 요소도 사건들의 발생의 실재성을 의문시하지 않는다. 사건 발생의 실재성을 부정한다는 것은 실제로 아무 일도 일어나지 않았거나 실제로 아무 일도 일어나지 않을 것이라고 말하는 일이 될 것이다.

그렇다면 나는 사건이 선형 방식으로 정돈될 수 있다는 데 동의한다. 만일 우리가 임의의 두 사건을 취한다면, (기준이 되는 좌표에 상대적으로) 그 두 사건은 동시적이거나, 한 사건이 다른 사건보다 일찍 일어난다. 그러나 시간 개념에 대해 만족스럽게 분석하기 위해 추가되어야 하는 것은 어떤 특수한 과정, 속성, 위치 개념이 아니라 어떤 변화와 그 변화의 진행됨 사이의 구별이다.

제 6 장
변화와 인과성

6.1 들어가는 말

제5장의 기본주장은 시간이 변화가 진행되는 일이라는 것이다. 그렇다면 변화란 무엇인가? 이 물음은 그 다음으로 자연스럽게 떠오르는 물음이다. 나는 이 물음을 인과성에 관한 물음과 함께 다루고 싶다.

순수 수학에서는 변화가 일어나지 않는다. 수들은 변하지 않으며, 삼각형과 원의 속성도 변하지 않는다. 그러나 모든 물리적 대상은 변하며, 우리는 그 대상들이 겪는 변화를 이해하려 한다. 변화는 이해의 표적이다. 게다가 특수한 종류의 이해의 표적이다. 우리는 수학에서 예컨대 왜 반원의 각이 180도인지, 어떤 수가 3으로 나누어진다면 우리가 그 수를 표현하는 아라비아 숫자 각 자리의 합 또한 왜 3으로 나누어지는지 이해할 수 있다. 그렇지만 이와 같은 것들을 이해하는 일은 그것들이 논리적으로 필연적이라는 것, 즉 수학의 정의와 공리로 이루어진 전제들로부터 그것들이 따라 나온다는 것을 아는 일이다. 나는 어떠한 비철학자라도 어떤 대상이 어떤 거리를 움직이거나, 모양이나 색깔이 변할 때 이 변화가 논리적으로 필연적이라거나, 단순히 과학의 제일 원리와 정의로부터 그것들이 연역될 수 있는 것으로 가정한다고는 전혀 생각하지 않는다. 기껏해야 우리는 이 변화들이 인과적으로 필연적이라고 생각하며, 우리는 이 변화들을 우리가 '인과적으로' 라고 부르는 방식으로 이해하려 한다.

우리는 또한 일어나는 변화 중 많은 것이 사람들에 의해 야기되고, 적어도 때로는 사람들이 의도적으로 변화를 일으킨다고 생각한다. 그런 일이 일어날 때 우리는 행위자의 이유와 목적을 제시함으로써 그 원인 작용을 설명하려 한다. 그리고 언뜻 보기에 이 설명은 수학적 설명이나 인과적 설명 모두와 달라 보인다.

그것이 바로 우리가 철학하는 일을 시작하기 전에 그 상황이 제시되는 방식이다. 즉 변화는 물리적 세계의 특징이면서, 수학의 무시간적 진리에 어울리는 설명, 그리고 어쩌면 인간 행위에 어울리는 설명과 다른 어떤 종류의 설명의 대상이다. 그러나 이것이 실제로 사물이 존재하는 방식인가? 속성이 실존하고 속성을 갖는 일 외에 대상들이 실제로 변화를 겪는가? 실제로 세 영역, 말하자면 수학의 영역, 인과적으로 야기된 변화의 영역, 인간 행위의 영역이 있는가, 아니면 그 그림을 더 단순화할 수 있는가? 이 세 영역, 즉 수학적, 물리적, 심리적 영역의 다름을 주장하기 위해서는 우리는 적어도 이 세 가지 종류의 이해와 설명이 있다고 주장해야 한다. 한 종류의 이해와 설명이 기초적인 것이고, 그래서 다른 것들은 그 기초적인 것으로 환원될 수 있지 않을까? 우리가 행위를 인과적으로 야기된 변화와 다른 방식으로 이해하거나, 수학적 진리와 다른 방식으로 이해할 수 있다고 생각하는 것은 단순한 환상일 수도 있지 않을까? 이 거창한 물음들이 바로 이 책의 나머지 부분을 지배하게 될 것이다.

오늘날 대부분의 철학자는 우리가 행위를 다른 사건들과 똑같은 방식으로, 즉 인과적으로 이해해야 한다고 생각한다. 그들은 어떤 사건을 인과적으로 이해하는 일은 그 사건이 어떤 방식으로든 필연적이라는 것이 아니라 — 그들은 논리적 필연성 이외의 다른 어떠한 종류의 필연성이라도 인정하기를 꺼린다 —, 그 사건이 규칙적인 사건이라는 것, 즉 통상적인 자연의 과정에 따라 일어난다는 것을 파악하는 일로 이루어진다고 생각한다. 그래서 그들은 그 사건이 일어나는 상황에서 그 사건을 예측 가능한 사건으로 생각한다. 그리고 대상들이 속성을 갖는 일 외에 변화를 겪는다고 말할 어떤 필요성을 인정하는 철학자는 거의 없다. 러셀은 변화에 대한 정의를 제시하는데, 이 정의에 따르면 어떤 속성을 획득하는 일은 그 속성을 갖지 않았다가 그 뒤에 그 속성을 갖는 일이다. 그렇다면 테아이테토스가 앉게 됨에 대한 만족스러운 설명은 그가 앉아 있지 않다가 그 뒤에 앉게 됨을 설명할 것이다.

이 현재의 정설 가운데 인간 행위가 인과적으로 야기된 물리적 사건과 똑같은 방식으로 설명되어야 한다는 신조는 가장 극적이다. 이 신조는 우리를 인간 존재에 대한 극단적인 물리주의적 견해에 물려 들어가게 하는 것처럼 보인다. 그러나 장엄하면서도 내용이 충실한 철학 이론들은 순수하게 학문적이고 전문적인 것처럼 보이는 결정에서 튀어나온다. 인과적 설명은 필연적인 것이 아니라 단지 규칙적이거나 예측 가능한 사건을 보여주는 것으로 생각되기 때문에 인간 행위에 적용될 수 있는 것처럼 보인다. 그리고 만일 어떤 변화가 나타나는 것은 단지 어떤 속성이 예화되면서 다른 시간에는 예화되지 않는 것이라면, 인과적 설명에 대한 바로 그러한 개념이 우리에게 강요된다. 그렇다면 세계 역사는 많은 사건 발생의 원자들, 또는 제1장에서 기술된 이론에서 불렀던 것처럼 원자사실들로 분해된다. 이 원자들 사이의 연관 대신에 우리는 또 다른 원자만을 발견할 수 있으며, 우리가 상상해볼 수 있는 유일한 종류의 이해는 유형과 규칙성을 감지하는 일이다(그래서 Mackie, 1974, 217면). 그렇다면 나는 변화에 대한 이 견해에서 시작하여 대안을 제안할 것이다. 이 장의 나머지는 인과적 설명에 대한 분석이며, 합목적적 행위가 달리 설명되어야 하는지의 문제는 제7장으로

미룰 것이다.

6.2 존재와 생성

변화란 '어떤 존재자와 시간 T에 관한 명제와 똑같은 존재자와 시간 T'에 관한 명제가 T가 어떤 시간에 나타나고 T'가 다른 시간에 나타난다는 사실에 의해서만 차이가 있다고 한다면, 두 명제의 진리성과 허위성 측면의 차이' 라고 러셀은 말한다(1903, s. 442). 그가 의미하는 것은 '그 토마토가 일요일에 붉어졌다' 는 명제와 '그 토마토가 수요일에 붉어졌다' 는 명제로 예증할 수 있다. 만일 전자가 그르고 후자가 옳다면, 그 토마토는 붉어졌으며, 이것이 바로 토마토가 붉어지기 위해 존재하는 모든 것이라고 러셀은 제안한다. 그의 설명은 변화를 통째로 폐지하고 순간적인 사태들로 그것을 대신하려는 것이다. 계속해서 그는 '우리는 운동 상태라는 개념을 완전히 거부해야 한다. 운동이란 단지 다른 시간에 다른 장소를 점유하는 일로 이루어진다' 고 말한다(s. 447). 그리고 운동에 대해 들어맞는 것은 다른 종류의 변화에도 들어맞는다.

이 설명은 운동과 운동을 만듦(making of a movement)의 구별을 무시하지만, 러셀은 만들어진 운동이 차지한 장소들의 집합이고 운동을 만듦은 점유하는 일의 집합이라고 말함으로써 이 구별을 수용할 수도 있을 것이다.

운동을 이처럼 다른 시간에 다른 장소에 있음으로 환원시키고 나면 우리는 다음과 같이 물을 수 있다. '얼마나 많은 장소?' 내가 런던에서 파리로 간다고 해보자. 만일 내가 유한한 수의 중간 장소들만을 차지한다면, 그 장소들 사이에는 틈이 있을 것이며, 나는 그러한 틈들을 즉시 뛰어넘어야 할 것이다. 그래서 나의 운동은 갑작스러운 움직임이 될 것이다. 그러한 갑작스러운 움직임은 아주 작아서 누구도 알아채지 못하지만, 세계는 여전히 약간 다른 위치에 있는 인물들에 대한 일련의 스틸 촬영을 연달아 투사하는 영사기 필름과 비슷할 것이다.

러셀은 중간의 장소들이 유한한 수라고 말하는 쪽을 선호한다. 만일 운동이 연속적인 것으로 생각되고, 그가 운동 개념을 분석하고자 한다면, 그는 그렇게 말해야 한다. 그러나 운동은 장소-점유로 환원된다. 그렇다면 내가 파리에 가는 일은 일방적으로 내가 중간 시간에, 중간 장소에, 있는 일에 의존해야 한다. 그래서 각각의 장소-점유는 논리적으로 다른 모든 장소-점유와 독립적이어야 한다. 그래서 연속적 변화는 논리적으로 독립적인 사건 발생이나 실존이 무한히 많을 경우에만 가능하다.

그것이 실제로 가능한가? 수학자들은 무한히 많은 유한수가 있다고 가정해야 하지만, 22914895나 심지어 3이 실존하는 실제적인 것이라는 것은 전혀 분명하지 않다. 실제적인 것들, 즉 수소 원자나 지구의 자전 같은 것들에 대해 있을 수 있는 어떤 수가 유한해야 한다는 것은 적어도 논증할 수는 있다(여기서 내가 논증을 펼치지는 않겠지만). 만일 그 말이 옳다면, 러셀의 분석은 연속적 운동을 불가능하게 만든다.

러셀의 설명에 대한 어떤 대안이 있는가? 데이비드슨(1980, 논문 6)은 변화가 다른 시간에 다른 장소에 있음으로 환원되기는커녕 실존하는 대상과 일어나는 변화가 실제적인 것의 둘 이상 또는 미만의 동등한 범주를 형성한다고 제안한다. 만일 내가 '그 토마토는 붉었다' 고 말한다면, 나는 이 토마토가 있었고, 그것이 붉었다고 말하는 것이다. 만일 내가 '그 토마토는 붉어졌다' 고 말한다면, 나는 그 토마토의 붉어짐이라는 어떤 변화가 일어났다고 말하는 것이다. 나는 '토마토는 붉었다' 에서 내가 토마토를 언급하는 만큼 이 변화를 언급한다.

어떤 목적에서 데이비드슨의 방식으로 변화에 대한 보고를 분석하는 것은 유용하다. 그러나 대상과 변화 사이에 진짜 유비는 없다. 실존하는 대상은 개별자이다. 반면에 일어나는 변화는 보편자이다. 일어나는 변화는 실현될 수 있는 많은 것의 가능성이다. 그리고 그러한 변화의 많은 일어남이 있을 수 있다. 어떤 변화의 특정한 발생은 개별자이며, 언급될 수 있다. 나는 '기원전 55년에 카이사르가 그 해협을 건넌 것은 험난한 일이었다' 고 말할 수 있다. 그러나 이것은 변화에 대한 보고가 아니다. '카이사르는 기원전 55년에 그 해협을 건넜다' 가 변화에 대한 보고일 것이다. 그리고 이 보고에서 나는 건넌 일을 언급하는 것이 아니라 카이사르만을 언급한다.

만일 내가 어떤 대상을 언급한다면, 나는 그것에 대해 무언가를 서술해야 한다. 내가 그 토마토가 붉어졌다고 말할 때 나는 토마토에 대해 무엇을 서술하는가? 앨빈 골드먼(1971, 769면)은 행위는 행위자의 술어나 속성이라고 말한다. 그렇다면 나는 붉어짐을 서술하는가? 화요일에 붉음이 월요일에 붉음과 다른 술어가 아닌 것처럼, 붉어짐은 붉음과 다른 술어가 아니다. 날짜가 적힌 속성이 없는 것처럼, 정적인 또는 동적인 속성도 없다. 만일 그런 속성이 있다면, 그 속성 역시 획득될 수 있을 것이다. 그 토마토는 존재할 뿐만 아니라 붉어짐의 예가 된다. 그리고 우리는 후퇴에 빠질 수밖에 없다.

그렇다면 '그 토마토가 붉어졌다' 에서 '-졌다' (became)는 화자가 서술하는 것을 결정하기 위해 '붉은' (red)과 결합하는 것이 아니다. 오히려 그것은 화자가 '붉은' 이 의미하는 색깔을 서술하는 방식을 결정한다. 어떤 대상이 어떤 속성을 가진다고 말하는 일과 그 대상이 그 속성을 획득하거나 잃는다고 말하는 일은 그 속성을 담화에 끌어들여 표현하는 다른 방식들이다.

그것들이 어떻게 다른가? 그것을 말하는 것은 변화가 무엇인지를 말하는 일이 될 것이다.

나는 설명되거나 설명이 요구되는 어떤 것에 대해 '피설명항' , 다른 어떤 것을 설명하기 위해 제시되는 어떤 것을 '설명항' 이라는 낱말들을 사용해 나타낸다. 이 전문 용어들은 어떤 것들이 설명과 이해에서 할 수 있는 역할을 의미한다. 이 용어들을 통해 나는 내 변화 이론을 두 문장으로 제시할 수 있다. '그 토마토가 붉어졌다' 에서 색깔 붉음은 인과적 피설명항으로 서술되고 표현된다. '그 토마토는 붉었다' 에서는 색깔 붉음이 인과적 피설명항으로서가 아니라 일종의 비인과적 설명항, 즉 작용이나 무작용의 이유로서 표현된다. 이 주장들 중 첫 번째 주장은 두 부분을 갖는다. (1) 만일 내가 어떤 속성을 가진 것이 아니라 획득된 것으로 생각한다면, 나는 그 속성을 인과적 피설명항으로 생각한다. (2) 만일 내가 어떤 속성을 인과적 설명을 갖거나 요구하는 것으로 생각한다면, 나는 그 속성을 가진 것이 아니라 획득된 것으로 생각한다. 나는 이 부분들을 다시 살필 것이다.

1. 내가 5년 전에는 당신보다 무거웠는데, 지금은 당신이 나보다 더 무겁다고 하자. 러셀의 기준은 변화가 일어났다는 것을 보여주지만, 당신에게 변화가 일어났는지 나에게 일어났는지 또는 둘 다에게 일어났는지는 보여줄 수 없다. 우리 각자는 다른 사람에 상대적으로 변화했지만, 만일 내가 이전 체중 그대로이고 당신은 이전보다 더 무거워졌다면, 당신만이 실제로 변한 것이다. 그러나 당신이 이전보다 더 무거워졌는지를 결정하는 것은 무엇인가? 당신의 체중은 우주에 있는 다른 모든 것(또는 표준 킬로그램)에 상대적인 것인가? 나는 다른 것들에 상대적인 당신의 변화가 당신에게 미친 원인 작용에 기인하는 한 당신이 실제로 변했다고 제안한다. 만일 그 말이 올바르다면, 어떤 대상이 어떤 속성을 획득하는 일은, 그것이 그 대상의 진정한 변화일 때, 언제나 그 대상이 그 속성을 획득하게 되는 일이다.

흄의 추종자들은 우리가 어떤 대상이 붉어진다는 것이 무엇인지에 대해 명료한 생각을 가지고 있지만 어떤 대상이 붉게 만들어진다는 것이 무엇인지에 대해서는 아무런 생각이 없다고 이의를 제기할 것이다. 나는 이 반론의 부정적인 부분을 제6.3절에서 논박할 것이다. 여기서는 나는 이의 제기자들에게 붉어짐을 야기함과 다른 것으로서의 어떤 대상의 붉어짐에 대해 그들이 갖는 비러셀주의적 관념이 무엇인지 말하라고 요구할 것이다. 만일 관념들이 회화적 표상 모델로 생각된다면(이것은 그것들을 생각하는 표준적인 경험주의적 방식이다), 우리는 어떤 대상이 어떤 속성을 갖는 일과 다른 것으로서의 그 대상이 그 속성을 획득하는 일에 대해 아무것도 알지 못한다. 나는 우리가 어떤 변화가 어떻게 영향을 미칠 수 있는지를 이해하는 한 그 변화에 대해 좀 안다고 말한다.

내가 어떤 대상을 어떤 속성을 획득하는 것으로 생각한다고 말할 수 있는 다양한 상황이 있다. 나는 내 피부가 갈색이 되기를 원할 수 있다. 그러면(제7장에서 논의할 것처럼) 나는 이 변화를 야기하고 싶어 하거나 적어도 그 변화를 금지하는 것을 싫어해야 한다. 그래서 나는 그 변화를 야기할 수 있거나 금지할 수 있는 것으로 생각해야 한다. 또는 '여기 햇볕이 잘 드는 코르푸 섬에서 내 피부는 갈색이 되고 있다' 고 혼잣말할 수 있다. 벤들러(Z. Vendler, 1957, 145면)는 그러한 표현들이 암암리의 예측이라고 주장했다. 만일 내 피부가 상당한 정도의 구릿빛 색조에 이르지 못한다면, 내 사고는 '그른 것으로 판명될 것이다' 그것은 올바를 수 없다. 만일 그것이 올바르다면, '내 피부는 갈색이 되어가고 있었지만, 내가 영국으로 소환되었기 때문에 갈색이 되지 않았다' 는 자체모순일 것이다. '내 피부는 갈색이 되고 있다' 는 확실히 '이아니스의 피부는 갈색이다' 와 다르지만, 그 차이는 그 말이 예언의 말이라거나 그 진리성이 몹시 불안정한 상태에 있다는 것이 아니라 그 말이 인과적이라는 것이다. 그래서 만일 어떤 것(태양)이 내 피부로 하여금 특정한 속성을 획득하도록 만들고 있다면, 그 말은 옳다.

내가 건포도가 정상적으로 익은 자두 크기로 변함으로써 가지가 휜다고 생각한다면 어떤가? 확실히 나는 건포도의 크기의 변화를 피설명항이 아니라 설명항으로 생각한다. 맞다. 그러나 엄밀히 말해 가지의 변형의 원인이라고 할 수 있는 것은 건포도가 겪는 변화가 아니라 이 변화를 겪는 일이며 — 인과적 사고에서 이 구별의 중요성은 아래에서 설명할 것이다 — 내가 건포도를 다른 크기가 아니라 이 크기로 변한다고 생각하는 한 나는 어떤 것이 건포도가 그 특정한 크기가 되도록 만들고 있다고 생각해야 한다.

2. 다음과 같이 표현될 수도 있다. 인과적 이해의 경우에 어떤 사물의 속성을 이해하는 일은 그 사물이 그 속성을 갖는 일이 아니라 그 속성을 획득하는 일을 이해하는 일이다. 홈즈는 일상의 대화에서 '왓슨은 아프가니스탄에서 복무했기 때문에 갈색 피부야' 라고 말할 수 있지만, 이때 그는 왓슨을 내내 갈색 피부였던 것으로서가 아니라 갈색 피부가 된 것으로 생각해야 한다. 마찬가지로 원예에 경험이 전혀 없는 어떤 사람이 토마토가 녹색이 아니라거나 붉은 색이 아니라는 사실에 놀라는 것은 그 토마토가 녹색이 되기를 멈추거나 붉은 색이 되지 않음에 놀란 것이다.

당신이 '그 그릇은 자기이기 때문에 깨지기 쉽다' 고 말하는 경우는 어떤가? 깨지기 쉬움은 힘, 즉 어떤 원인 작용에 의해 일정한 방식으로 변화하기 쉬움이라는 힘이며, 힘은 내가 그 말을 사용하는 좁은 의미에서 속성이 아니다. 더 나아가 나는 어떤 힘을 가짐과 어떤 재료로 구성됨의 관계가 일반적으로 인과적 관계가 아니라 논리적 관계라고 논증하게 될 것이다. '저것은 자기이다' 고 말할 때 당신이 의미하는 것은 타격을 했을 때 그것이 박살날 것이라는 것이다. 때로 어쩌면 '그것은 이 재료를 포함하기 때문에 그 힘을 갖는다' 형태의 설명은 인과적 설명이다. 그러나 그러면 실제로 설명되는 것은 그 힘을 획득하는 일이나 그 힘을 가진 어떤 것이 존재하게 되는 일인데, 예를 들면 '저 음료는 내가 거기에 럼주를 타 넣었기 때문에 취하게 한다' 가 그렇다.

내 이론의 두 번째 주장, 즉 어떤 속성을 갖는 일로 생각하는 일은 그 속성을 이유로 생각하는 일이라는 주장은 이유 개념을 명료화하기까지는 적절하게 옹호될 수 없지만, 나는 여기서 내 말이 의미하는 것의 지표를 제시할 수 있다. 만일 내가 토마토의 붉음 때문에 그 토마토를 고른다면, 나는 그 토마토를 붉어짐이 아니라 오히려 붉음으로 생각한다. 러셀은 만일 수요일에 붉다는 이유에서 그 토마토를 고르고, 일요일에는 붉지 않았다는 이유로 그 토마토를 고르는 일을 삼갔다면, 그는 그 토마토가 붉지 않았다가 그 뒤 붉다고 생각한다.

홈즈가 '토마토가 붉었기 때문에 당신이 토마토 위의 피를 보지 못한 것 아닙니까?' 라고 말하는 경우는 어떤가? 나는 붉음이 이유로서가 아니라 인과적 요인으로 제시된다는 데 동의한다. 게다가 그것은 피설명항으로서가 아니라 일종의 인과적 설명항 — 그것이 없었다면 피가 내 눈에 좀 더 뚜렷한 영향을 미쳤을 조건 — 으로 표현된다. 그리고 나는 어떤 사람의 사고에서 이런 종류의 원인으로 보이는 것이 어떤 종류의 이유로 보이기도 한다고 나중에 논할 것이다.

그것은 내 이론의 첫 윤곽 정도로 쓸만한 것임이 틀림없다. 이제 몇 가지 반론을 살펴보자.

첫째, 나는 토마토의 붉음과 토마토의 붉어짐의 차이가 하나의 어떤 것, 즉 토마토의 붉음이 우리의 사고와 담화에 들어오는 방식에 있다고 말하고 있는 것처럼 보인다. 그것은 러셀의 환원주의보다도 더 나쁜 것임이 확실하다. 러셀은 변화를 제거하지만, 내 생각에 존재도 생성도 객관적으로 실재하는 것은 아니다. 왜냐하면 그렇게 되었을 때 철학적 관념론이 최고 이론이 되지 않겠는가?

반드시 그런 것은 아니다. 우리의 사고와 독립적으로 있음과 있지 않음, 또는 생성과 생성되지 않음 사이에 어떤 차이가 있다는 것을 부정하는 것은 관념론일 것이다. 나는 그것을 부정하지 않는다. 심지어 나는 이를테면 붉음과 붉어짐 사이에 차이가 있다는 것도 부정하지 않는데, 왜냐하면 만일 어떤 대상이 붉어지고 있다면 그것은 이미 붉은 것이 아니기 때문이다. 내 주장은 한편으로 있음과 있지 않음과 다른 한편으로 생성됨과 생성되지 않음 사이의 차이가 정신 의존적이라는 것이다. 어떤 대상의 붉음이 인과적 피설명항으로서 당신의 사고에 들어올 때 당신이 그 대상이 붉어졌다거나 붉어질 것이라고 생각한다고 말하면 올바르다. 그 대상이 이유로 등장할 때는 당신이 그 대상이 붉다거나 붉었다거나 붉게 될 것이라고 생각한다고 말하면 올바르다. 만일 내가 41면에서 주장한 대로 대상과 변화가 다른 것이라면 바로 이런 종류의 정신 의존성이 예상된다.

둘째, 나는 이유와 원인 개념을 통해 존재와 생성의 차이를 설명하기를 희망한다. 몹시 미심쩍은 이 개념들이 무사히 견뎌낼까?

만일 이유가 단지 특별한 종류의 원인이고, 어떤 것을 인과적으로 이해하는 일이 그것이 규칙적 현상임을 아는 일이라면, 내 이론은 이런 것으로 귀착될 수도 있다. 우리가 토마토의 붉음을 어떤 상황에서 규칙적으로 따라 나오는 것으로 생각할 때 우리는 그 토마토가 붉어진다고 생각하며, 토마토의 붉음을 어떤 규칙적 귀결을 갖는 것으로 생각할 때 우리는 그 토마토가 붉다고 생각한다. 나는 그러한 이론을 구매하는 사람이 많기를 기대해서는 안 된다. 그러나 이제 나는 인과성에 대한 이 견해를 공격하여 더 나은 견해로 대치하고 싶다.

6.3 원인적 작인, 원인 작용, 원인 조건

어떤 사건을 이해한다는 것이 그 사건이 예외적 사건이 아니라 어떤 규칙성이나 법칙에 따른 사건이라는 것을 알기 위해 어떤 유형에 들어맞게 한다는 것이라는 생각은 많은 철학자를 사로잡아왔다. 그러나 만일 우리가 잠시 그러한 주문에서 해방될 수 있다면, 그 생각의 부적합성은 꽤 분명하게 드러난다.

어떤 것을 이해하는 일은 사실상 그 사건을 규칙적인 것으로 보는 일이나 예측할 수 있는 일과 똑같지 않다. 우리는 종종 어떤 규칙성, 이를테면 이혼과 암 사이의 상관관계를 주목하는 일에서 시작하며, 나중에 가서야 그 사건을 이해하게 된다. 원시인들은 월식을 이해하지 않고도 그것을 예측할 수 있었다. 그리고 반대로 누군가가 죽으면, 비록 우리가 그 죽음을 예측할 수 없다 할지라도 우리는 종종 그 죽음을 이해할 수 있다. 하레(Rom Harré)는 이런 주장 및 그 비슷한 주장을 『과학적 사고의 원리』(*Principles of Scientific Thinking*, 1970, 제1장)에서 강력하고 설득력 있게 제시하였다.

그러나 그 생각의 부적합성은 더 깊이 들어간다. 인과성에 대한 규칙성 견해는 물질적 대상에게서 모든 진짜 인과적 힘을 박탈하며, 물질적 대상에 오로지 기하학적 속성과 속도만을 남긴다. 인과적 사고가 이와 같이 해석되기 시작했던 17세기에 물질적 대상은 사실상 기하학적 고체인 입자적 원자들의 집단으로 생각되었다. 좋은 이유들 때문에 물리학자들은 입자적 원자 개념을 삭제했다. 그러나 세계의 기본 틀, 즉 고대 원자론자가 『사물의 근본원리』(*primordia rerum*)라 불렀던 것에 대한 그들의 생각은 수학적인 것으로 남아 있었다. 그들의 야심은 여전히 물리적 현상을 가능한 한 우리가 수와 기하학적 도형의 속성을 설명하는 방식으로 설명하는 것이며, 세계에 대한 그들의 시각은 내가 제1장에서 기술했던 원자주의적 철학 이론의 대응물이다. 많은 과학자와 철학자에게 세계를 보는 이 방식은 종교적 신성함을 가지고 있다. 이 방식에 대해 그들이 생각할 수 있는 유일한 대안은 속도와 천체의 배치가 직접적으로 신의 의지에 의존한다고 보는 강력한 유신론적 시각(우리가 실제로 말브랑슈(Malebranche)에게서 발견하고, 이보다 정도는 덜하지만 데카르트에게서 발견하는 것과 같은 시각)이다. 우주에서 신의 목적을 추방하는 결정을 내리면서 그들은 규칙적인 시공간적 결합을 넘어서는 모든 종류의 인과성을 쓸모없는 것으로 만든다.

세계에 대한 이 그림은 어느 쪽인가 하면 어떤 지도가 시골의 어떤 지역에 대해 맺는 관계처럼 세계와 관계를 맺는다. 어떤 목적상 지도는 푸생(Nicolas Poussin)이나 콘스터블(John Constable)의 그림보다 더 유용할 수 있지만, 화가는 지도제작자가 알려줄 수 없는 것을 말해줄 수 있으며, 지도제작자가 보여줄 수 있는 것만이 실재한다고 상상하는 사람은 누구라도 시골에 대해 심각한 결함이 있는 생각을 갖게 된다. 물리적 세계는 인과적 힘을 가진 대상들을 포함한다. 이 대상들은 명확한 원인 작용으로 다른 것들에 변화를 야기할 수 있고, 다른 것들로 야기되는 변화를 겪는다. 이것을 믿지 않는다는 것은 물리적 세계에 대해 심각한 결함이 있는 생각을 갖는다는 것인데, 이 생각은 결국 생명 없는 자연과 다른 살아 있는 유기체 모두에 대한 우리의 태도에 영향을 미칠 것이다. 기하학적 속성만이 실재한다는 것은 그른 철학적 믿음이며, 그른 철학적 믿음은 피나 뼈의 나쁜 상태만큼이나 충분히 위험한 나쁜 심리적 상태다.

그렇다면 우리는 인과성에 대해 어떻게 하면 더 나은 이해에 도달하는가? 다른 곳에서 그랬던 것처럼 여기서도 우리는 언어적 관찰에서 시작한다.

우리는 '원인'이라는 명사를 적어도 세 가지 다른 종류의 것에 적용한다. 다른 대상에 변화를 일으키는 물질적 대상은 원인적 작인(causal agent)의 의미에서 원인이다. 이런 의미에서 태양은 어떤 물의 증발의 원인일 수 있으며, 나는 어떤 점토 덩어리를 밟을 때 그 점토 덩어리 모양의 변화의 원인이다.

둘째, 어떤 작인이 어떤 변화를 일으키는 작용을 그 변화의 원인이라고 한다. 그래서 내가 점토를 누르는 일은 점토의 모양 변화의 원인이며, 태양이 물 위에 비치거나 물을 가열시키는 것은 물 증발의 원인이다.

마지막으로, 어떤 원인 작용의 효과성의 필요조건이 '원인'이라 불릴 수 있다. 만일 불붙은 담배를 떨어뜨림으로써 내가 숲을 불타게 한다면, 풀의 건조함은 이런 식으로 파괴의 원인이다. 그래서 그 풀이 마르지 않았다면 내 행위는 나무들에 이러한 변화를 가져오지 않았을 것이다. 그 위에 묻은 피를 감지하지 못하게 만드는 토마토의 붉음(앞의 153~154면) 역시 이런 종류의 원인 요인이며, 이 요인은 비효과성의 충분조건이다.

규칙성 이론은 이런 구별들을 끌어내지 못하는 데서 자라나온다. 흄은 원인 작용과 원인적 작인을 혼동했다. 어떤 작인이 어떤 변화를 일으킬 때는 언제나 그 작인이 그 변화를 일으키는 어떤 작용이 있어야 한다. 그 작용은 작인과 피설명항을 연관 지으며, 원리적으로 관찰될 수 있다. 우리는 그 액체가 어떻게 리트머스 시험지를 붉게 만드는지 분명하게 안다. 그 액체는 리트머스 시험지를 촉촉하게 적시거나 스며듦으로써 붉게 만든다. 3월 15일에 로마를 방문함으로써 우리는 브루투스가 어떻게 카이사르의 몸에서 생명 과정을 막는지를 보며, 만일 제대로 준비가 갖추어져 있다면 우리는 그와 카이사르의 죽음을 연관 짓는 작용(행위)을 비디오로 녹화할 수 있다. 흄은 어떤 작인이 어떤 결과를 산출하는 작용과, 어떤 작인과 어떤 결과 사이에 존재하는 그 결과 사이에 성립하는 종류의 연관을 추구했는데, 그 연관을 발견하지 못하자 산출 개념이 공허하다고 결론지었다. 그러나 그는 불가능한 것을 추구하고 있었다. 원인 작용으로 하여금 변화를 일으키게 만드는 작용은 있을 수 없으며, 그 작용은 아무것도 하지 않는다. 그래서 태양과 증발 사이에 존재하는 것과 같은, 태양의 작용과 웅덩이 물의 증발 사이에 연관은 없다.

흄은 일상적 사고에서는 원인이 결과를 산출하면서 동시에 원인이 결과를 동반한다고 상상했다. 잘못된 분석이다. 우리는 원인적 작인이 결과를 산출하지만 그것이 결과를 동반하지는 않는다고 생각한다. 태양은 하늘을 이동함에 따라 웅덩이 물의 증발을 동반하지 않으며, 스코틀랜드를 통치하면서 맥베스가 죽음들을 동반한 것도 아니다. 반면에 원인적 작용은 어떤 결과를 동반할 수 있지만, 그것을 산출하지는 않는다. 밀(*System of Logic* III v 2~3)도 똑같은 과오를 범했으며, 피설명항의 진짜 원인과 그 발생의 충분조건들의 완전한 집합을 동일시함으로써 그 과오를 범했다. 하지만 그것은 원인 작용과 인과적 조건을 혼동한 것이다.

원인적 작인은 대상이고, 원인 작용 조각은 어떤 종류의 사건이나 발생이며, 원인 조건은 사태다. 그렇게 다른 것들이 어떤 피설명항과 똑같은 방식으로 관계되어 있어야 한다는 것은 불가능하다. 분석에 가장 많이 요구되는 관계는 원인 작용과 그것에서 기인하는 변화 사이의 관계이다. 우리는 '데카르트는 밀랍을 가열함으로써 그 밀랍을 액체가 되게 만들었다' 고 말한다. 이 설명이 타당하다면 가열은 액체로의 변화와 어떻게 관계되어 있어야 하는가?

일상의 담화에서 인과적 설명은 다양한 형태를 띤다. 몇 가지 예를 제시해보자.

1. 두 전선이 접촉했기(과정의 끝) 때문에 집에 불이 붙었다(과정의 시작).
2. 온도가 20도 상승했기(완성된 과정) 때문에, 또는 60초 동안 가열되었기(야기함으로 표현된 과정의 진행됨) 때문에 밀랍이 고체에서 액체로 변했다(완성된 과정).
3. 오디세우스는 화살을 쏨으로써 안티노우스의 죽음을 야기했다(시공간에서 분리된 원인과 결과).
4. 오셀로는 베개를 누름으로써 데스데모나의 죽음을 야기했다(셰익스피어의 설명과 반대로 공간적으로 분리된 것이 아니라 시간적으로 분리

된 원인 뒤의 결과).

우리가 모든 경우에 똑같은 관계를 기대할 수는 없다는 것은 명백하다.

종종 설명항은 피설명항을 그럴듯하거나 심지어 가능하게 만드는 것보다는 덜 불가피한 것으로 만드는 것이다. 우리는 또한 변화의 비발생(비록 그 변화를 야기하는 어떤 것이 있는 경우에만 그렇다 할지라도)을 설명하는데, 여기서 설명항은 불가능하거나 있음직하지 않은 것으로 금지된 변화가 될 것이다. 현재 우리의 목적상 변화가 불가피한 것이 되는 세 가지 경우를 살피는 것으로 충분할 것이다.

6.4 원인 작용과 물질

우리는 종종 어떤 작인이 어떤 시간 동안 어떤 대상에 영향을 미침으로써 그 대상의 변화를 불가피하게 만든다고 생각한다. 익숙한 방식의 원인 작용은 밀기, 끌기, 가열하기이다. 우리는 '엔진이 두 시간 동안 그 객차를 끌었기 때문에 그 객차가 런던에서 뉴욕까지 200마일 거리를 움직였다' 거나 '내가 2분 동안 버터를 가열했기 때문에 그 버터가 불투명한 고체에서 투명한 액체 상태로 변했다' 고 말한다. 지금부터 나는 '원인' 이라는 명사를 원인 작용 조각들에 대해서만 사용할 것이다. 내가 '유형-I' 의 설명이라 부를 이 설명들에서 원인과 결과는 정확히 동시적이다. 객차는 엔진이 그것을 끈 시간에 그 거리를 움직인다. 만일 원인과 결과가 동시적이라면 역사는 하나의 운동으로 끼워 넣어질 것이라고 흄은 논했지만(1888, 76면), 그는 모든 원인과 결과가 순간적 사건이라고 생각했다. 나의 유형-I 설명에서 그 사건들은 어떤 시간적 한계를 갖는다.

동시적이라는 것 외에 그 사건들은 공간적으로 일치한다. 그러나 두 변화는 어떤 것이 다른 것의 원인이 되지 않고도 시공간적으로 일치할 수 있다. 오븐에 있는 어떤 빵조각이 동시에 갈색으로 변하고 뒤틀릴 때 두 변화 모두 가열하기의 결과이며, 만일 어떤 대상이 동시에 색깔이 변하고 회전한다면 이 변화들은 서로 다른 원인의 결과일 수도 있다. 그렇다면 어떤 원인 작용 조각이 변화의 유형-I 원인이 되기 위해 시공간적 일치 외에 만족시켜야 하는 또 다른 조건은 무엇인가? 나는 그 조건이 그 변화의 진행됨이어야 한다고 제안한다. 가열의 순간들은 버터가 고체에서 액체로 변화가 발생하는 일이다. 이 제안은 논란의 여지가 있다. 그러니 이 제안에 대해 제기될 법한 몇 가지 의심과 의문을 살펴보기로 하자.

우리가 인과성에 대해 규칙적 출현 외에 아무것도 알지 못한다고 주장하고 싶은 사람은 밀기, 끌기, 가열하기를 원인으로 제시하는 것이 선결문제 요구의 오류를 범한다고 불평할 수 있다. 왜냐하면 가열하기는 정의상 어떤 것을 더 뜨거워지도록 야기하는 일이기 때문이다. 밀기와 끌기 역시 야기함의 방식으로 생각되는 것처럼 보인다. 그래서 어떤 작인이 밀기, 끌기, 가열하기에 의해 어떤 변화를 야기한다고 말하는 것은 공허하거나 후퇴에 빠진다는 것이다.

우선 그 말이 공허하다고 보기는 거의 어렵다. 가스가 가열함으로써 버터를 녹도록 야기한다는 것은 공허한 동의어반복 항진진술이 아니다. 우선 가스는 종잇조각을 가열함으로써 그것을 녹게 야기하지는 않을 것이다. 그러나 어떤 작인이 또 다른 변화를 야기함으로써만 어떤 변화를 야기할 수 있다고 말하는 것은 실제로 후퇴에 빠지는 일이 될 것이다. 그런 상태로 야기함은 결코 시작도 될 수 없다. 그러므로 기본 유형-I 원인은 야기함으로뿐만 아니라 변화를 겪음으로서도 기술될 수 있어야 한다. 밀기와 끌기는 그렇게 기술될 수 있다. 객차를 미는 엔진은 객차와 접촉하면서 객차 쪽으로 움직인다. 객차를 끄는 엔진은 객차와 접촉하면서 객차 반대쪽으로 움직인다. 내 견해에서 엔진은 그 운동이 정말로 객차 운동의 진행됨이라면, 밀기로 객차의 운동을 야기한다. 한 대상이 다른 대상을 가열할 때(내 손이 이 브랜디 잔을 가열하듯이) 전자는 더 차가워지거나 후자의 부근에서 열이나 에너지의 손실을 겪게 되며, 이러한 변화를 겪음은 가열된 것에서 그 변화를 야기함이나 그 변화가 진행됨으로서 제시될 수 있다.

그렇다면 유형-I 설명에서 작인에서의 어떤 변화의 진행됨은 설명되는 변화의 진행됨으로서 제시된다. 우리가 여기서 동일성을 주장하고 있는가? 그것은 다음 이유로 불가능해 보일 수도 있다. 동일성은 '대칭'이라 불리는 관계다. 그래서 만일 A가 B와 동일하다면, B는 A와 동일하다는 결론이 따라 나온다. 그러나 인과성은 반대칭적이다. 그래서 만일 A가 B의 원인이라면, B는 A의 원인이 아니라는 결론이 따라 나온다. 따라서 원인과 결과 사이의 관계는 동일성 관계일 수 없다.

이 논증은 적절하지 않다. 왜냐하면 설명되는 결과는 일어나는 변화이지 변화의 진행됨이 아니기 때문이다. 이 점은 아래 제6.7절에서 입증될 것이다. 만일 내가 '그 활은 사수의 오른손이 뒤로 움직였기 때문에 굽어졌다'고 말한다면, 결과는 활에서 진행된 변화이고, 원인은 손의 움직임이다. 문제는 내가 손의 움직임과 활에서의 결과를 동일시하는지가 아니라 내가 손의 움직임을 그 결과의 진행됨과 동일시하는지 하는 것이다.

그럼에도 나는 답이 '아니오'라고 생각한다. 손의 움직임이 모양의 변화의 진행됨과 동일하다고 주장하는 것이 아니라 오히려 나는 손의 움직임을 그 변화의 진행됨으로서 제시한다. 'Φ함으로써 A는 B를 f가 되도록 야기했다' 형식의 발언은 어떤 점에서 더 단순한 'B는 f이다'와 유사하다. 'B는 f이다'에서 'f'가 의미하는 속성은 B를 B가 예화하는 어떤 것으로서 언급하며, 우리는 'B는 f의 실례이다'고 말할 수 있다. 그러나 '…의 실례'는 여기서 우리가 서술하는 것을 결정하기 위해 'f'와 결합하는 것이 아니라 '이다' 와 결합한다. 다시 말해 우리는 예화를 서술하는 것이 아니며, '…의 실례이다' 는 '이다' 의 변형이다. 'Φ함으로써 A는 B를 f가 되도록 야기했다' 고 말할 때 우리는 B가 f가 됨을 A가 Φ함이 진행되는 어떤 것으로서 A를 언급한다. 우리는 'A의 Φ함은 B에서 f로의 변화의 진행됨이었다' (A's Φing was the going on in B of a change to f)고 말할 수 있다. 여기서 '진행됨' (the going on)이란 말은 우리가 A의 Φ함이 동일하다고 말하는 어떤 것을 언급하기 위해 'B에서 f로의 변화의' 와 결합하는 것이 아니다. 오히려 그 말은 'B에서 f로의 변화의' 가 A에 대해 표현하는 것을 언급할 수 있도록 하기 위해 '이었다' 와 결합한다. 그 문장의 구조는 다음과 같은 것이 아니다.

A의 진행됨은 / 이었다 / B에서 f로의 변화의 진행됨.

그 문장의 구조는 다음과 같다.

A의 진행됨은 / 이었다 B에서 진행됨 / f로의 변화의.

또는 심지어 다음과 같다.

A의 진행됨은 / 이었다 B에서 변화의 진행됨 / f로의.

속성 f는 A를 A 자체가 예화하는 어떤 것으로 언급하는 것이 아니라 그것의 변화가 다른 어떤 것에 변화를 야기하는 어떤 것으로서 언급된다.

그러나 설령 유형-I 설명이 직접적인 동일성 주장이 아니라 할지라도, 여전히 원인과 결과는 시공간적으로 일치하는 것이다. 그렇다면 우리는 어느 것이 어느 것인지를 어떻게 결정하는가? 왜 말이 끌기를 통해 수레를 움직인다고 말하고, 수레가 밀기를 통해 말을 움직인다고 말하지 않는가?

답은 분명하다. 말의 이동, 즉 수레의 운동의 원인으로 제시된 것의 진행됨은 그 자체로 땅에서 발굽의 작용이나 다리에 대한 뇌의 작용으로 야기된다(고 우리는 생각한다). 우리는 말의 운동을 언급하지 않고 수레의 이동을 설명할 수 있을 경우에만, 예컨대 제3의 어떤 대상에서의 변화가 진행되고 있는 어떤 것으로서 제3의 대상을 언급할 수 있는 경우에만 우리는 수레가 말을 밀고 있었다고 말해야 한다.

여기서 후퇴가 나타나는가? A의 변화는 B의 변화의 원인인데, 그것은 B의 변화가 C의 변화의 결과이기 때문이다. C의 변화가 D의 변화의 결과이어야 하고, 이 과정이 무한히 계속되어야 하는가? 후퇴는 두 가지 방식으로 멈출 수 있다고 나는 생각한다. C의 변화는 야기된 것이 아니라 질량을 가진 한 물체가 다른 물체에 접근하는 경우처럼 자연스러운 일일 수도 있다. 그러한 가능성은 제6.6절에서 탐구할 것이다. 오늘날 많은 철학자가 인정하려 하지 않지만 제7장에서 탐구할 다른 가능성은 C의 변화의 진행됨이 목적론적으로 설명 가능하다는 것이다. 그래서 아마 사수의 손의 움직임은 목적론적으로 설명 가능할 것이다. 그러나 유형-I 설명에 대한 내 분석을 승인하기 위해 이 가능성들 중의 어느 쪽을 승인하는 것이 반드시 필요한 것은 아닌데, 내 분석에서는 단지 어떤 작용이나 변화 기간이 피설명항의 진행됨으로서 제시될 것만을 요구한다.

그렇지만 또 다른 난점이 있다. 우리는 어떤 대상에서 한 변화의 진행됨이 같은 대상에서 또 다른 변화의 진행됨과 동일하다는 것을 허용할 수 있다. 같은 대상은 다른 속성들의 실례일 수 있는데 — 오븐 속의 토스트는 갈색의 실례이면서 뒤틀린 모양의 실례이다 —, 만일 같은 작용으로 두 가지를 획득하는 일이 야기된다면, 전자의 변화의 진행됨은 후자의 변화의 진행됨이다. 그러나 나는 유형-I 설명에서 우리가 한 대상에서 변화의 진행됨이 다른 대상에서 변화의 진행됨이라고 주장한다고 말하는데, 그것은 이해하기 어려운 것처럼 보일 수도 있다.

그것을 이해하기 어렵다는 것을 발견한다는 말은 단지 물질적 대상에 대해 생각할 수 없다는 말이라는 뜻이라고 생각한다. 세계의 다양한 종류의 물질 — 공기, 물, 금, 방풍 유리 등 — 은 인과적 힘으로 정의된다. 어떤 대상이 특수한 질료 m으로 구성된다는 것은 그 대상이 어떤 작용으로 자신에게 야기되는 변화와 어떤 작용으로 다른 대상들의 변화를 야기하는 일을 겪을 수 있다는 뜻이다. 어떤 변화를 야기함을 규칙적인 방식으로 그 변화를 동반함으로 해석하는 사람은 이 말에 많이 동의할 수도 있다. 그러나 그 견해에 따르면 질료 m이라는 개념은 대상의 어떤 것이라는 개념이 아니다. 본래 대상은 사실상 규칙적인 방식으로 변화하는 기하학적 고체이다. 그러나 대상 속에서 그 변화를 설명하는 것은 아무것도 없다. 만일 양초 속의 어떤 것이 점점 더 뜨거워질 때 형체가 없어지거나 투명해짐, 또는 다른 대상이 그 가까이에 있을 때 열을 손실함을 설명하는 것이라면, 그것은 다른 대상에서의 변화가 그것에서 모양과 불투명성의 손실의 진행됨이 되는 식의 어떤 것을 포함하거나 그 어떤 것으로 구성되어야 한다. 밀랍은 그러한 구성요소다.

질료가 인과적 힘으로 정의된다는 내 진술은 퍼트넘이 고안한 사고실험으로 이의가 제기될 수 있는 것처럼 보인다(1975, 223면; 또한 Putnam 1988, 34~6면을 볼 것). 우리는 그것을 마시는 사람을 시원하게 하는 힘, 그것을 마신 사람을 취하지 않게 함, 섭씨 0도로 냉각했을 때 고체가 되기 쉬움을 물에 귀속시킨다. 그러나 우리는 표면적으로는 우리 지구와 닮은 멀리 떨어진 행성 쌍둥이 지구를 상상할 수 있다. 이 쌍둥이 지구는 강들이 이 모든 힘들을 가진 재료들로 채워져 있는데, 이 재료들은 비과학자들이 우리 지구의 물과 구별할 수 없지만 분자 구조는 다르다. 그 재료는 산소와 수소로 구성된 것이 아니라 이질적 원소 X와 Y로 구성되어 있다. 이 물질은 확실히 물이 아닐 것이다. 그래서 물이 된다는 것은 이러한 힘을 갖는다는 것이 아니다. 오히려 물이 된다는 것은 어떤 것이든 우리가 '물'이라고 부르거나 그 말을 처음 도입한 사람들이 '물'이라고 부르는 재료와 똑같은 내부 구조를 가진다는 것이다.

나는 이 논증이 우리가 '저것은 물이다'고 말할 때 우리가 주장하는 것의 부분이 그 재료가 이 구조를 가지고 있다는 것임을 보여주려는 것인지 별로 확신하지 못한다. 만일 아니라면, 나는 퍼트넘이 왜 그 논증을 재료-낱말의 의미와 관계가 있는 것으로 제시했는지 이유를 알지 못한다. 만일 그렇다면 나는 이 논증이 설득력이 없다고 판단한다. 우리는 세 가지 물음을 구별할 수 있다.

1. 우리는 물을 어떻게 생각하는가? 우리가 물에 필수적이라고 생각하는 구조, 힘 등등은 무엇인가?
2. 어떤 개념이 다른 어떤 것을 생각하는 일이 아니라 물을 생각하는 일이 되기 위해 만족시켜야 하는 조건들은 무엇인가?
3. 사실상 물이 어떤 구조, 힘 등등을 가지고 있는가?

(2)에 대한 답은 독창적인 어떤 견본을 언급하는 일을 포함할 것이다. 어떤 개념이 물 개념이 되기 위해서는 그 개념은 셰익스피어가 'water'라고 부르고 호메로스가 'hudōr'라고 불렀던 재료에 대한 개념이어야 한다. 그러나 (2)에 대한 답은 (1)에 대한 답의 부분일 수 없다. 우리가 생각하려고 노력하는 물 개념은 그 개념의 부분일 수 없다. 내가 이것을 믿는다는 것은 행성 화성에 관한 것이라는 말이 행성 화성에 관해 내가 믿는 것의 부분이 아닌 것처럼, 우리 조상들에게 알려진 재료라는 것은 내가 물이라고 생각

하는 것의 부분이 아니다(그래서 역시 Putnam, 1988, 26면 이하).

(3)에 대한 답은 일반적으로 개념적 분석이 아니라 경험적 탐구로 얻어진다. 그러나 그 탐구는 (1)에 대한 답에 영향을 미칠 수 있다. 우리는 '저것은 물이다'고 말할 때 의미하는 것을 살핌으로써 물이 무엇으로 구성되는지 발견할 수 없다. 그러나 그것이 무엇으로 구성되는지 발견하는 일은 우리가 의미하는 것에 변화를 가져올 수 있다. 물 같은 익숙한 재료에 대한 우리의 개념들(그리고 또한 약간 다른 방식이긴 하지만 익숙한 종류의 대상에 대한 개념들)은 불변의 개념도 아니고 전적으로 한정된 개념도 아니다. 왜 그런가 하는 것은 제9장에서 설명하고 싶다. 쌍둥이 지구의 재료가 H_2O가 아니라 X_2Y라는 것을 발견할 때 그것이 물인지 아닌지의 물음은 우리가 결정해야 할 문제가 된다. 그것이 셰익스피어가 알았던 재료와 똑같은 본성을 가진 경우에만 물이라는 것은 의심할 여지가 없다. 그러나 본질적인 것은 우리가 본질적인 것이라고 결정하는 것이다. 언젠가 수학자들이 물리학 연구를 하기를 희망하는 철학자들은 어떤 재료의 본성이 그 미시구조에 있어야 한다고 말할 수 있지만, 설령 그들의 희망이 합리적이라 해도 이런 일이 그 결과로서 뒤따르지는 않을 것이다. 구조의 차이는 인과적 힘의 어떤 차이를 포함해야 한다. 그렇지 않으면 그것들은 감지되지 못할 것이다. 그러나 만일 사물들이 모든 실제적 목적상 똑같은 인과적 힘을 가진 H_2O와 X_2Y로 구성되어 있다면, 우리는 두 종류의 물이 있다고 말할 수도 있다. 쌍둥이 지구의 강들은 스카만데르 강과 에이번 강과 똑같은 본질을 가진 재료를 포함하며, 우리는 그 재료를 포함하기 위해 우리의 개념을 완화시킨다. 만일 직접적으로 분명한 것은 아니라도 인과적 힘의 차이가 실제적으로 중요할 수 있다면, 아마 우리는 X_2Y로 구성되는 모든 것을 배제하도록 우리의 개념을 죄어야 할 것이다.

나는 질료를 인과적 힘에 의거해 정의하고 싶을 뿐만 아니라 그것들이 인과적 힘이라고 말하고 싶다. 데카르트 이래 철학자들은 인과적 힘 개념이 당혹스러운 개념임을 발견했는데, 그것은 그들이 인과적 힘을 속성 모델을 통해 생각하려 했기 때문이었다. 로크는 인과적 힘이 입자적 원자들의 기하학적이고 동력학적인 속성이라고 생각했다. 오늘날 철학자들은 입자적 원자 개념을 거부하지만, 여전히 대부분은 어떤 대상에 대한 어떤 작용이 어떤 결말을 갖는다는 것을 단순히 규칙적인 것이 아니라 불가피한 것으로 만드는 그 대상의 유일한 것이 어떤 종류의 미시구조라고 생각한다. 그러나 이 구조의 속성은 사실상 기하학적 추상물, 즉 세 가지(또는 그 이상의) 차원의 연장인 것으로 예화되어야 할 것이다. 강력한 유령 같은 이 추상물은 철학사에서 많은 현상을 만들어왔다. 예를 들면 플라톤의 공간, 중세의 제일 질료(prime matter), 데카르트의 연장된 실체, 로크의 실체(substratum), 칸트의 선험적으로 이상적인 실체 등이다(*Critique of Pure Reason*, A 284～5/B 340～1). 우리의 사고에서 그것을 쫓아내는 유일한 방법은 인과적 힘이 질료가 예화하는 속성이 아님을 인식하는 것이다.

'하나의 대상 안에서, 그 대상으로 인해 인접하는 변화들에 영향을 받는 그것은 무엇인가?' 라고 물을 때 우리는 처음의 '에서'(in)를 오해하기 쉽다. 우리가 추구하는 것은 그 대상이 예화하는 속성들로서가 아니라 그 대상이 구성되거나 포함하는 어떤 것으로서 그 대상에서 나타난다. 금, 목재, 와인, 수소는 그것들을 포함함으로써 그 이웃에 있는 것들이 변할 때 대상들이 불가피하게 변하게 되는 대상 안의 것들이다. 그것들은 대상들 속에서 대상들이 그것들로 구성됨으로써 그 대상들을 물리 체계에 속하게 만드는 것들이다.

우리는 물질-개념과 종류의 개념을 종류상 유사한 것으로 다룸으로써 이것을 깨닫지 못한다(그래서 Locke, *Essay* III vi 2～3뿐만 아니라 Putnam과 Kripke). 그렇다면 우리는 질료가 인과적 힘을 갖는 반면에 사실상 대상은 그 질료 때문에 인과적 힘을 갖는다고 말한다. 그리고 우리는 물질-개념이 일종의 대상 개념, 즉 인과적 중간 작인 종류의 개념이라고 말하는 것이 올바를 때 마치 질료의 종류와 대상의 종류가 있는 것처럼 이야기한다.

6.5 인과적 연속성

로크는 당구공의 상호작용을 우리의 힘 개념이 '불명료하다'는 것을 보여주기 위해 사용하고(*Essay* II xxi 4), 흄은 우리가 인과성에 대해 진정으로 아는 것이 없다는 것을 보여주기 위해 사용한다(1902A, 28~30면). 공 A가 두 번째 공 B와 접촉할 때 A는 B를 누르게 되며, 그래서 B는 모양이 변한다. B는 변형되었다가 재빨리 그 구형 모양을 회복함으로써 당구대에 상대적인 어떤 속도를 획득한다. 당구공 간의 이러한 교류는 인간의 눈으로는 감지될 수 없다(이 사실은 의심할 여지없이 로크와 흄을 당혹스럽게 만드는 데 기여했다). 그러나 만일 그런 일이 일어나지 않는다면, 두 번째 공은 지체 없이 상당한 속도를 획득해야 할 터인데, 이것은 이해할 수 있는 자연의 과정과 조화될 수 없는 불연속성이다(이 상황의 요점은 Harré, 1970, 285~7면에서 전개되어 있다). 실제로는 A가 B를 침과 B가 움직임 사이에는 모양 변화의 짧은 연결 과정이 있다.

B의 변형의 유형-I 원인은 충돌 후 A의 운동의 진행됨이다. 이것을 B가 모양이 변화하기 시작함의 인과적 설명으로 제시하는 것은 완전히 올바를 것이다. 그러나 우리는 또한 B가 모양이 변화하기 시작함의 원인으로 A가 B를 침, 즉 A가 충돌 지점에 도달함 — 물론 어떤 운동량을 가지고 — 을 제시할 수도 있다. 나는 이 두 번째 설명을 '유형-II' 설명이라 부를 것이다.

유형-II 설명에서 한 과정의 끝은 다른 과정의 시작의 원인으로 제시되며, 그것들 사이에 시간적 틈은 없다. 따라서 그것들은 동시적이다. 과정의 시작과 끝은 시간적으로 연장되지 않으며, 그래서 만일 그것들 사이에 간격이 없다면 그것들은 정확히 동시적이어야 한다. 만일 설명항과 피설명항이 동시적일 뿐만 아니라 동일하다면, 다시 말해 두 기술 아래 두 가지가 똑같은 사건이라면 나는 유형-II 설명이 타당하다고 제안한다.

우리 예에서 A는 충돌 지점에서 멈추지 않는다. 그래서 A가 그 지점에 도달하는 일과 그 너머로 움직이기 시작하는 일은 같은 사건이다. 그러나 그 너머로의 움직임은 B가 모양이 변하기 시작함의 유형-I 원인이다. 따라서 A가 충돌 지점 너머로 움직이기 시작함은 B가 변하기 시작함과 동일하다는 결론이 따라 나온다. 그래서 A가 충돌 지점에 도달함은 이 피설명항과 같은 사건이다. 우리는 동일성은 대칭적이지만 인과성은 대칭적이지 않다고 지적했다. 그러나 B가 변하기 시작함이 A가 충돌 지점에 도달함의 유형-II 원인으로 제시될 위험은 없는데, 왜냐하면 나는 유형-II 설명이 앞 변화의 끝으로 나중 변화의 시작을 설명하는 것이지 그 역은 아니라고 말했기 때문이다.

만일 A가 B를 침이 B가 변하기 시작함과 동일하다면, 우리는 A가 B를 치는 일이 이 사건을 불가피하게 만든다고 말할 수 있다. 그러나 그 불가피성을 안다는 것은 두 번째 변화를 첫 번째 변화의 단순한 연속으로 승인한다는 것이다. 한 과정의 끝이 두 번째 과정의 시작과 동일할 때 두 번째 과정은 첫 번째 과정과 연속되어 있다. 우리는 사실상 충돌 후 A와 B의 움직임을 충돌 이전의 그것들 움직임(또는 A의 움직임)의 연속으로 간주한다. 만일 어떤 나무토막이 확 타오르는 일이 그 나무토막이 일정 온도에 도달함의 유형-II 결과라면, 그 나무토막에 불이 붙는 일은 똑같이 그 나무토막의 온도 상승의 연속이어야 한다. 유형-II 설명을 통해 우리는 사건들에서 말하자면 신기함을 제거함으로써 그 사건들을 이해할 수 있다. 다시 말해 사건들은 더 이상 새로운 시작으로 보이는 것이 아니라 오히려 어떤 사건이 중단되지 않고 계속되는 것으로 보인다.

유형-II 설명은 유형-I 설명 못지않게 질료 개념을 적용하는 일을 포함한다. 나무토막이 일정 온도에 도달함은 초콜릿이 아니라 목재 같은 어떤 것으로 이루어진 나무토막일 경우에만 불꽃이 시작됨이 될 것이다. A가 B에 도달함은 B의 모양이 변하기 시작함과 동일한데, 이는 그것들이 상아 같은 어떤 질료로 구성되기 때문이다. 만일 그것들이 단순히 팽창된 구형이라면 우리는 앞의 운동과 뒤의 운동이 인접해 있지만 연속적이지는 않다고 말할 수 있다.

6.6 기본 힘

내가 살피고 싶은 세 번째 사례는 우리가 변화를 중력이나 전자기력 같은 자연의 기본 힘에 귀속시키는 사례다. 샘슨이 들보(beam)를 지탱하는 기둥을 밀어제치자 들보가 무너진다. 들보의 움직임은 기둥의 움직임이나 샘슨의 손의 움직임의 연속이 아니다. 샘슨은 그것을 불가피하게 만들지만, 그가 기둥이 들보를 보호하는 일을 그만두게 한다는 점에서만 그렇다. 엄밀히 말해 그는 그것을 야기하지 않는다.

우리는 지구가 들보의 움직임에 책임 있는 인과적 작인이며, 지구가 끌어당김으로써 들보를 움직인다고 말하는 경향이 있다. 그러나 지구는 들보(또는 달)를 말이 수레를 끌어당기는 방식으로 끌어당기지 않는다. 다시 말해 지구는 들보와 접촉하여 움직이게 하지 않는다. 들보가 겪으면서 그것을 겪는 일이 들보의 움직임을 야기함으로써 제시될 수 있는 어떠한 변화도 아직 발견되지 않았다.

그러한 변화를 계속 찾아보기로 하자. 그러나 나는 우리가 그런 변화들이 발견되어야 한다고 가정할 필요가 있다고 생각하지 않는다. 즉 지구가 들보를 움직이게 하거나 자석이 바늘을 움직이게 하는 어떤 원인 작용이 있어야 한다고 가정할 필요가 있다고 생각하지 않는다. 아리스토텔레스는 어떤 대상의 인과적 힘과 그 대상의 본성을 구별하였다. 대상의 힘은 다른 것들에 영향을 미치고 영향을 받는 힘이다. 대상의 본성(엄밀히 말해 대상의 물질적 본성)은 영향을 미치지 않고 어떤 변화를 겪는 것이다. 뉴턴은 물체들이 그 질량에 비례하는(그리고 서로 떨어진 거리의 제곱에 반비례하는) 힘으로 서로 접근하는 것은 자연적인 일이라고 주장하였다. 만일 그것이 실제로 자연적인 일이라면, 들보의 질량, 들보 속의 질료의 양은 그 들보 속에서 영향을 미치지 않고도 지구를 향해 가속 운동을 겪도록 하게 만드는 것일 것이다. 또는 더 낫게 표현해 두 가지 모두의 양은 서로 가까이 다가가는 것을 막는 데 필요한 작용을 하게 만드는 것이다.

어떤 운동이 자연적이라고 말하는 것은 그것이 원인 작용에 기인한다는 것을 부정하는 것이다. 그 말은 그 운동이 그냥 일어난다거나 해명 불가능하다고 말하는 것이 아니다. 만일 들보가 20피트 낙하한다면, 그 20피트 이동은 연속된 짧은 시간 동안 들보의 움직임에서 유형-I 설명이다. 그 이동은 이 운동 기간이 자연적이라는 점에서 자연적이다. 그 운동 기간은 (끌린 수레와 달리) 그 들보가 실존한다는 것이 무엇인지의 부분이라는 점에서 자연적이다. 만일 물체들이 서로 접근하는 것이나, 상호 접근을 막도록 대상에 압력을 가하는 일이 자연적이라면, 그처럼 움직이는 일이나 압력을 가하는 일은 물체들이 실존한다는 것이 무엇인지의 부분이다. '그 사과는 태양이 그 위에 미친 작용 때문에 붉어진다' 고 생각하는 것이 사과(또는 사과 껍질)를 어떤 종류의 질료로 구성된 것으로 생각하는 일인 것처럼, '사과가 땅으로 떨어지는 것은 자연적인 운동이다' 고 생각하는 것은 사과를 어떤 양의 질료로 구성된다고 생각하는 것이다.

아리스토텔레스는 두 가지 기본 힘을 믿었다. 그는 우주에 하나의 특수한 지점이 있어서 물체들이 그것을 향해 움직이는 한 종류의 질료('흙')로 구성되고, 또 다른 종류의 질료('불')로 구성되는 물체들은 자연히 그 지점에서 먼 쪽으로 움직인다고 생각했다. 모든 자연적 운동의 종결점이자 시작점으로서의 모든 대상과 독립적인 이 하나의 중심점 개념은 불만족스러울 정도로 임의적이다. 각각의 물질적 대상을 종결점으로 생각하는 것이 더 나으며, 또한 대상들이 나누어질 수 있고, 어떤 부분들에서는 다른 부분들에서보다 질량이 더 많다는 사실을 허용하는 편이 더 낫다. 그러나 두 가지 힘을 가정한 것은 분별 있는 일처럼 보이는데, 왜냐하면 딱 한 가지 힘만 있다면 사물은 갈수록 밀도가 높아져 더 농축되거나, 아니면 훨씬 더 분산될 것이기 때문이다. 하레는 서로 다른 거리에서 다른 방식으로 작용하는 단일 힘을 좋아했는데, 이 힘은 이를테면 꽤 근접하게 되기까지 대상들을 끌어당기지만, 그 다음에는 서로 반발하게 되어 모든 것이 단일 점으로 붕괴되는 일을 막는다. 아리스토텔레스가 원심력 있는 재료의 양과 구심력의 양이 있다고 말해야 했던 반면에, 하레는 오직 한 종류의 양만을 인정하도록 허용할 것이다. 그렇게 되면 그것은 물론 아직 과학이 달성한 것은 아니지만 우아한 단순화가 될 것이다.

6.7 피설명항과 설명항으로서의 변화

제6.2절에서 나는 변화 개념이 인과적 피설명항 개념이라고 논했다. 제6.3~6.6절의 논의를 통해 나는 이 설명을 세련되게 다듬고 보완할 수 있었다. 변화가 인과적 피설명항이라는 것은 변화가 일어나거나 진행되는 어떤 것으로 생각된다는 뜻이다. 제6.2절의 논증은 그 점에서만 적용된다. 이제 나는 변화를 어떤 것의 진행됨으로 간주하는 일이 변화를 (1)인과적 피설명항으로서가 아니라 (2)인과적 설명항으로서 생각하는 일이라고 주장하고 싶다.

1. 처음에 이 부정적 주장은 불합리해 보일 수 있다. 확실히 어떤 변화를 야기하는 것은 그 변화가 일어나도록 야기하는 일이다. 만일 태양이 비치는 일을 통해 딸기가 달콤해지도록 야기한다면, 딸기에서 그 변화의 발생은 바로 태양이 초래하는 것 아닌가? 확실히 우리는 '태양이 딸기에서 일어나는 달콤해지는 변화를 야기한다' 고 말할 수 있지만, 우리는 그 문장을 더 분석해야 한다. 나는 '딸기에서 일어나는' 이라는 말이 '달콤해지는 변화' 가 아니라 '야기한다' 에 붙어야 한다고 제안한다. 태양은 우리가 '달콤해지는 변화' 라고 부르는 어떤 것을 딸기-에서-일어나도록-야기한다. 태양은 우리가 '딸기에서 달콤해지는 변화의 발생' 이라고 부르는 어떤 것을 야기하지(무엇에서? 우주에서?) 않는다.

나는 이 분석을 두 가지 이유로 찬성한다. 첫째, 초래될 수 있는 것은 무엇이든 일어나거나 진행될 수 있다. 그래서 만일 변화뿐만 아니라 변화의 발생이 초래될 수 있다면, 변화의 발생은 일어날 수 있다. 그러나 그것은 발생이 발생하고, 진행됨이 진행된다는 말이 될 것이다. 그리고 그렇게 되면 우리는 후퇴에 빠져야 한다. 둘째, 우리는 영어에서 진행형 시제 형식을 통해 변화의 진행됨을 표현한다. 딸기는 3일 안에 달콤해지며, 3일 동안 달콤해지고 있다(The Strawberries *become* sweet *in* three days and *are becoming* sweet *for* three days). 나는 어떤 시간 안에 어떤 거리를 움직이고, 어떤 시간 동안 움직이고 있다. 만일 단순히 어떤 변화뿐만 아니라 어떤 변화의 진행됨의 원인이 있을 수 있다면, 내가 어떤 거리를 움직인 일뿐만 아니라 내가 움직이고 있음의 원인이 있을 것이며, 딸기의 달콤해짐뿐만 아니라 달콤해지고 있음의 원인이 있을 수 있다. 그러나 영어에서는 그렇게 말하는 것이 허용되지 않는다.

흄의 현대 추종자들 중 가장 유능한 자는 여기서 그의 지도자를 배반한다. 만일 앞의 공에 어떤 시간 동안 톱스핀을 준다면, 그 공의 회전 순간들은 나중 공의 원인으로 제시하는 것이 적절할 수 있다고 매키(J. L. Mackie)는 말한다. 심지어 그는 어떤 대상의 실존의 이전 순간들이 나중 순간의 원인으로 간주될 수 있다고까지 말한다(1974, 155~6면). 나는 방금 어떤 시간 동안 톱스핀을 주는 일(즉 회전함)의 원인을 묻는 것이 의미가 없다고 논했다. 일반적으로 어떤 대상의 한결같은 운동에서의 변화는 인과적 설명을 요구하는 어떤 것이다. 그러나 어떤 사물이 정지하는 원인의 부재는 그 사물이 정지하지 않음의 원인이 아니다. 그리고 앞의 실존 기간이 나중의 원인일 수 없다는 것은 인과적 사고에 대한 흄의 비판의 기초가 되는 가치 있는 통찰이다.

우리가 사물들이 소멸을 경험하는 것을 기대하지 않는다는 말은 옳다. 구리, 목재, 우유 같은 질료는 다른 질료들에서 산출되며, 그것들이 더 이상 실존하지 않을 때 다른 질료들은 그것들로부터 나와서 존재하게 된다. 그렇기 때문에 우리는 어떤 것이(그리고 더군다나 만일 모든 것이) 갑자기 뻥하고 튀어나온다면 그것은 말도 안 되는 자연법칙 위반이 될 것이라고 느낀다. 그러나 자연법칙은 자연적인 것들이 실존하는 동안에, 그리고 그 자연적인 것들의 상호 변환 속에서 그것들이 따르는 법칙이다. 만일 모든 것이 갑자기 튀어나온다면, 자연법칙이 적용될 것이 더 이상 없게 될 터인데, 그것은 어떤 자연법칙의 파괴가 아닐 것이다. 자연법칙이 적용되는 것들이 언제나 있을 것이라는 것은 자연법칙이 될 수 없다. 특정한 대상들 역시 마찬가지다. 화장용 장작더미 위에서 디도(Dido)의 몸에 불이 붙기 시작했을 때 연기와 재로 변하는 대신 그녀가 커다란 예쁜 새로 변한다고 해 보자. 그러면 그것은 자연법칙의 위반이 될 것이다. 그러나 그녀가 더 이상 실존하지 않고 그것으로부터 아무것도 생기지 않는다면, 그것은 자연적인 것도 아니고 비자연적인 것도 아니다. 어떤 것이 되는 일은 설명을 요구하지만, 어떤 것이 되지 않음은 설명을 요구하지 않는다. 만일 아무 일도 일어나지 않는다면 설명할 것이 없으며, 설명할 어떤 것의 부재는 설명을 요구하지 않는다.

이 점을 의심하는 사람은 누구라도 이전 것이 더 이상 존재하지 않을 때 새로운 것들이 생기는 것이 자연스러우며, 그래서 언제나 자연법칙이 적용될 것들이 있다고 생각해야 한다. 이 견해는 칸트 이래로 철학자들이 매우 싫어하는 견해, 즉 신이 실존하는 것이 자연스러운 일이라는 견해와 어떻게 다른가? 스피노자는 연장된 실체가 실존하는 것이 자연스럽다고 주장했다. 앞에 실존했던 기간은 뒤에 실존하는 기간에 대해 인과적으로 책임이 있을 수 있다고 주장하면서 매키는 스피노자를 따르기 위해 흄을 버리고 있다.

2. 그러나 설령 변화를 어떤 과정의 진행됨으로 생각하는 일이 절대 그것을 인과적 피설명항으로 생각하는 일이 아니라 할지라도, 변화를 인과적 설명항으로 생각할 필요가 있지 않을까? 나는 변화를 인과적으로 생각하지 않고도 그토록 많은 시간의 움직임이나 점점 더 커짐으로 생각할 수 없을까?

확실히 나는 어떤 변화를 원인이나 결과로 표현하지 않고도 '그 멜론은 몇 주 동안 점점 더 커지고 있었다'고 말할 수 있다. 그러나 그로부터 내가 그 변화를 원인 또는 결과로 생각하지 않고 생각할 수 있다는 결론이 따라 나오지는 않는다. 만일 내가 당신이 산 꼭대기에 도달하기 위해 두 시간 동안 걸었다고 생각한다면, 나는 당신의 운동을 두 시간으로 생각한다. 여기서 그 운동은 일차적으로 내가 당신의 목적을 통해 설명하는 어떤 것처럼 보인다. 그러나 그 운동은 또한 당신이 그러한 목적을 성취하기를 바라게 만들었던 원인 작용으로도 나타난다. 만일 내가 몇 주 동안 태양과 비가 그 멜론을 더 크게 만들고 있었다거나, 몇 주 동안 점점 더 커짐으로써 그 멜론은 그 식물과 그 아래 땅의 변화를 야기하고 있었다고 생각하지 않는다면, 이 주(week)들이 어떻게 내 사고로 들어오는가? 그 주들의 존재는 아무도 읽지 않는 종잇조각 위의 문장처럼 완전히 할 일이 없을 것이다. 그 주들은 내 실제적 관심사와 아무 관계도 없을 것이다. 나는 우리가 할 일 없이 한가한 사고를 하지 않는다고 생각한다. 어느 쪽이든 나는 멜론이 더 커지기를 원한다. 그렇다면 그 변화는 시간 단위가 아니라 부피 단위로 측정 가능한 것으로 나타난다. 그 변화는 인과적 피설명항으로 나타나며, 주들은 그 변화를 야기하는 작용의 주들이다. 또는 그렇지 않으면 나는 다른 대상과 변화에 관심이 있다. 그리고 그렇게 되면 멜론의 더 커짐은 원인 작용 기간으로 나타난다.

이 논증은 생각이 결코 완전히 할 일이 없이 한가하거나 무관심한 것이 아니라는 가망성에 의존한다. 나는 다음 장에서 그것을 보여주려 할 것이다. 그러는 동안에 다음은 (2)에 대한 두 번째 옹호를 살필 것이다.

어떤 것의 진행됨으로 생각하면 변화는 시간 단위로 측정 가능하다. 그래서 아주 많은 변화의 시간이나 순간들이 있다. 그렇게 생각했을 때 그 시간은 변화하는 사물의 실존에서의 기간이다. 대상은 시간이나 순간 동안 실존하며, 어떤 대상이 변하는 시간은 그 대상의 실존에서의 시간이다. 그래서 어떤 것의 진행됨으로 생각되는 변화는 변화하는 사물의 실존에서의 기간으로 생각된다. 나는 적어도 시간 단위로 측정 가능한 한 우리가 어떤 대상의 실존을 원인 작용으로 이루어지는 것으로 생각한다고 제안한다. 만일 그 제안이 올바르다면, (2)는 입증된다.

그 제안이 올바른가? '원인 작용'이라는 말은 눈에 띄는 변화를 야기하는 일 뿐만 아니라 자연적 변화를 막는 일과 기둥에 지탱하고 있는 들보가 떨어지는 것을 막는 것 같은 작용까지 포함하는 것으로 간주되어야 한다. 그렇게 이해했을 때 어떤 대상이 실존하는 기간은 사실상 원인 작용의 기간이라고 말하는 것이 그럴듯하다. 그러나 문제는 이것이 개념적 진리인지 아닌지 하는 것이다. 어떤 대상의 실존에서의 시간이 단지 속성들을 획득하는 시간이어야 한다고 생각할 수 있지 않은가? 또는 단지 그 속성들을 갖는 시간이어야 한다고 생각할 수 있지 않은가? 그것은 사실상 물질적 사물의 본성이나 본질이 단지 3차원에서 연장되는 일로 이루어진다고 말했을 때 데카르트가 주장했던 것이다(*Principles of Philosophy* II 4). 물질적 사물들의 실존은 그것들이 갖는 크기, 모양, 공간적 관계를 갖는 일로 이루어진다.

우리는 사물들의 실존이 어떤 것인지를 어떻게 결정하는가? 실존은 엄밀히 말해 우리의 사고가 되는 어떤 것이 아니다. '우리는 대상들의 실존을 의식한다' 고 말하는 것은 대상들이 어떻게 우리의 사고에 들어오는지를 말하는 것이다. 그래서 데카르트와 나 사이의 쟁점은 대상들이 우리의 사고에 나타나는 방식에 관한 것이다. 대상은 단지 속성의 실례로서 나타날 수 있을까? 만일 그렇다면, 우리는 대상을 어떻게 실제로 실존하고, 객관적으로 실재하는 것으로 의식할 수 있었을까? 우리는 대상을 어떻게 공간적으로 그리고 시간적으로 다른 대상들과 관련시킬 수 있었을까? 실제로는 지각하는 대상을 우리는 우리의 감각기관과 상호작용하는 것으로 의식하며, 우리는 그 대상의 실존을 다른 대상들과 상호작용하는 것으로서 추리한다. (이것은 칸트가 그의 선험적 분석론에서 주장하고 싶어 했던 요점인 것처럼 보인다.) 어떠한 대상이라도 우리의 사고에 원인적 작인으로 나타나기 쉬우며, 우리가 다른 사람들에게 이롭거나 해가 되는 행동을 할 때 그들은 합목적적 작인으로 나타난다. 어떤 것이 원인적 작인으로 나타나는 한 우리는 그것의 실존을 원인적 작용으로 의식하며, 그 실존의 범위를 넓은 의미에서 원인적 작인의 범위로 생각한다. 많은 철학자는 원인적 작인이 우리가 뭔가 개념을 갖는 유일한 종류의 작인이라고 생각한다. 그 생각이 올바르다면, 우리가 대상의 실존을 원인적 작인으로 생각한다는 것은 무조건

옳을 것이다. 만일 내가 올바르고 감각 있는 존재가 합목적적 작인으로 우리의 사고에 등장한다면, 우리는 그것의 실존을 야기함 이외의 다른 어떤 것으로 생각할 수 있다. 그래서 어쩌면 (데카르트가 희망했듯이) 어떤 종류의 정신적 활동으로 생각할 수도 있을 것이다. 그러나 실존이 야기함으로 생각되지 않는 한 나는 실존이 시간적인 것으로도 변화의 진행됨으로도 생각되지 않는다고 생각한다. 우리가 생각할 수 있는 유일한 실존의 해(years)나 순간은 야기함의 해나 순간이다.

제5장에서 나는 시간이 변화의 진행됨이라고 말했다. 이제 나는 시간이 변화의 야기됨, 즉 셰익스피어가 썼듯이 원인적 작인이 아니라 일종의 원인 작용의 형식적 원인이라고 말한다.

제 7 장

목적론과 정신적 상태

7.1 정신적 상태에 대한 이론

지각, 사고, 의지는 날기와 알 낳기가 거의 새들의 삶에서 기본요소인 것처럼 인간 삶의 기본요소인 것처럼 보인다. 그렇지만 날기나 알 낳기와 달리 지각, 사고, 의지는 철학자들이 연구한다. 그것은 그런 것들을 연구할 과학자가 없기 때문에 그런 것이 아니다. 오히려 동물학자, 신경학자, 경험심리학자, 심지어 인류학자와 사회학자들은 잼이 들어 있는 병 주변을 윙윙거리며 도는 말벌들처럼 그 주변을 돌고 있다. 소화 작용이나 체모의 성장 같은 인간 생명의 다른 특징들을 과학자들에게 넘기는 것으로 만족하는 반면에 철학자들이 왜 여기서 자신들의 길을 과감히 밀치고 들어가는가 하는 것은 정신적 상태와 활동에 대한 만족스러운 설명이 답을 제시해야 하는 문제이다.

데카르트는 우리 실존의 정신적 또는 심리적 측면은 직접적으로 우리 시야에 열려 있다고 주장했다. 말하자면 벌 애호가가 벌집을 자세히 들여다 볼 수 있고 벌들의 활동 및 내부 배치를 볼 수 있는 것처럼, 우리는 다소 우리 자신을 자세히 들여다 볼 수 있고, 우리의 정신적 상태들을 관조할 수 있다는 것이다. 그는 이러한 활동과 상태들을 (의심할 여지없이 무의식적으로) 물리적 상태와 과정 모델을 통해 생각했다. 달이 구형이라고 믿거나 샌드위치를 먹고 싶다는 것은 구형임이나 에펠탑으로부터 1마일 떨어져 있음과 똑같은 종류의 방식으로 어떤 속성을 갖고 있는 것이라고 그는 생각했다. 그래서 숙고함과 의아하게 생각함 등은 소화함이나 녹아내림과 유사한 과정이다. 차이는 정신적 과정과 상태는 물리적인 것이 아니라는 것이다. 이것은 다른 무엇보다도 그 과정이나 상태가 모양이나 운동과 같은 방식으로 공간적이지 않다는 것을 의미한다. 그렇다면 데카르트는 후계자들에게 이중의 유산, 즉 우리의 정신적 삶에 접근하는 방식으로서의 내성과 그것을 생각하는 모델로서의 물리적 상태와 과정을 남긴 셈이다.

현대 분석철학자들은 두 유산에 대해 의견이 갈린다. D. M. 암스트롱(1984)은 우리가 감각 같은 어떤 것을 통해 정신 상태에 관해 안다고 믿는다. 반면에 노먼 맬컴(1984)은 이것을 부정한다. 나는 이 쟁점을 제10장에서 다룰 것이다. 정신 상태의 본성에 대해 우리는 적어도 세 가지 입장을 발견한다(좀 더 잘 정련된 분류는 Fodor, 1985를 볼 것).

몇몇 사람은 여전히 정신적 상태가 우리가 물리적 상태와 똑같은 방식으로 예화하는 비물리적 속성이라고 주장한다. 제프리 매델(Geoffrey Madell, 1988)은 이 입장을 옹호하지만 대다수 분석철학자는 비물리적인 것에 관여하지 않을 것이다. 그들은 술을 마시는 일에서건, 성당을 건축하는 일에서건, 불행한 사람을 돕는 일에서건 우리의 모든 의도적 운동이 우리의 뇌와 감각체계의 자극에서 일어나는 사건들에 의거해 완벽하게 인과적으로 설명된다고 주장한다. 믿음과 욕구라는 속성은 그들이 '통속 심리학' (folk psychology, 민속 심리학)이라 부르는 것에 속한다. 원시인들 사이에서 존재하면서 때로 성과가 있기도 하는 통속 의술이 있는 것처럼, 우리는 일상의 대화에서 믿음과 욕구에 의거해 서로의 행동을 설명하며, 이 설명은 종종 그것이 전개된 목적상 만족스럽다. 그러나 통속 심리학이 통속 의술 이상의 어떤 기초가 있는가?

폴 처치랜드(Paul Churchland, 1984)와 데넷(D. C. Dennett, 1989)은 그렇지 않다고 말한다. 우리 행동의 진정한 원인인 대뇌의 사건과 우리가 서로에게 귀속시키는 믿음이나 욕구 사이에 대응은 없다. 우리가 의식하는 심리 현상의 역할은 뇌 깊숙이에서 진행되는 것과 아무런 동형 구조를 가지고 있지 않다.

제리 포더(Jerry Fodor, 1981)와 콜린 맥귄(Colin MaGinn, 1989)은 이 결론을 피한다. 그들은 자신들의 뇌-과정을 가지면서 또한 그런 과정들을 생각하기를 원한다. 또는 적어도 그 과정들에 어떤 명확한 인지적, 명제적, 표상적 내용을 할당하기를 원한다. 그렇다면 내 두개골의 어떤 사건이나 사태가 이 잔이 와인을 담고 있다는 믿음이 된다는 것은 무엇인가? 다양한 답이 제시된다. 대뇌의 항목은 잔 같은 어떤 것에 의한 내 시신경의 자극에서 기인하며, 내 손발을 와인에 가까이 가기에 적당한 방식으로 움직이게 만든다. 또는 그것은 논리적으로 관계된 믿음들을 이루는 다른 항목들과 인과적으로 관계되어 있다. 그것은 그 잔이 액체를 담고 있다는 믿음을 형성하는 항목을 야기하며, 손에 닿는 잔이 없다는 믿음을 형성하는 항목을 막는다. 또는 어쩌면 그것은 특별한 생물학적 기능, 즉 와인의 존재를 가리키고, 그럼으로써 내가 생존해서 내 유전자를 후세에 전하게 만드는 기능을 가질 것이다.

첫 번째 입장을 채택하는 사람들에게 내가 어떤 정신적 상태에 있다는 것은 내가 어떤 체중을 가지고 있다는 것만큼이나 견고한 사실 문제이다. 데넷과 처치랜드의 경우에는 그것은 전혀 사실 문제가 아니다. 그래서 그들은 왜 정신적 상태는 철학적 논의의 주제인데 소화 작용과 체모는 철학적 논의의 주제가 아닌지를 말하는 것이 더 나은 입장에 있다. 화성에서 온 과학자가 우리가 다양한 물질을 소화하고 다양한 부위에 체모를 가지고 있다는 것을 발견할 수 있는 방식으로는 그러한 방문객이 우리가 어떤 믿음과 욕구를 가진다는 것을 발견할 수 없다. 그것은 철학적 분석으로만 드러낼 수 있다. 원시인들은 서로의 행동을 이해하지만, 그 행동들의 심리적 속성과 물리적 속성을 구별하지 않는다. 지각함, 느낌, 이해함으로 이루어지는 우리의 실존 측면이 있다는 생각은 철학적 해석, 평가, 선택의 결과이다. 정신은 철학적 고안물이기 때문에 과학적 발견이 될 수 없다. 여기서 역시 세 번째 입장은 첫 번째와 두 번째 입장의 중간 입장이다. 그래서 세 번째 입장은 정신적 상태의 실존을 사실로 만들지만, 유연한 사실로 만든다.

오늘날 두 번째 입장과 세 번째 입장을 지지하는 철학자들 사이에 격렬한 논쟁이 벌어지지만, 그 입장들을 하나로 통합하는 것이야말로 그 입장들을 나누는 것보다 더 중요하다. 이렇게 하나로 묶는 끈은 물리주의이다. 물리주의는 두 가지 기본주장으로 이루어진다. 비물리적 속성이나 대상이란 없다는 부정적인 존재론적 기본주장이 있고, 설명에 관한 긍정적 주장, 즉 우리의 자발적 행위와 사고를 포함하여 모든 것(수학은 별개로 하고)이 물리적 설명을 갖는다는 기본주장이 있다. '물리적 설명'이란 말은 물리과학이 인정하고 물리 법칙에 따르는 존재자들에 의거한 인과적 설명으로 이해된다.

물리주의가 옳은지는 철학에서 계속해서 되풀이되는 거창한 물음 중 하나이다. 그러나 다른 거창한 물음들처럼 이 물음은 시대마다 다르게 나타난다. 데카르트 및 그 많은 후계자에게 존재론적 쟁점은 결정적인 것이었다. 그 자신은 과학에 알려지지 않은 존재자 — 정신적 상태를 가진 정신 — 를 원했지만, 그는 이 존재자에 관해 인과적으로 생각하는 일에 아무런 이의도 제기하지 않았다. 오히려 그는 우리의 사고가 우리의 신체 운동을 인과적인 방식으로 결정한다고 가정했다. 윌크스(K. W. Wilkes, 1978)가 명료하게 표현한 것처럼, 이제 비중을 두는 것은 설명에 관한 기본주장이다. 만일 물리주의가 자신을 이원론과 반대되는 것으로 정의한다면, 물리주의가 반대하는 생각은 우주가 두 가지 다른 종류의 존재자를 포함한다는 것이 아니라 더 이상 환원할 수 없을 정도로 다른 두 종류의 설명이 있다는 것이다.

내가 보기에 대상과 속성 개념은 물리적 설명의 영역에 속하는 것처럼 보이며, 그래서 나는 비물리적 대상이나 속성이란 없다고 말하는 물리주의자에게 공감한다. 나는 또한 세 번째 입장과 다른 한에서 정신적 상태에 관한 두 번째 입장에 끌린다. 즉 나는 정신 상태가 플라톤 식의 고안물이라는 데 동의한다. 그러나 나는 정신 상태에 대해 만족스럽게 분석하기 위해서는 우리가 인과적 이해만큼 타당하지만 인과적 이해로 환원될 수 없는 종류의 이해를 인정해야 한다고 논할 것이다.

7.2 믿음과 욕구에 대한 행위 이론

그림이나 글로 쓴 문장을 모델로 이용하여 정신 상태에 대해 통찰을 제공하려는 모든 시도는 제3장에서 지적한 이유 때문에 실패할 수밖에 없다. 정신 상태에 대한 만족스러운 이론은 이런저런 방식으로 그 정신 상태를 설명이 되게 만들어야 한다. 내가 올바른 노선에 있다고 믿고 있고, 멜러(1977/8)를 따라 '행위 이론'이라 부를 이론은 적어도 램지(F. P. Ramsey, 1990, 논문 3과 4)와 브레이스웨이트(R. B. Braithwaite, 1932/3)까지 거슬러 올라간다. 이 이론의 창시자들은 이 이론이 물리주의적인 방식으로 전개되기를 기대했지만, 그럴 필요는 없다. 그들은 또한 생각이 명제를 마음에 품는 일과 욕구와 믿음의 (Russell, 1921에서 기술된) 느낌을 갖는 일을 포함한다고 믿었지만, 그 이론은 이러한 부속물에서 자유로울 수 있다. 그 이론의 첫 번째 윤곽은 이것이다.

1. A는 p라고 믿는다 = p라는 이유로 A Φs라는 식의 어떤 행동 Φ함이 있다(줄여서 RpΦA).
2. A는 B가 틀림없이 f가 되기를 욕구한다 = B가 f가 될 수 있도록 A Φs라는 식의 어떤 Φ함이 있다(TfBΦA).

이것은 아주 거친 개요일 뿐이며, 그래서 곧바로 두세 가지의 제한조건이 추가되어야 한다. 첫째, 나는 '믿는다'를 어떤 것이 어떠어떠하다는 것을 알거나 지각하거나 의견을 갖거나 상상하는 일에 공통된 것을 포괄하는 일반적 용어로 사용한다. 그래서 '믿는다'의 이런 의미에서 내가 런던에 있다는 것을 아주 잘 알 때 나는 내가 런던에 있다고 믿으며, 내가 와인 잔을 보고 와인 맛을 볼 수 있을 때 내가 손에 와인 잔이 있다고 믿는다. 다음으로 믿음과 욕구는 행위를 하는 경우뿐만 아니라 하지 않는 경우에서도 드러날 수 있다. 내가 얼음이 얇다는 이유로 스케이트를 타지 않는다면 나는 얼음이 얇다고 믿는다. 내가 아기가 잠들게 하려는 목적으로 트럼펫 연습을 하지 않는다면 나는 아기가 잠들기를 원한다. 정의에서 Φ함은 행위는 물론이고 무행위도 포함한다. 셋째, 나는 Φ함에 대한 이유는 있지만 Φ하지 않음에 대한 이유는 없다고 믿을 수 있다. 그 이론은 그러한 경우에 내가 Φ하지 않음에 대해 어떤 이유가 있어야 할 것을 요구한다. 그래서 이 반대 이유가 없다면 나는 Φ할 것이고, Φ함에 대한 이유에도 불구하고 나는 Φ함을 삼간다. 마지막으로 변화를 욕구하는 일 외에 우리는 그 변화를 싫어할 수 있다. 그 이론에 따르면,

3. A는 B가 f가 되는 일을 싫어한다 = 어떤 Φ함에 대하여 B가 f가 되지 않도록 하기 위하여 A Φs(TNfBΦA).

이 견해에 따르면, 믿음과 욕구 개념은 관계적이든 비관계적이든, 물리적이든 비물리적이든 간에 속성 개념이 아니다. 믿음과 욕구 개념은 설명적 개념, 즉 사물들이 행동을 설명하거나 이해하는 일에서 하는 역할 개념이다. 사물은 그것에 대한 욕구에서 나오는 것, 또는 그것에 대한 싫음에서 나오는 것의 역할을 할 수 있다. 욕구와 싫음 개념은 이러한 역할 개념이다(그리고 제6장에 따르면 변화 개념은 어떤 것이 이러한 역할을 할 때 그것이 나타나는 방식에 대한 개념이다). 달리 표현한다면, 사물은 그것 때문에 이유가 되는 것으로 생각될 수 있다. 그러면 그 사물은 믿음의 대상으로 생각된다(그리고 제6장에 따르면 속성은 사물들이 획득하거나 상실한 것으로서가 아니라 사물들이 갖거나 결여한 것으로서 우리의 사고에 등장한다).

RpΦA와 TfBΦA 형식의 설명은 원시인들 사이에서도 통용된다고 생각하며, 그렇게 통용되는 정도에서, 그리고 그 정도에서만 원시인들은 믿음과 욕구 개념을 갖는다고 말할 수 있다. 그러한 설명은 물론 제시되지 않을 때라 할지라도 타당할 수 있다. 대부분의 사람은 그런 설명이 개나 말 같은 동물에 대해서도 타당하다고 상상한다. 그들은 동물들이 상황이 이러이러하다고 지각하고, 먹이를 덮치거나 포식자를 피하기 위해 움직인다고 생각하며, 그래서 심리 상태들을 이 동물들에게 귀속시킨다. 그렇지만 우리가 동물이 이런 방식으로 행동을 설명하거나 이해하지 않는다고 생각하는 한 우리는 동물에게 정신적 상태라는 개념을 수여할 수 없다.

행동을 이해하는 이 방식들은 적어도 처음 보기에 제6장에서 기술했던 인과적 이해 방식과 완전히 달라 보인다. 나는 이 방식의 이해에 '목적론적' (teleological) 이해라는 명칭을 붙인다. 이런 의미에서 나는 목적론적 이해와 설명이 우리의 모든 심리적 개념의 열쇠라고 믿으며, 목적론적 이해와 인과적 이해의 구별은 심리적인 것과 물리적인 것, 또는 정신과 물질의 구별의 진짜 기초라고 믿는다.

오늘날 철학자들은 대부분 '목적론적'을 약간 다른 방식으로 사용한다. '목적론적' 설명이란 말로 그들은 기능에 의거한 설명을 의미한다. 인공물의 기능은 그것이 하기 위해 설계된 것이고, 살아 있는 것의 생물학적 과정이나 기관의 기능은 진화 과정에서 선택된 것이다(그래서 L. Wright, 1973). 이 용법에 따르면, 믿음과 욕구 개념이 목적론적 개념이라고 말하는 것은 그 개념들이 생물학적 기능과 자연선택을 통해 설명되어야 한다고 말하는 것이다. 그러한 견해는 사실상 유행을 하고 있다. 다수의 철학자는 뇌 상태가 내용을 가진 정신 상태일 수 있으며, 사고자에 외적인 어떤 것과 관련될 수 있다고 말하는데, 그것은 뇌 상태의 기능이 외적인 어떤 것으로 상술되어야 하기 때문이다. 이 견해는 내가 제안하고 있는 견해와는 완전히 다르다. 이 견해는 정신 상태를 일종의 목적론적 피설명항으로 나타내는 반면에, 나는 믿음과 욕구 개념이 사물들을 목적론적 설명항이 되게 만드는 방식의 개념이라고 제안하고 있다.

믿음과 욕구에 의거한 설명은 플라톤(*Phaedo*, 96~100)과 아리스토텔레스(*Nicomachean Ethics* III과 다른 곳)의 인과적 설명과 구별된다. 그러나 그 구별은 저항을 받았다. 스피노자는 욕구나 목적에 의한 설명을 인과적 설명으로 환원시킨다. 그래서 내가 쉴 곳을 갖기 위해서 집을 짓는다고 말하는 것은 쉴 곳에 대한 나의 욕구가 그 집을 짓게 만든 원인이었다고 말하는 것이다(*Ethics* IV, 서문). 데이비드슨(1980, essay 1)은 이 분석을 이유에까지 확장한다. 내 피부가 갈색이 되었으면 하는 내 욕구와 내가 해변에 감으로써 아주 쉽게 이 변화를 초래할 수 있다는 내 믿음은 합쳐서 해변에 가는 이유와 내 손발의 움직임의 원인을 이루게 된다. 행위 이론가들은 이렇게 말할 수 없는데, 그것은 그들이 정신 상태를 목적론적 관련을 통해 정의하기 때문이다. 그러나 그들은 이유나 목적 때문에 행위를 한다는 것이 무엇인지에 대한 설명을 제시할 수 있는데, 이 설명은 이런 방식으로 행위를 이해하는 일이 그 행위를 인과적으로 결정된 것으로 이해하는 일을 포함한다는 귀결을 갖는다. 생물학적 기능 개념을 이용하는 사람들도 그것에 대해 비슷한 분석을 원한다. 그래서 어떤 것이 어떤 것을 위해 만들어지거나 선택되었다고 생각하는 일은 어떠한 비인과적 유형의 이해도 요구하지 말아야 한다. 물리주의적 행위 이론가들이 찬성하는 종류의 분석은 스피노자의 분석보다 낫지만, 어느 쪽 분석이든 그것으로 될까?

7.3 목적론적 설명의 이론

스피노자주의자는 이 비슷한 어떤 것을 말해야 한다.

RpΦA = A의 Φ함은 p라는 믿음에 의해 야기된다.
TfBΦA = A의 Φ함은 fB에 대한 욕구에 의해 야기된다.

나는 만일 RpΦA라면 우리가 '그가 p라고 믿었기 때문에 A Φ했다' 고 말할 수 있으며, 만일 TfBΦA라면 우리가 '그는 fB를 욕구했기 때문에 A Φ했다' 고 말할 수 있다는 데 동의한다. 그러나 두 경우 모두에서 생각 동사는 삽입구 안에 넣을 수 있다. 그래서 우리는 다음과 같이 말할 수 있다. '왜냐하면, 그가 믿었기 때문에, p를, A는 Φ했다' (Because, as he believed, p, A Φed). '하기 위해서, 그의 욕구였기 때문에, B는 f가 될 수 있도록, A는 Φ했다' (In odrer that, as was his desire, B might become f, A Φed). '왜냐하면' (because) 절에서 동사가 진정한 원인을 표현할 때는 이러한 문법적 변형이 허용될 수 없다. '왜냐하면 오셀로가 베개를 눌렀기 때문에, 데스데모나가 죽었다' 에서 '눌렀다' 는 어떤 방식의 원인 작용을 의미한다. 그리고 '왜냐하면, 오셀로가 베개를 눌렀기 때문에, 데스데모나가 죽었다' (Because, as Othello pressed on the pillow, Desdemona died)고 말하는 것은 영어가 아니다. 이 논증은 일상의 사고에서 정신적 상태가 원인으로 생각되지 않음을 증명한다. 물론 철학자는 여전히 우리가 정신적 상태를 원인으로 생각해야 한다고 주장할 수 있는데, 아마 비물리적 상태나 사건이 없고, 또한 사물을 이해하는 비인과적 방식이 없다고 논증함으로써 그렇게 할 수 있을 것이다.

우리가 정신적 상태를 원인으로 생각한다는 생각은 인과적 이해에 대한 규칙성 이론에 의해 강화되고 보호되었다. 만일 내가 RpΦA라고 생각한다면, 아마 나는 A의 입장에 있으면서 p나 유사한 어떤 것을 믿는 사람은 누구라도 Φ할 것이라고 생각한다. 그렇다면 만일 인과성이 규칙적 출현에 지나지 않는다면, A의 Φ함은 p라는 믿음에 의해 야기되었을 것이다. 이것은 원인이 일반적으로 결과와 관계가 있는 방식의 경우에 순수하게 학문적이고 인간의 이해관계와 무관한 것처럼 보이는 어떤 것에 관한 철학적 과오가 어떻게 인간의 본성에 대한 우리의 이해를 흐릴 수 있는지를 보여준다.

나는 조너선 베넷(Jonathan Bennett, 1976, 제2장)을 물리주의적 행위 이론가의 대표자로 간주한다. 세련된 내용을 잘라내면 그의 이론은 다음과 같다. 만일 A가 그러한 상황에서 fB가 되도록 행하는 것을 다른 상황에서도 하도록 내적으로 구성되거나 만들어져 있다면, A는 fB를 욕구한다(아만다는 그녀의 아기가 살이 찌기를 원한다). 만일 B가 f가 되려면(일정한 범위 안에서) 어떤 것을 하는 일이 필요한 모든 상황(의심할 여지없이 일정한 한계 내에서)은 그녀가 그것을 하도록 야기하며, 그녀가 그녀의 신경계를 자극함으로써 특별한 방식으로 그것을 하도록 야기한다. 만일 (1) A가 fB를 욕구하고(즉 만일 fB가 그녀의 목표라면), (2) 상황 C는 그 목표가 달성되어야 한다고 할 경우에 그녀가 Φ를 하는 일을 반드시 필요하게 만들고, (3) C가 사실상 그녀가 Φ를 하도록 야기한다면, 그녀는 C라고 믿는다. 만일 건넌방의 울음소리가 그녀가 반드시 젖병을 가져오게 하고, 실제로 그녀의 청각 신경을 자극함으로써 그녀가 젖병을 가져오게 야기한다면, 그녀는 건넌방에서 울음소리가 들린다고 생각한다. 그리고 만일 울음소리와 비슷한 어떤 것, 이를테면 지붕에서 나는 고양이의 야옹소리가 똑같은 방식으로 똑같은 행동을 야기한다면, 그녀는 또한 그렇게 생각하는 것이다.

이것은 몹시 독창적인 이론이다. 이 이론은 체스 경기를 하는 컴퓨터와 자동유도 미사일이 어떤 종류의 정신 상태를 갖는 것을 허용하겠지만, 물리주의자의 시각에서 볼 때 그것은 결함보다 오히려 장점이다. 그렇지만 나는 그 이론이 다른 사람의 정신 상태에 관한 믿음에 적용되면 무너진다고 생각한다.

인간은 다양한 목표(지금 와인을 마시기, 지금 오페라를 보러 가기, 지금 다른 사람에게서 인정받기)를 갖는 대상으로 생각된다. 그러나 많은 목표를 가진 대상이라는 개념은 순전히 형식적이다. 그 개념은 인간 이외의 다른 동물들에도 적용되며, 그 개념만으로 우리가 어떤 물리적 대상을 인간으로 골라낼 수 있게 하지는 않는다. 그 순간에 우리가 개체를 이루는 것으로 생각하지 않는 질료의 양, 원자들의 집합도 여전히 목표를 가진 대상이라는 형식적 개념을 만족시킬 수 있는데, 비록 그 경우에 그 목표들이 현재 우리에게 뭔가 중요성을 갖는 목표는 아니라 할지라도 그렇다. 우리를 당황케 하는 사고는 다음과 같다. 즉 이 순간에 내 오른쪽 눈 부분, 이 방에서 깔개가 깔린 바닥의 부분, 쥐 한 마리와 집게벌레 두 마리의 부분들로 구성되는 고도로 지성적인 목표 추구자가 있을 수도 있다. 그러나 인간에 관한 한 유아들이 그들 주변의 사람을 목표 추구자로서가 아니라 자신들에게 다양한 방식으로 유용하거나 이롭거나 해로운 대상으로 골라냄으로써 그들의 삶을 시작한다고 가정하는 것이 자연스럽다.

그렇다면 우리는 다른 사람들에게 어떻게 목표를 귀속시키며, 왜 우리는 그들에게 우리가 귀속시키는 특수한 목표들을 귀속시키는가? 두 번째 물음은 쉬운 물음처럼 들린다. 즉 우리는 다른 사람들에게 우리 자신이 가진 목표를 귀속시킨다. 우리는 그들이 우리에게 이로운 것을 얻고 해로운 것을 피하기 위해 행동한다고 생각한다. 그러나 우리는 우리의 목표가 무엇인지를 어떻게 아는가? 유기체는 자신이 목표를 가진다는 것을 모른 채 목표를 가질 수 있다. 그래서 어쩌면 도마뱀이 그럴 것이다. 초콜릿을 얻는다는 것이 내 목표라는 것을 알기 위해서는 나는 나 자신에 대해 어떤 개념이 필요하다. 쐐기풀과 초콜릿 자체는 말하자면 아이의 주의를 끌도록 강요하는데, 쐐기풀을 만지는 것과 초콜릿을 먹는 것이 특수한 종류의 자기 내면적인 광채를 가진 경험이라는 점에서 그렇다. 그러나 베넷의 분석에 따르면, 그런 경험을 그 자체의 목표로 생각하기 위해서는 아이는 그 경험을 그 자체가 되는 특정 대상의 움직임과 특별한 방식으로 관련되는 것으로 생각해야 한다. 그 대상이 그것에 대해 어떻게 알아채고, 어떻게 그것에 대해 생각을 갖게 되는가?

우리가 어떻게 다른 사람들에게 어떤 목표를 귀속시키는지에 대해서 베넷은 이것이 그들이 어떻게 행동할 것인지를 예측하는 능력을 증가시키고, 그럼으로써 우리 자신의 목표를 달성하는 능력을 증가시킨다고 말할 수도 있을 것이다(162~3면 참조). 그러나 이 답은 이타주의를 폐지하는 것처럼 보인다. 이타적으로 행동할 때 나는 당신의 목표를 나 자신의 목표로 만드는데, 이것은 내가 그 목표를 나 자신을 위해 달성하려 한다는 의미에서가 아니라 내가 당신이 그것을 달성할 수 있게 행동한다는 의미에서 그렇다. 이제 그렇게 되면 베넷의 분석에 따를 때, 내가 당신이 원하는 어떤 것을 얻도록 하기 위해 행동하는 일에 난점은 없다. 그러나 이것은 그저 먹을거리를 얻고 몸에 해로운 것을 피하려는 일 같은 나의 숨겨진 어떤 목표에 대한 수단인가? 그러면 이타주의는 표면적인 것에 지나지 않는다. 또는 당신이 당신의 목표를 달성하는 일이 본래 나에게도 목표이고, 그 목표가 나 자신을 위해 먹을거리를 얻는 일 같은 좀 더 이기적인 목표에 우선해서 내가 추구할 수 있는 목표인가? 그것은 내가 당신이 욕구하는 변화를 단지 당신의 움직임이 초래하기 쉬운 변화라고 생각하는 한 몹시 당혹스럽게 만드는 것처럼 보인다. 베넷의 분석에 따르면, 내가 당신이 어떤 목표를 달성하도록 행동하는 한 우리는 그러한 목표를 추구하는 단일 체계를 형성하는 것처럼 보인다. 우리는 두 사람이 아니라 한 사람을 형성한다. 실제로 우리를 분리시키는 것은 내가 당신이 어떤 것을 원한다고 생각한다는 것이다. 베넷의 설명은 당신을 사람으로 의식하는 이 자각 상태를 설명하지 못한다.

베넷의 설명을 생물학적 기능 개념으로 보완하는 일도 도움이 되지 못할 것이다. 우리는 필립이 다른 군인이 어떤 상태에 있다고 생각함으로써 그 다른 군인이 물을 욕구한다고 생각한다고 말해야 하는데, 이는 다른 군인이 물을 접할 수 있게 하거나 그 다른 군인이 물을 접하는 일을 통해 또 다른 어떤 목표를 달성할 수 있게 하기 때문이다. 그러나 필립은 왜 그렇게 생각해야 하는가? 그리고 생물학적 기능에 대한 문외한들은 우리의 궁극적 목표가 우리 유전자의 목표이고, 우리의 유전자는 어쩔 수 없이 이기적이라고 믿기 때문에, 베넷이 이타주의에 대해 설명하지 못하는 것만큼이나 그들도 설명하지 못한다. 제8장에서 나는 바로 사심 없는 우정과 증오라는 관념을 이용함으로써 우리가 어떻게 사고에 관한 사고를 가질 수 있는지 설명하려 할 것이다.

베넷의 이론과 스피노자주의 이론은 목적론적 이해를 인과적 이해로 환원시킨다. 그러한 환원은 우리의 사고를 비참할 정도로 빈약하게 만드는 것이다. 목적론적 설명과 인과적 설명은 서로 다른 것들에 적용되고 서로 다른 방식의 이해를 제공하기 때문에 두 가지 다른 종류의 설명이다.

나는 인과적 설명이 발생하는 변화에 적용된다고 논했다. 일어나는 어떤 것이 아니라 일어나고 있는 어떤 것으로 생각할 때 변화는 인과적 피설명항이 아니라 인과적 설명항으로 생각된다. 내가 기술한 인과적 설명 유형은 모두 피설명항을 필연적이거나 불가피한 것으로 나타낸다. 그런 설명들이 제공하는 이해는 이해되는 것의 불가피성을 파악하는 일로 이루어진다.

목적론적 설명은 반대로 적용된다. 일어나거나 초래되는 변화에 대한 목적론적 설명은 없다. 일어나는 어떤 것으로 생각했을 때 변화는 우리의 사고에서 목적론적 피설명항으로 그려질 수 있다. 즉 변화는 어떤 것을 초래하는 것이나 어떤 것을 막는 것의 역할을 할 수 있다. 그러나 우리가 목적론적으로 설명하는 것은 바로 일어나는 일로 생각되는 초래함과 막음과 변화이다. 만일 내가 20분에 1마일을 걷는다면, 이유나 목적이 되는 것은 내가 걸은 마일이 아니라 내가 20분간 걷는 일이다.

목적론적 설명은 원인 작용뿐만 아니라 무행위, 즉 야기하거나 막는 일을 삼가는 경우에도 적용된다. 그리고 목적론적 설명은 피설명항을 불가피한 것으로서가 아니라 오히려 자유 의지나 자발성의 발휘로 나타낸다. 목적론적 설명을 통해 제시되는 이해는 이해되는 행동의 자발적 특성을 파악하는 일로 이루어진다. 그것은 인과적 필연성보다 훨씬 더 풍부한 개념이다. 그것은 어떤 사람의 행동을 숙련되거나 숙련되지 않은 것, 또는 독창적이거나 독창적이지 않은 것, 영리하거나 바보 같은 것, 재미있거나 지루한 것, 고결하거나 사악한 것으로 보기 위해 자발적이거나 의도적인 것으로 보는 일의 부분이다. 이러한 모든 정신적 개념과 도덕적 개념은 목적론적 이해에 속한다.

목적론적 설명이 원인 작용에 적용된다고 말할 때 나는 모든 원인 작용이 사실상 목적론적으로 설명될 수 있다는 것을 의미하지 않는다. 나는 어떤 원인 작용 조각에 대해서는 목적론적 설명을 추구하는 것이 적절하다는 것을 의미할 뿐이다. 우리는 쉽게 꽝을 뽑을 수도 있다. 우리와 우리 환경에 영향을 미치는 원인적 작인 대부분은 아무런 이유나 목적 없이 행동한다. 그들의 행동은 목적론적으로 해명 불가능하며, 우리는 그 행동을 정신이 없거나 맹목적이라고 생각한다. 절대로 이유나 목적에서 행동하지 않는 작인을 우리는 '생명 없는' 것이라 부른다. 그러나 정신 없음과 생명 없음이라는 이 개념들은 합목적적이나 의식적이라는 개념만큼이나 목적론적 개념이다. 그리고 이 개념들은 일차적으로 변화의 진행됨이나 변화의 진행되지 않음에 적용된다. 그래서 변화가 일어나는 어떤 것으로 생각되는 한 그것은 합목적적이지도 목적이 없는 것도 아니다.

그러나 설령 목적론적 이해가 인과적 이해와 근본적으로 다르다 할지라도, 우리가 실제로 우리의 정신 상태 개념들을 비물리적 속성에 전혀 호소하지 않고 목적론적 이해에만 의거해서 분석할 수 있을까? 이제 나의 행위 이론에 대한 몇 가지 반론을 살펴볼 것이다.

7.4 행위 이론 옹호

뻔한 반론은 우리가 행동에서 나타나지 않는 믿음과 욕구를 가질 수 있다는 것이다. 나는 단순히 헤이스팅스 전투가 1066년에 일어났다는 믿음처럼 잠복된 믿음을 의미하지 않는데, 이 믿음은 많은 사람이 그 문제에 대해 아무 생각도 하지 않은 채 생애를 통해 저장해 놓고 있는 믿음이다. 나는 사고에 대해 실제로 생각하고 있는 일에 대해 언급하고 있다. 러셀이 표현하듯이(1921, 246면), 어떤 믿음이 단순한 '생각' 속에서 '능동적으로 실존'할 수는 없을까?

우리는 서로 다른 많은 종류의 믿음과 욕구를 갖는다. 다음은 몇 가지 선택된 예다.

1. 나는 이 연못에 악어들이 있다고 믿는다. 나는 지금 당장 와인 잔이 있었으면 좋겠다.
2. 나는 당신이 지난주 나에게 편지를 썼다고 믿는다. 나는 당신이 그렇게 해서 기쁘다.
3. 나는 찰스가 처형되었다고 믿는다. 나는 그가 처형되지 않았기를 바란다.
4. 나는 엘리자베스 베넷이 다아시 씨를 사랑한다고 믿는다. 나는 그녀가 그와 잘되기를 바란다
5. 나는 개개의 모든 초한수에 대하여 그보다 더 큰 수가 있다고 믿는다. 나는 알레프 영보다 큰 수가 없기를 바란다.

이런 정신 상태들은 언제 '능동적으로 실존하는가'? 내가 이를테면 찰스 1세가 참수되었다고 생각할 때는 실제로 언제인가? 우리는 어떤 일이 지구의 특정한 자전일과 동시적이라고 말함으로써 그 일의 날짜를 추정한다. 주어진 물리적 사건과 직접적으로 동시적일 수 있는 유일한 것은 다른 물리적 사건들이다. 믿음은 어떤 물리적 사건 자체나 다른 어떤 사건과 단순한 시간적 연관 이상의 어떤 것을 통해서만 그 사건과 동시적일 수 있다. 이것은 단순히 어떤 동시성 주장이 옳은지를 알아내는 방법에 관한 주장이 아니다. 우리가 절대시간이 있으며, 모든 것이 그것의 부분들과 직접적인 시간적 관계를 맺는다고 생각하지 않는 한, 우리는 어떤 사고가 1984년의 세 번째 날에 영국 국회의사당 앞의 시계가 정오를 알리는 것과 동시적이라고 주장하는 것이 무엇을 의미하는지 말할 필요가 있다. 어떤 철학자들은 사고가 뇌의 물리적 사건과 동일하게 됨으로써 시간적 순서에서 어떤 자리를 차지한다고 말할 수 있다. 내 제안은 사고를 표현하는 행동을 통해 그렇게 된다는 것이다. 일반적으로 A는 RpΦA일 때 p라고 믿는다.

(1) 같은 경우에 내가 적당한 조처를 취하지 않는 것은 그 자체로 내가

그 믿음이나 욕구를 갖지 않는다고 생각하는 데 대한 이유이다. 만일 내가 그 연못에서 즐겁게 수영을 하고 있다면, 당신은 특별한 어떤 반대 이유가 없는 한 내가 그 연못에 악어들이 있다고 믿지 않는다고 가정해야 한다. (그래서 내 시야에 악어가 있다는 것은 결정적 이유가 아니다.)

제6장에서 대상을 속성을 갖는 것으로 생각하는 일과 대상을 변화하는 것으로 생각하는 일의 차이를 설명하려고 하면서 나는 속성이 우리의 사고에 이유나 원인 조건으로 등장할 때 우리가 갖는 것으로 생각된다고 말했다. 나는 원인 조건으로 나타나는 일이 이유로 나타나는 일과 양립 불가능하다는 것을 의미하지 않았으며, 그래서 그것이 나의 현재 기본주장에 대한 예외가 된다는 것을 의미하지 않았다. 만일 내가 '불이 확산되고 있는 것은 바로 잔디가 건조하기 때문이다'고 생각한다면, 잔디의 건조함은 확실히 원인 조건으로 나타나지만, 불은 이것과 실제로 전혀 상관없는 것이 아니다. 우리는 불이 확산되기를 원하기 때문에, 또는 좀 더 일반적으로 불이 확산되는 것을 싫어하기 때문에 불이 확산되는지를 알아챈다. 만일 내가 이 불이 유용한 것에 손해를 입히거나 사람들에게 해를 입힐 것을 염려한다면, 잔디의 건조함은 내가 불이 확산되는 것을 막으려고 더 한층 노력해야 하는 일을 필요하게 만드는 어떤 것으로 나타난다. 만일 내가 목초지를 개량하기 위해 풀을 태우는 양치기라면, 잔디의 건조함은 내가 더 한층 불이 확산되도록 노력하는 일을 불필요하게 만드는 어떤 것으로 나타난다.

때로 어떤 행위자가 실제적으로 중요한 어떤 것을 믿지만 그 믿음에 따라 행동하지 않는 일이 일어난다. 강에서 배를 타면서 나는 그 강에 악어가 창궐한다고 믿지만, 그래도 나는 내 어린 딸이 방금 배 밖으로 떨어졌기 때문에 강으로 뛰어든다. 그렇다면 악어들이 있다는 이유 때문에 내가 하는 어떤 것이 있는가? 나는 특별히 조심한다. 그러나 여기서 내 믿음은 악어들이 있기 때문에 어떤 것을 하는 것이 아니라 악어들이 있음에도 불구하고

(강으로 뛰어드는) 어떤 것을 하는 일로 이루어진다. 어떤 상황에도 불구하고 행동한다는 것은 무엇인가? 만일 내가 p에도 불구하고 Φ한다면, 내가 Φ함을 삼가야 하는 어떤 조건(내 딸이 떨어지지 않았다)이 충족되지 않았다는 것은 의심할 여지가 없다. 그러나 우리는 이러한 반사실적 분석에 전적으로 의존할 필요가 없다. 앞에 적들이 있음에도 불구하고 전진하는 군인은 (적들이 있기 때문에 전진하는 피에 굶주린 동료와 달리) 마지못해 하면서 전진한다. 그 마지못해 함은 어떤 것들(근육의 긴장, 중얼거리며 행운을 빔, 적진을 넘어서기 위해 돌진함)을 포함할 수 있지만, p라는 사실에도 불구하고 행해진 것은 행위자가 p라는 것을 몰랐더라면 행했을 때보다 덜 민첩하고, 덜 침착하며, 덜 태평하게 등등의 방식으로 행해진다. 내가 정신 상태들이 행동으로 표현되어야 한다고 말할 때 나는 행동을 단순히 밀기와 끌기뿐만 아니라 상상하기와 상상하려 하지 않기까지도 계산에 넣는다. 그리고 p라는 이유와 q라는 사실에도 불구하고 내가 Φ할 때, q라는 내 믿음은 보통 내가 Φ함에 대한 제한조건으로 표현되는 것이지 내가 다른 어떤 것, 즉 Ψ함으로 표현되지는 않을 것이다.

(2) 같은 정신 상태는 (1) 같은 정신 상태와 중요한 점에서 다른 것은 아니라고 나는 생각한다. 당신이 지난주에 나에게 편지를 쓴 일은 나에게는 지금 답장을 쓰는 일, 당신에게 기대는 일 등에 대한 이유가 될 것이다. 최근 과거에 우리 가까이에서 일어난 일은 종종 생생한 실제적 중요성이 있다. 우리는 (1) 같은 정신 상태는 물론이고 (2) 같은 정신 상태도 개와 코끼리에게 귀속시킨다. 그러나 (3)~(5) 같은 상태는 다르다. 우리는 그런 상태들을 동물들에게 귀속시키는 것을 주저하는데, 우리가 주저하게 되는 한 가지 이유는 그런 상태들이 언어로 표현되는 일에 의존한다는 것이다. 만일 그 말이 올바르다면 — 만일 루이 16세가 아니라 찰스 1세가 참수되었다고 생각하기 위해서 내가 이것을 말로 표현해야 한다면 — 나의 정신 상태

의 표현으로 제시할 수 있는 어떤 행동이 이미 있는 셈이다. 내가 작은 소리로 그 이름을 중얼거릴 때 나는 그 믿음을 가지고 있다고 말할 수 있는 것이다.

그렇지만 사실상 그러한 중얼거림은 대응하는 사고를 갖는 일의 충분조건이 아니라 기껏해야 필요조건이다. 내가 '유리 분수보다 실수가 더 많다'고 말할 때조차도 나는 그것을 믿을 필요가 없다. 어쩌면 내가 그 말을 여기서 예로 사용할 준비가 되어 있다면 그것을 믿는 것일 텐데, 왜냐하면 내가 그른 어떤 수학적 믿음을 예로 제시한다면 나는 무지해 보여야 할 것이기 때문이다. 역사, 수학, 철학은 규칙과 관습에 따라 느슨하게 조직된 공동체에 의해서 추구되는 기획이다. 그것들은 게임과 같다. 우리는 그런 것들에 종사하는 동안 이론적 사고를 가지며, 내가 p라는 것을 선언할 준비가 되어 있거나, 적어도 논문 초고에 그것을 포함시킬 준비가 되어 있을 때 나는 p라고 믿는다.

초한수(超限數)에 관한 욕구는 실제로 그런 일이 일어난다면 브리지나 크리켓을 하는 일의 부분을 이루는 종류의 욕구('다른 손에 킹이 있기만 하면!')에 비교될 수 있다. 문예 비평 역시 어느 정도 게임과 비슷할 수 있다. 그러나 완전한 허구적 인물(엘리자베스 베넷)이나 접촉할 수 없을 정도로 먼 사람(찰스 1세)에 대한 우리의 정서적 열중은 특별한 취급을 받을만하다. 나는 (독서를 통해 소설 속에서) 그 사람에 관해 좀 더 많이 알아내려는 것뿐만 아니라 접촉 가능한 사람들이 똑같은 상황에 처했을 경우에 우리가 어떻게 행동했을 것인지에 관한 가상의 욕구를 갖는 것을 통해서도 그러한 정서적 열중이 표현된다고 생각한다.

러셀은 모든 정신 상태가 행동으로 표현되어야 하는지 의문시했다. 그러나 내가 찬성하는 행동 이론 버전은 그 이상의 것을 주장한다. 어떤 점에서 그 버전은 정신 상태를 행동으로 환원시킨다. 그 버전은 p라고 믿는 일이 그 이유에서 행동을 하거나 행동을 하지 않는 것에 지나지 않는다고 말한다. 이런 주장은 정신 상태를 통째로 제거하는 것 아닌가라는 이의가 있을 수 있다. 실제로 어떤 이유에서 어떤 것을 하는 일과 그냥 그것을 하는 일은 어떤 차이가 있는가? 만일 내가 데스데모나가 카시오를 사랑한다는 이유로 오셀로가 베개를 누르고 있다고 생각한다면, 카시오에 대한 그녀의 사랑이 내 사고에서 어떤 역할을 한다. 그러나 우리는 모두 그녀가 실은 카시오를 사랑하지 않았음을 안다. 아무도 오셀로에 관해 생각하지 않았다면 어떤가? 추정컨대 그래도 그는 그저 베개를 눌렀을 것이다. 그러나 사실상 지성적인 행동이나 바보 같은 행동으로 환원 가능하기는커녕 정신 상태는 그런 행동에 의해 미리 가정된다(고 이의는 계속된다). 오셀로는 오직 그렇게 믿기 때문에만 데스데모나가 카시오를 사랑한다는 이유에 따라 행동할 수 있다.

이것은 실제로 행동 이론을 진지하게 받아들이는 일을 거부하는 것이다. 나는 만일 RpΦA라면, A가 p라는 것을 믿어야 한다는 데 동의한다. 그러나 내 이론에 따르면 그것은 p라고 믿는 일이 그 이유로 Φ함의 원인이기 때문이 아니다. 그것은 그 이유로 Φ함이 어떤 것을 믿는다는 것이기 때문이다. '만일 A가 p라는 이유에서 행동한다면, A는 p라는 것을 믿어야 한다' 는 '만일 A가 미혼 여성이라면, A는 처녀이어야 한다' 와 비슷하다.

만일 정신 상태가 어쨌든 행동과는 구별되는 속성이나 과정이라면, 그것은 행동과 전혀 관계가 없지만, 그냥 행동과 평행해서 나타난다. 그리고 그렇게 되면 우리가 발견하는 대응물들이 있다는 것은 놀랄만한 일이다. 그렇지 않으면 정신 상태는 행동과 인과적으로 관계되어 있어야 한다. (물론 믿음이나 욕구는 이유가 될 수 있다. 그래서 교황이 당신을 독살하려 한다거나 돌고래와 섹스하기를 원한다고 믿는 일은 그를 꺼리게 만드는 일의 이유일 수 있다 — 그러나 그것은 여기서의 논점을 벗어난 것이다.) 인과성에 대한 견실한 모든 견해에 따르면, 정신 상태를 행동과 인과적으로 관련시키는 것은 심각한 난점들을 포함한다. 그리고 행동 이론은 사실상 오셀로에 관해 오셀로가 어떤 것을 믿는지 안 믿는지에 관한 누군가의 사고에 의존하도록 만들지 않는다. 그가 Φ하는 것은 다른 누군가가 그의 행동을 이런 식으로 이해하든 않든 p라는 이유에서일 수 있다. 프로이트의 식탁보에 그려진 여성이 그 증거다.

격앙된 물리주의자는 다음과 같이 말할 수도 있을 것이다. '목적론적 관계는 인과적 관계로 환원될 수 있거나 완전히 이해할 수 없는 것이거나 둘 중 하나이며, "그런 이유에서"란 구절과 "…하도록"은 그냥 소리일 뿐이다' 이런 물리주의자의 반응에 대해 나는 다음과 같이 응답한다. '만일 그렇다면, 정신 상태는 완전히 이해할 수 없는 것이 될 것이며, "생각하다"와 "원하다" 같은 소리에 우리가 어떤 의미를 부여한다고 상상할 때 착각하고 있는 셈이다. 그러나 우리는 그렇게 착각하고 있지 않으며, 정신 상태는 그런 것이 아니다. 그래서 인과적 이해는 우리가 갖는 유일한 종류의 이해가 아니다.' 어쩌면 그것은 막다른 골목처럼 보인다. 만일 그렇다면 나는 비인과적 이해를 필요로 한다고 논할 때 아래에서 그것을 인과적으로 이해하기 위해서가 아니라 인과적 이해를 이해하기 위해서 그것을 깨뜨리고 싶다.

그 사이에 이 장의 결론은 다음과 같이 진술될 수 있다. 동사 '생각하다' (to think)와 '원하다' (to want)는 일차적으로 사고와 표현의 형태를 기술하는 데 사용된다. 만일 내가 RpΦ나 TfBΦA라고 믿는다면, 당신은 내가 A가 p라고 생각한다거나 fB를 원한다고 말할 수 있다. 그리고 만일 내가 이런 것들을 선언한다면, 당신은 내가 p라는 상황이나 변화 fB를 믿음이나 욕구의 대상으로 표현한다고 말할 수 있다. 그러나 비록 그렇게 해서 생각이나 원함을 나타내는 동사들이 일차적으로 사고와 담화를 기술하는 이차질서 어휘에 속한다 할지라도, 그 동사들은 설명적 표현 방식을 달성하기 위해 일차질서 담화에서도 사용될 수 있다. 나는 내 발언을 'A는 p라고 생각한다', 'A는 fB를 원한다' 고 말함으로써 설명적 형태로 제시한다.

제 8 장
도덕적 개념

8.1 좋음과 나쁨에 대한 이론

행위, 정신 상태, 인간은 좋거나 나쁜 것으로 생각된다. 이렇게 생각할 때 우리가 그런 것들에 관해 생각하는 것은 무엇인가? 예컨대 좋은 행위와 나쁘거나 악한 행위는 어떻게 다른가? 그리고 우리가 숙고하고 있는 행위가 두 집합 중 어느 것에 속하는지를 우리가 어떻게 말할 수 있는가? 학문으로서의 철학은 소크라테스와 그 제자들이 의술, 건축술, 항해술에 필적하는 일상적 유형의 전문적 식견으로는 이런 물음들에 답할 수 없다고 보았을 때 시작되었다. 항해술은 어떤 여행을 달성하는 최선의 방법을 말해줄 수 있지만, 그 여행에 착수하는 것이 최선일 것인지 아닌지는 말해줄 수 없다.

'좋은'과 '나쁜'이라는 낱말은 얼핏 보기에 '녹색의'와 '둥근'과 똑같은 방식으로, 또는 적어도 '큰'과 '빠른'과 똑같은 방식으로 의미를 갖는 것처럼 보이는 형용사들이다. 이 낱말들은 마치 대상이나 변화에 적용되는 것처럼 보이는데, 그것은 그러한 대상이나 변화가 그 자체로 예화하는 속성 때문에, 또는 그러한 대상이나 변화가 다른 것들과 관계되어 있는 방식 때문에 그렇게 보인다. 그렇지만 소크라테스와 그 추종자들은 모든 좋은 행위나 모든 좋은 사람이나 모든 좋은 정신 상태가 소유하고 있는 한 가지 속성은 없다고 확신했다. 그리고 비록 그들이 '좋은'과 '나쁜'을 어떤 점에서 상대적 용어라 생각했다 할지라도, 그들은 그 용어들을 '큰'이나 '빠른'과 똑같은 방식의 상대적 용어라고 생각하지는 않았다. 예컨대 크세노폰은 좋은 것은 어떤 사람이나 어떤 것을 위해 좋은 것이어야 한다고 말한다(*Memorabilia* III viii 3). 반면에 큰 것은 어떤 것을 위해 큰 것이 아니다(비록 그 큰 것이 어떤 것을 위해서는 너무 크고, 그런 이유로 그것에 대해 부적절하거나 해로운 것이라 할지라도).

그렇다면 최초의 철학적 분석은 도덕적 용어의 의미가 문제가 있음을 파악한 셈이었다. 그리고 아리스토텔레스는 아퀴나스 같은 중세 기독교 사상가들과 스피노자가 변형해서 받아들인 이론을 제창했다. 아리스토텔레스는 좋음이라는 기초적 개념이 욕구의 목적이나 목표, 또는 대상 개념이라고 주장했다. 좋은 것은 어떤 합목적적 행위자가 그것을 달성하기 위해 행동하는 것이다. 또는 달리 표현해 그것을 초래하기 위해 행동하는 것, 또는 우리가 상실하거나 막지 않도록 하기 위해 행동을 삼가는 것이다. 어떤 대상이나 변화나 속성을 좋다고 생각하는 것은 그것을 이런 종류의 목적론적 설명항으로 생각하는 것이다. 그리고 그것을 나쁘다고 생각하는 것은 그것을 반대 종류의 설명항, 즉 우리가 행동하는 것을 피하거나 막는 어떤 것, 또는 우리가 야기하거나 보존하지 않도록 하기 위해 행동하는 것을 삼가는 어떤 것으로 생각하는 것이다.

우리가 좋다고 생각하는 것을 얻으려 하고 나쁘다고 생각하는 것을 싫어한다는 것은 꽤 분명하다. 그러나 우리는 어떤 것을 좋기 때문에 지향하는가, 아니면 지향하기 때문에 그것이 좋은 것인가? 우리는 그것이 좋다는 것을 알며, 그렇기 때문에 그것을 얻으려 노력하는가, 아니면 그것의 존재가 그것을 좋게 만드는 것을 지향하는가?

좋게 됨의 한 가지 방식은 또 다른 좋은 어떤 것에 기여함에 의해서이다. 우리는 이런 방식, 즉 수단으로서 좋은 것들을 지향하는데, 그것은 그것들이 수단으로서 좋기 때문이지 그 반대는 아니다. 그러나 그 자체로 좋고, 그 자신을 위해 지향하는 쾌락, 지식, 우정 같은 것들에 관한 입장은 좀 더 의심스럽다.

만일 우리가 '우리는 그것들이 좋기 때문에 그것들을 지향한다' 고 말한다면, 그것들을 좋게 만드는 것은 무엇인가? 그것들의 좋음은 무엇으로 이루어지는가? 딜레마의 뿔을 다루기 위해 지도적인 현대 사상가 무어(G. E. Moore)는 그리스 시대의 원래 통찰을 버리고 좋음을 속성으로 만들었다. 그는 본래 목적으로 좋은 유일한 것은 어떤 쾌락적인 정신 상태들뿐이라고 말한다. 그리고 그는 이러한 정신 상태들의 좋음이 다소간에 그림으로 나타낼 수 있는 통일성이나 균형감이나 충일함처럼 그 정신 상태들이 예화하는 종류의 속성이라고 주장한다(1903, 제1장, 제6장). 무어 이론의 별난 미적 특성은 아마 섀프츠베리(Shaftesbury)에게서 유래했을 것이다(*The Moralists* III ii). 그렇지만 섀프츠베리의 추종자 대부분이 어떤 행위나 정신 상태의 좋음을 그것을 관조하는 지적이고 감수성이 예민하며 편견 없는 사람들에게 쾌락 느낌을 야기하는 그것의 능력과 동일시하는 반면에, 무어는 어떤 정신 상태의 좋음을 누군가가 어떻게 반응하는지와 무관하게 그 상태가 갖는 본래적인 비관계적 속성이기를 원했다. 이 생각은 블룸즈버리에게 영감을 주었지만 지금은 비현실적인 것처럼 보인다. 무어가 본래적으로 좋은 것으로 확인한 정신 상태는 미적 대상에 대한 주시를 찬탄하고, 찬탄할 만큼 아름다운 대상을 주시하고 있는 아름다운 사람들에 대한 주시를 찬탄하고 있다(ss 113, 122). 이런 정신 상태들이 공유하는 하나의 속성은 없는 것처럼 보인다. 그리고 만일 그런 속성이 있다 해도, 그 속성이 좋음과 동일하다는 주장을 이치에 닿게 만드는 것은 어려운 일일 것이다. 욕구와의 연관은 완전히 절단되었다. 왜 우리는 이런 종류의 '좋음' 을 갖는 정신 상태를 지향해야 하는가?

다른 한편으로 만일 우리가 어떤 것들을 지향하기 때문에 그것들이 좋은 것이라면, 왜 우리는 그것들을 지향하는가?

다음과 같이 생각해보면 쉽다. 우리가 추구하는 어떤 것들이 있고, 우리가 그 자체로 피하는 어떤 것들이 있다. 여러 가지 쾌락적 감각은 첫 번째 범주에 속하고, 고통이나 메스꺼움의 느낌은 두 번째 범주에 속한다. 우리는 이러한 궁극적 욕구와 혐오의 목표에 기여하기 때문에 어떤 것들은 지향하고 어떤 것들은 피한다. 우리는 우리의 궁극적 목표에 대한 수단이 되는 행위에 대해 합리적 정당화를 제시할 수 있다. 어떤 것을 행하거나 어떤 것을 원하는 일에 대해 이유를 제시한다는 것은 바로 그것이 어떻게 또 다른 어떤 이익으로 이끄는지를 보여준다는 것이다. 하지만 그렇기 때문에 우리는 궁극적 목표 자체를 정당화할 수 없다. 내가 어떤 것을 그 자체로 지향하는 일이 완전히 해명 불가능한 것은 아닐 수 있지만, 그 설명은 합리적 정당화일 수는 없다. 그 설명은 인과적 설명이어야 한다. 나는 내가 만들어진 방식 때문에 이것을 지향하고 저것을 피한다. 흄은 그의 『도덕에 관한 탐구』(*Enquiry Concerning Morals*)의 끝 부분의 유명한 구절에서 이 견해를 요약한다.

> 인간 행위의 궁극적 목표는 어쨌든 그가 이유에 의해 그렇게 행동했다는 것일 수 없다 … 어떤 사람에게 왜 그가 운동을 하는지 물어보라. 그는 자신이 건강을 유지하고 싶기 때문이라고 대답할 것이다. 그 다음에 왜 그가 건강을 원하는지 묻는다면, 그는 건강하지 못한 것은 고통스럽기 때문이라고 쉽게 대답할 것이다. 더 질문을 계속하여 왜 그가 고통을 싫어하는지 이유를 묻는다면, 그가 끝까지 뭔가 답을 제시한다는 것은 불가능하다. 이것은 궁극적 목표인데, 이 목표는 절대 다른 어떤 목표를 언급하지 않는다(1902B, 293면).

여기에는 실제로 두 가지 사상이 있다. 하나는 합리성에 대한 회의적 이론이다. 우리의 궁극적 목표는 우리의 물리적 구조에 의해 정해지며, 합리적 정당화를 승인하지 않는다. 합리적 정당화는 궁극적 목표에 대한 기여를 보여주는 일로 이루어진다. 두 번째는 쾌락주의적 또는 감각적 동기 이론이다. 우리가 그 자체로 지향하거나 그 자체로 싫어하는 유일한 것은 어떤 감각들이라는 것이다.

이 사상들은 자연스럽게 같이 나타난다. 왜냐하면 우리에게 쾌락적 감각을 제공하는 것과 고통이나 혐오감을 야기하는 것은 실제로 우리의 물리적 구조에 의해 결정되는 문제인 것처럼 보이기 때문이다. 반면에 우리의 물리적 구조가 어떻게 우리가 지식을 그 자체로 지향하거나, 우리 친구들을 이롭게 하는 일을 지향하는 것의 원인이 되는지를 알기란 어려운 일이다. 문제는 단순히 이런 목표들이 성격상 너무 교훈적이고 고상한 것이어서 물리적 구조에서 기인할 수 없다는 것이 아니다. 그런 목표들은 지나칠 정도로 폭넓은 방식으로 달성될 수 있다. 적절한 상황에서는 거의 모든 것이 친구를 돕거나 우리의 지식을 넓히는 일에 도움이 되는 것으로 간주될 수도 있다. 그래서 합리성에 대한 흄의 이론에 찬성하는 사람은 누구라도 우리가 그 자체로 지향하는 유일한 것이 어떤 감정들이며, 우리는 우정, 지식 등을 그 자체로 추구한다고 말하고 싶을 것이다. 그럼에도 두 이론은 별개로 생각될 수 있다.

우리는 '사람들은 쾌락을 지향하고 고통을 싫어한다' 가 인간 심리에 대한 일종의 경험적 법칙이라 말하고 싶어 할 수 있다. 그러나 그것은 틀렸다. 그 진술을 경험적 법칙으로 확립하기 위해서는 우리는 어떤 감각이 추구되는지, 회피되는지와 무관하게 유쾌한 것인지, 고통스러운 것인지를 말할 수 있어야 한다. 이것을 결정하는 수단은 아직까지 제안된 적이 없으며, 사실상 '우리는 유쾌한 감각을 추구하고 불쾌한 감각을 피한다' 는 논리적 진리이지 경험적 진리가 아니다. '유쾌한', '불쾌한', '고통스러운'은 '좋은'과 '나쁜'과 똑같은 방식으로 설명적 용어들이다. 만일 어떤 감각이 망설임 없이 곧바로 혐오의 대상으로 경험된다면, 즉 무엇이 그 감각을 야기하든 우리가 그것을 피하고자 하는 경험의 부분이라면, 우리는 그 감각을 고통스러운 것으로 분류한다. 만일 어떤 감각이 우리가 그것을 경험하는 일을 계속하길 원하거나, 그것을 상실하는 것을 싫어하는 것의 부분이라면, 우리는 그 감각을 유쾌한 것으로 분류한다 — 그리고 어쩌면 어떤 활동을 즐거운 것으로 만드는 데 도움이 된다면, 곧 보게 되듯이 이 경우에 그 활동은 그 자체로 욕구되는 것이다.

우리는 확실히 베이거나 불에 타는 감각을 피하고, 어떤 성애적인 감각 등을 추구한다. 그러나 모든 인간 행위가 이와 같은 느낌들을 성취하거나 피하기 위해 행해진다고 진지하게 주장할 수 있을까? 사람들이 책무를 이행하고, 친구를 돕고, 적을 해치고, 예술가적 관심사나 학문적 관심사를 수행하기 위해 유쾌한 감각을 보류하고 불쾌한 감각을 견딘다는 것은 너무 분명한 일이다. 흄(1888, 319면, 576면)은 유쾌하거나 고통스러운 감각을 갖는 다른 사람들의 사고가 우리에게 유사한 감각을 야기한다고 말함으로써 어떤 이타주의적 행동을 설명하려 하였다. 그는 이것을 현악기 현들의 공명에 비유했다. 만일 어떤 것이 '통속 심리학'(folk psychology)이라 불릴 만하다면, 이것이 바로 그것이다. 좀 더 대중적인 전략은 신체의 어떤 부분에도 국한되지 않는 세련된 어떤 쾌락감과 혐오감을 가정하는 것인데, 이것들은 다양한 행위와 정신 상태를 상상함으로써 야기된다. 그렇다면 우리는 우리의 행동을 검토할 때 이처럼 좀 더 세련된 쾌락을 경험하고 이처럼 좀 더 정밀한 혐오감을 피하기 위해서 약속을 지키고, 범죄 등을 삼간다고 말할 수 있다.

이런 견해는 어떤 행위가 좋은지 악한지가 궁극적으로 그 행위에 대한 사고가 우리의 감수성에 영향을 미치는 방식에 달려 있다는 입장으로 이끈다. 어떤 사람들은 '맞아. 그것이 바로 양심의 자율성이 작동하는 방식이야' 라고 말할 것이다. 다른 사람들은 '조심해. 그 방식은 위선과 자기기만이 도사리고 있어' 라고 말한다. 그러나 진지한 의심은 성격상 다르다. 이러한 유쾌하고 불쾌한 느낌들은 본래 사고나 인지적 판단을 전혀 포함하지 않는다는 점에서 신체적 감각과 비슷하지만, 신체의 어떤 부분과도 연관되지 않는다는 점에서 신체적 감각과 다르다고 가정된다. 그러한 감정들이 가능한가? 옹호자들은 '가능해야 한다. 그런 감정들을 갖지 않는다는 것은 도덕감(moral sense)을 결여하고 있다는 것이다' 고 말한다. 그러면 나로서는 내가 바로 그러한 도덕감의 결핍을 인정할 수밖에 없지 않을까 우려한다.

합리성 이론은 어떤 행위가 또 다른 좋은 어떤 것(또는 어떤 악한 것을 피하는 일)에 대한 수단인 한에서만 합리적일 수 있다는 것이다. 물론 그와 같은 행위들이 있다. 나는 결국 어떤 경치를 보기 위해 한 시간 동안 걷는다. 오디세우스는 궁정 홀 끝의 문간에서 적을 죽이기 위해 화살을 날린다. 그러나 때로 우리는 그 행위를 중단할 때 또 다른 어떤 변화를 초래하거나 어떤 이득을 얻기 위해서가 아니라 어떤 규칙에 따르거나 어떤 방식으로 처신하기 위해 행동한다. 우리는 법을 어기지 않기 위해서 어떤 일을 우호적으로 하고, 어떤 일을 하는 것을 삼간다. 여기서의 관계는 목적에 대한 수단의 관계가 아니다. 어떤 것을 관대하게 행하는 것은 관대하게 행동하는 것에 대한 수단이 아니라 오히려 관대하게 행동하는 것의 표본이다. 합리성에 대한 흄 이론 지지자들은 적용되지 않는 행동에 대해 수단-목적 해석을 강요하는 일과 자기만족감에 대한 수단으로 고결하거나 우호적으로 행동하는 냉소적 노선을 취하는 일 사이에서 선택을 해야 한다.

문제의 원천은 너무 좁은 이유 개념이다. 어떤 행위가 어떤 궁극적 목표에 기여한다는 것을 보여주는 일은 그 행위를 정당화하는 한 가지 방식일 뿐이다. 다른 방식들은 그 행위가 의무적이거나 우호적이거나 즐거운 것임을 보여주고 있다. 어떤 행위를 이런 것들 중의 하나로 만드는 상황은 단순히 다른 어떤 것에 대한 수단으로서가 아니라 그 행위를 그 자체로 행하는 것에 대한 이유이다. 예컨대 어떤 행동이 우호적임을 파악하는 일은 그 행동이 어떻게 또 다른 이익에 기여하는지를 파악하는 일에 대해 대안의 합리성을 파악하는 방식이다. 다시 말해 그 행동을 우호적이게 만드는 이유 때문에 어떤 것을 행하는 일은 그 자체로서 목표이다.

적합한 합리성 이론을 달성하기 위해서는 우리는 어떤 것이 이유가 될 수 있는 여러 가지 다른 방식이 있음을 알 필요가 있다. 그림 2는 앞으로 진행될 논의에서 유도선 역할을 할 것이다.

그림 2

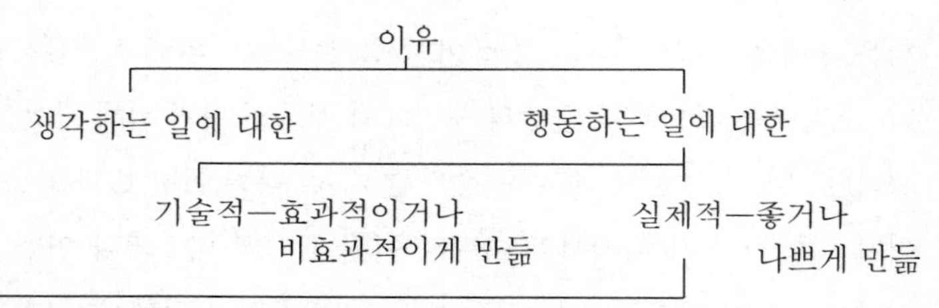

(a) 고통스러운 또는 유쾌한 감각의 원천—
필요하거나 유리하게 만듦

(b) 손해나 개선의 원천 —
필요하거나 유리하게 만듦

(c) 사회적 관계 —
의무적이거나 허용 불가능하게 만듦

(d) 다른 것에 대한 유형(a), (b), (c)의 이유 —
우호적이거나 적대적이게 만듦

(e) 어떤 능력의 발휘에 영향을 미치는 일—
즐겁거나 혐오하게 만듦

8.2 이유들의 분류

'이유' 로 나는 현실적인 것이든 가상의 것이든 어떤 상황이나 사태를 의미하는데, 이 상황이나 사태는 '…라는 이유에서' (for the reason that) 같은 어떤 접속사에 의해 설명에 도입될 수 있다. 만일 오셀로가 데스데모나가 카시오를 사랑한다는 이유에서 그녀를 죽인다면, 그녀가 카시오를 사랑한다는 가상의 상황은 그가 그녀를 죽이는 데 대한 이유, 또는 이유들 중 하나이다.

나는 생각하는 일에 대한 이유와 행동하는 일에 대한 이유를 구별하는 일에서 시작한다. 어떤 것을 생각하는 일에 대한 이유는 그것을 생각하는 데에 대한 근거이다. p라고 생각하는 일에 대한 근거 개념, 또는 적어도 좋고 합리적인 근거 개념은 논리적으로 p를 함의하는 어떤 것의 개념이 전혀 아니다. 한편으로 달이 사람이 살지 않는 곳이라는 것은 달에 아무도 살지 않는다는 것을 함의하지만, 그것을 달에 아무도 살지 않는다고 생각하는 데에 대한 근거로 제시하는 것은 어리석은 일일 것이다. 다른 한편으로 니오베가 몸이 아픈 느낌이 있다는 것은 그녀가 임신을 했다고 생각하는 데에 대한 근거일 수 있지만, 그녀가 임신했다는 것을 논리적으로 함의하지는 않는다. 추리에서 합리성의 표준은 다양하며, 특수한 경우에 p라는 것이 q라고 생각하는 데에 합리적 근거인지 아닌지는 이용할 수 있는 지식의 종류와 해당 경우의 상황에 달려 있을 것이다.

때로 행동하는 일에 대한 이유로 제시되는 것은 실제로 생각하는 일에 대한 이유이기도 하다. '당신은 왜 럼주를 마시고 있죠?' , '지난번 고된 횡단을 했을 때 럼주가 아픈 것을 멈추게 했어요.' 지난번에 일어났던 일은 지금 럼주를 마시는 일에 대한 이유(현재 횡단의 고됨이 바로 그것이다)가 아니라 럼주가 뭔가 효과가 있다고 생각하는 일에 대한 근거다.

행동하는 일의 이유에 대해 이야기할 때 나는 이유에 어떤 일을 행하는 이유는 물론이고 어떤 일을 행하지 않는 이유, 즉 행하는 이유는 물론이고 삼가는 이유까지도 포함한다.

나는 이 넓은 의미에서 행동하는 일에 대해 두 가지 종류의 주된 이유를 구별하는데, 그것들에 각각 '실제적' (practical)과 '기술적' (technical)이라는 이름표를 붙인다(여기서 나는 그 이름표들이 이상적이라고 주장하는 것은 아니다). 기술적 이유는 주어진 어떤 목적을 달성하는 데 어떤 행동 노선을 필요하거나 불필요하게, 충분하거나 불충분하게 만드는 상황이다. 예컨대 '클로에와 브루노를 떼어놓기 위해서 브루노가 돈이나 여권이 없었다는 이유로 아서는 클로에를 해외로 추방했다' 의 경우가 그런 상황이다. 브루노의 상황은 그것이 진술된 목적에 충분하다는 것을 보여준다는 점에서 아서의 행동을 설명한다. '덩컨에게 눈치 채지 않게 접근하기 위해서 덩컨이 얕은 잠을 잔다는 이유로 맥베스는 숨을 죽였다.' 왕이 얕은 잠을 자는 일은 이른바 자객이 숨을 죽이는 일을 필요하게 만들었다. 기술적 이유는 그 효과를 보여줌으로써 행위나 무행위를 설명한다. 기술적 이유는 또한 불필요하거나 불충분하다는 것을 보여줌으로써 행동하지 않는 일이나 삼가지 않는 일을 설명한다. '클로에와 버트럼을 떼어놓기 위해서 버트럼이 여권과 많은 돈을 가지고 있다는 이유에서 아서는 클로에를 해외로 추방하지 않았다', '햄릿 왕에게 눈치 채지 않게 접근하기 위해서 연로한 햄릿 왕이 죽었다는 이유로 클라디우스는 숨을 죽이지 않는다.' 기술적 이유에 의한 설명은 형식 RpTfBNΦA뿐만 아니라 RpNTfBΦA도 가질 수 있다.

실제적 이유(나는 이 말을 토머스 네이글(Thomas Nagel, 1970)과는 약간 다른 방식으로 사용한다)는 어떤 행동 노선을 단순히 주어진 어떤 목적에 효과적이거나 비효과적인 것으로 만드는 것이 아니라 좋거나 나쁘게 만드는 상황이다. 흄의 추종자들이 문제가 있다고 판단한 것은 바로 이런 종류의 이유들이다 — 그들은 생각하는 일에 대한 기술적 이유나 이유들에 관해서는 난점을 제기하지 않는다. 이제 나는 5가지의 관련된 여러 실제적 이유를 제시할 텐데, 이것들은 각각 (1) 신체적 감각, (2) 유용성, (3) 의무, (4) 우의나 적의, (5) 즐거움이나 지루함이다.

1. 우리는 칼에 베이고 불에 타는 감각을 그것들이 우리 손발의 상처에 대한 표시가 된다는 것과 무관하게 싫어한다. 우리는 성애적인 감각을 그것들이 우리가 작은 캘리밴(셰익스피어의 『폭풍우』(*Tempest*)에서 주인공 프로스페로를 섬기는 노예로, 인간의 욕정과 육체 등 동물적인 면을 상징한다_옮긴이 주)들이 있는 세상을 살고 있다는 것을 가리킨다는 사실과 무관하게 욕구한다. 어떤 사람들은 다소간에 고통에 둔감하다. 그래서 우리가 갖는 유쾌하고 불쾌한 감각을 발견하는 것은 바로 우리의 물리적 구조 덕택인 것처럼 보인다. 그러나 우리의 물리적 구조가 주어지면, 그러한 느낌의 원천의 존재는 행위나 무행위에 대한 실제적 이유다. 말벌은 우리를 쏨으로써 고통을 야기하며, 그래서 쏘임의 존재는 당신 자신이 쏘이지 않도록 행동하는 것을 좋게 만든다. 뜨거운 곳에서 그늘이 있는 나무의 존재는 그 아래 앉아 있는 것을 좋게 만들며, 그 그늘을 떠나는 것을 나쁘게 만든다.

그러한 상황이 행동하는 일에 대한 이유가 아니라 오히려 생각하는 일에 대한 이유로 분류될 수 있을까? 확실히 나는 '부지깽이가 빨갛게 달아올랐다는 이유에서 조지는 그의 손을 부지깽이에 대는 것은 몹시 불쾌할 것이라고 생각했다'고 말할 수 있다. 그러나 나는 여기서 뜨거운 부지깽이의 존재를 일정한 손의 움직임이 불쾌함이라는 속성을 가질 것이라고 생각하는 조지의 근거로 제시하고 있지 않다. 유쾌함과 불쾌함은 예화될 수 있는 속성이 아니다. 유쾌함과 불쾌함 개념은 설명적 개념이기 때문이다. '조지가 그것을 잡는 일이 고통스러울 것이라고 생각했다'는 발언은 'A는 B가

f라고 믿었다' 형식의 발언이 아니다. 오히려 그 발언은 'A는 Φ함을 싫어했다' 형식의 발언이다. '유쾌한 것을 생각해보라', '고통스러운 것을 생각해보라'는 욕구와 혐오의 방식을 의미하는데, 우리는 다른 도덕적 용어들에 대해서도 똑같은 말이 성립한다고 판단할 것이다. 부지깽이를 잡는 일이 몹시 고통스러울 것이라고 생각한다는 것은 그것을 잡는 것을 두려워한다는 것이다. 니키를 포옹하는 것이 몹시 즐거울 것이라고 생각한다는 것은 니키를 포옹하려는 성애적 욕구를 느낀다는 것이다.

그러나 설령 고통이나 쾌락의 원천의 존재가 행동하는 일에 대한 이유라 할지라도, 그것은 실제적 이유가 아니라 오히려 기술적 이유 아닌가? 내 슬리퍼에 있는 전갈의 존재는 찔리지 않기 위해 삼가는 일을 필요하게 만든다는 점에서 내 발을 슬리퍼에 넣지 않는 일에 대한 이유이다. 하늘에서 태양의 존재는 따뜻하기 때문에 외출하는 일을 충분하게 만든다는 점에서 외출하는 일에 대한 이유이다.

문 밖으로 나가는 일이 그 자체로 목적은 아니라는 말은 옳다. 나는 오직 태양의 온기가 즐겁기 때문에 밖에 나가고 싶다. 마찬가지로 나는 전갈에 찔리는 것을 두려워하기 때문에 내 발을 슬리퍼에 넣는 것을 싫어한다. 그러나 나는 바로 전갈의 침이 상처를 입히고 햇빛이 기분을 좋게 하도록 만들어졌기 때문에, 말하자면 내가 발을 슬리퍼에 넣지 않는 일이 실제적으로 필요하고, 밖에 나가는 것이 실제적으로 이롭다. 전자의 경우에 필요성과 후자의 경우에 이로움은 나의 어떤 선택에 달린 것이 아니다. 그것은 그 이유들을 일상적인 기술적 이유와는 다른 것으로 만든다. 덩컨을 살해하는 것은 맥베스의 선택이며, 숨을 죽이는 일 등을 하면서 궁정 안뜰을 건너갈 필요성은 그 선택에 달려 있다. 우리는 '만일 그가 덩컨의 죽음을 달성하려 했다면, 의심할 여지없이 그는 숨을 죽여야만 했다. 그러나 덩컨이 죽기를 원하는 일에 대한 그의 이유는 무엇이었는가?'라고 말할 수 있다.

우리는 '만일 그가 찔리지 않으려 했다면, 의심할 여지없이 그는 발을 슬리퍼에 넣는 일을 그만두어야 했다. 그러나 그가 전갈의 침을 싫어했던 이유는 무엇인가?' 라고 말할 수는 없다. 어떤 감각에 대한 혐오는 합리적으로 설명 가능한 것이 아니기 때문에 그러한 감각을 야기할 수 있는 어떤 것의 존재는 어떤 행동에 대해 완전한 합리적 설명을 제공한다.

2. 어떤 대상에 대한 '손해' 라는 말로 우리는 그 대상을 덜 유용하게 만드는 변화를 의미한다. 내가 이용하거나 이용할 수 있는 어떤 대상에 대한 손해를 막기 위해 Φ함을 필요하게 만드는 모든 것은 그것을 Φ에 좋은 것으로 만든다. 손해를 입을 수 있는 대상이 눈이나 다리 같은 내 신체의 일부일 때 그 점은 아주 분명하다. 그러나 그 대상이 자동차 같은 인공물이나 심지어 나무, 말, 의사 같은 살아 있는 유기체일 때도 똑같은 말이 성립한다. 어떤 것을 하는 일을 손해를 야기하는 일에 충분한 것이 되게 만드는 모든 것은 그것을 행하는 것을 나쁘게 만들고, 그것을 삼가는 것을 좋게 만든다. 여기서 좋음과 나쁨은 고통을 피하는 데 필요한 것이나 고통을 경험하는 일에 충분한 것을 행하는 일의 좋음이나 나쁨과 비슷하다. 두 가지 모두 '실제적 필연성과 불가능성' 이라 불릴 수 있다. 만일 내가 어떤 것을 행하는 일이 고통을 경험하는 데 충분하다고 생각한다면 나는 그것을 행하기를 두려워하는 반면에, 만일 그것이 내가 손해를 야기하는 데 충분하다고 생각할 뿐이라면, 내가 그것을 행하는 것을 싫어한다 해도 나의 혐오는 마음속 깊은 곳에서 느끼는 종류의 두려움이 아니라는 것이 차이이다. 또한 개선과 관련된 실제적 이유들도 있다. 어떤 대상이 더 유용한 것이 되도록 하는 일에 대해 Φ함의 행동을 충분한 것으로 만드는 것은 무엇이든 그것을 Φ에 이로운 것이 되게 만든다. 한편 만일 어떤 것이 Φ함을 내 손발이 더 커지지 못하도록 막거나, 내 종업원들이 좀 더 숙련되지 못하게 막는 데 충분한 것으로 만든다면, 그것은 내가 Φ함을 삼가는 일을 이롭게 만든다.

어떤 일을 개선하거나, 손해를 입지 않도록 막는 일이 그 자체로 목적인가? 우리는 때로 마치 그런 것처럼 행동을 하지만, 나는 우리가 손해에 관해 터무니없이 신중할 수 있으며, 우리의 소유물을 갖는 일이나 심지어 우리의 수족을 가능한 한 최상의 컨디션 상태에 두는 일에 대해서 과도한 중요성을 부여한다고 생각한다. 한편 '왜 당신은 당신의 수족이 쓸모없게 되기를 원하지 않는가?' 는 '왜 당신은 고통을 경험하기를 원하지 않는가?' 만큼이나 부조리하거나 거슬리는 물음이다. 손해와 유용성 개념은 나쁨과 좋음 개념을 구현한다. 왜냐하면 유용한 것은 특정한 종류의 일을 위해 유용한 것이고 특정한 종류의 행위자에게 유용한 것이기 때문이다. 칼은 자르거나 나누는 일을 위해 유용하지만, 손으로 자르는 일을 통해 만족시킬 수 있는 목적을 가진 어떤 것에 대해서만 유용할 뿐이다. 칼은 갈고리처럼 구부러진 연어에 대해서는 유용하지 않을 것이며, 하물며 모기에 대해서는 더더욱 유용하지 않을 것이다. 오랑우탄은 손이 있다. 그러나 만일 (몬보도(Lord Monboddo)의 의견과 반대로) 음악을 즐기는 일이 오랑우탄의 목표가 아니라면, 바이올린 활은 바이올린으로부터 음악을 얻는 일을 위해 그들에게 유용하지 않다. 그러나 칼과 바이올린 활이 그것들이 제공해주는 방식으로 나에게 유용하다고 한다면, 손을 움직이는 일을 손해를 막기 위해 필요하게 만드는 상황은 손을 움직이는 일에 대해 실제적 이유이지 단순히 기술적 이유가 아니다.

3. 누구나 어떤 적극적 책무나 의무와 소극적 책무나 의무를 인정한다. 예를 들면 부모나 자식을 소중히 여기기, 환자나 미성년자 돌보기, 타인의 것에 속하는 것들을 탈취하지 않기 등등이다. 그러한 책무들은 본래 사회적인 것이라고 나는 제안한다. 그런 책무는, 설령 사회와 무관한 기초를 지닌다 할지라도, 사회가 인정하는 관계들, 즉 부모, 고용주, 동료 시민이라는 관계들에 부여된다. 그리고 사회가 책무를 부여하는 관계는 그 책무를

이행하는 일을 목적 그 자체로 만든다. 만일 우리 사회에서 아버지가 그의 딸들이 남편을 찾도록 책임질 의무가 있다면, 미란다가 내 딸이라는 것은 그녀를 시집보내는 일을 목적 그 자체로 만드는 실제적 이유이다. 이 제안은 발전시킬 필요가 있는 두 가지 점을 포함한다.

첫째, 책무가 사회에 한정되는가? 우리는 단순히 우리의 부모나 자식과의 생물학적인 인과적 관계 때문에 그들에 대해 의무를 갖는 것 아닌가? 모든 인간은 어떤 사회와도 무관하게 생존하고 먹을 것을 구할 자연권을 갖고 있지 않은가? 그래서 우리가 그런 것들을 막으면 안 되는 소극적 의무를 갖는다는 결론이 따라 나오지 않는가?

사회마다 부모-자식 관계를 서로 다른 의무와 권리를 동반하는 것으로 본다는 것은 주지의 사실이다. 그래서 흄은 단순히 얽혀 있는 인과적 관계로부터 연역해낼 수 있는 의무란 없다고 강하게 주장한다(*Treatise* III i 1). 자연권에 대해서 말한다면 그런 권리에 대한 확신은 오류나 혼동에 의해 조장되었다. 17, 8세기에 그런 권리의 옹호자들은 지적이고 자의식이 있는 행위자들이 모든 사회와 무관하게 이른바 '자연상태' 속에서 존재하는 일이 가능하다는 매우 의심스러운 가정을 했다. 그 가정은 사회 이전에 도덕이 있어야 하는 것처럼 보이게 만들었다. 그들은 또한 유대-기독교 전통에서 길러졌는데, 이 전통에 따르면 모든 인간은 사실상 일종의 신정사회를 형성한다. 그리고 그들은 책무를 이행하는 일과 이타적으로 행동하는 일을 예리하게 구별하지 않았다. 우리는 우리 사회의 구성원이 아닌 사람들에 대해 이타적으로 행동할 수 있으며, 어쩌면 심지어 우리 종이 아닌 동물들에 대해서까지 이타적으로 행동할 수 있다. 우리의 책무가 우리의 사회를 넘어서까지 확장되는지에 대해서는 나는 의심을 하는 편이다. 그러나 설령 그렇다 하더라도 나는 내 논증의 주요 노선이 영향을 받는다고는 생각하지 않는다.

좀 더 중요한 것은 책무를 이행하는 일이 실제로 목적 그 자체라는 것이다. 파이드라가 그의 의붓어머니라는 이유로 히폴리투스는 그녀와 동침하는 것을 싫어했다. 이 관계가 단순히 강어귀에 있는 악어들의 존재가 수영을 삼가는 것을 좋게 만드는 방식으로 삼가는 일을 좋게 만들었는가? 수영을 삼가는 일은 (적어도 우선) 삼가는 일이 악어에게 먹힘이라는 나쁜 일을 피하기 위해 필요하기 때문에 좋은 일이다. 악어는 수영을 또 다른 악과 무관하게 두려움의 대상으로 만들지 않는다. 히폴리투스가 파이드라를 안고 싶지 않다는 것은 또 다른 어떤 악을 피하기 위한 것이 아니라고 나는 주장한다. 그가 피하고자 하는 악은 바로 의붓어머니를 안는 일이라는 악이다. 그녀와 자신의 관계에 대한 그의 의식은 그에게 그녀를 안는 행동 자체에 대해 일종의 공포 형태를 띠게 한다. 마찬가지로 프로스페로가 미란다를 자신의 딸로 의식할 때 그녀에게 적당한 남편감을 정해주는 것은 그에게 목적 그 자체가 된다.

어떤 사람들은 이것을 믿기가 힘들다고 판단할 수 있다. '인간의 행동에 대한 어떤 규칙 집합에 자신의 의지를 결정하기 위해 좋음과 나쁨의 강요를 첨가하지 않고 그런 규칙 집합을 가정하는 것은 완전히 허사일 것이다'고 로크는 말한다(*Essay* II xxviii 6). 확실히 사람들은 그들의 사회에서 의무인 것을 행하고 허용되지 않는 것을 삼가는데, 왜냐하면 이것이 처벌이나 비난을 피하고, 인간사회의 이익들 — 안전, 물질적 안락과 친목을 위한 여가, 예술, 학술 연구? — 을 얻기 위해 필요하기 때문이다.

제3장에서 나는 사회를 언어와 게임에 비유하였다. 그래서 나는 각각은 그 자신의 목적과 규칙을 가지고 있다고 말했다. 사회의 목적, 또는 적어도 가족, 종족, 국가 같은 사회의 목적은 어떤 종류의 삶이다. 그 삶은 순수하고 섞이지 않은 의무 이행행위로 이루어지지 않는다. 그 삶은 넓은 범위의 활동들로 이루어지는데, 이 활동들 중의 어떤 것은 고독한 활동일 것이다.

그러나 우리는 의무의 규칙에 따라 이런 활동들을 행함으로써 사회적 삶을 공유한다. 이런 의미에서 사회적 삶은 종사해야 할지 말아야 할지를 우리가 선택하는 어떤 것이 아니다. 그러한 사회적 삶은 동물들에까지 확장된다. 그래서 침팬지, 늑대, 흡혈박쥐도 그런 종류의 어떤 것을 가진 종에 속한다. 그것은 거의 확실히 지성, 즉 신중하게 장기적 선택을 하게 만드는 능력의 출현의 전제조건인데, 홉스와 로크는 이 전제조건을 사회 이전의 개인들에게 귀속시킨다. 인간에게 사회는 정말이지 자연상태이다.

사회적 삶은 우리를 단순한 감성의 목표로부터 지성의 목표에 이르게 하는 것이다. 우리가 사회적 삶을 목적 그 자체로 보지 못하는 한 우리는 완전히 당혹스러워하거나, 심지어 의식적 이타주의의 존재가 믿을 수 없는 것임을 발견할 것이다. 그러나 사회적 삶을 목적 그 자체로 가지는 일은 의무인 것을 행하는 일이 수단이 되는 어떤 것으로서 그것을 갖는 일이 아니다. 그것은 바로 사회적 관계를 또 다른 이익과 무관하게 어떤 행동을 하고 어떤 행동을 삼가는 실제적 이유로 간주하는 성향이다.

이런 종류의 성향은 단순히 우리의 물리적 구조에서 기인하는 것일 수 없는데, 그것은 사회마다 규칙이 다르기 때문이다. 다시 말해서 사회마다 똑같은 생물학적 또는 경제적 관계를 다른 방식으로 생각하기 때문이다. 우리의 사회적 성향은 분명히 우리의 양육 방식에서 기인한다. 우리는 스스로 깨닫는 사회의 규칙을 배우며, 우리 대부분은 그 규칙들을 받아들이도록 설득된다. 우리를 설득하는 것은 우선 첫째로 처벌에 대한 두려움이나 경찰이나 마취제의 욕구가 아니라 우리 주변의 삶이 지닌 명백한 좋음이다. 물론 나는 친절과 우의 또한 역할을 한다는 것을 제10장에서 제시하겠지만 말이다.

4. 나에게 행위에 대한 이유는 말하자면 내 친구들에게는 이차적 이유다. 내 슬리퍼 안의 전갈의 존재는 내 친구들이 전갈 자체를 처리하거나 나

에게 조심하라고 경고함으로써 내가 쏘이지 않도록 행동하는 일을 좋은 일로 만든다. 후자의 경우에 그들은 내가 그런 이유에서 행동하도록 행동한다. RpTRpΨBΦA. 만일 이오카스테가 오이디푸스의 어머니라는 사실이 오이디푸스가 그녀와 결혼하지 않는 일을 의무로 만든다면, 그것은 그의 친구들이 강제가 아니라면 적어도 그 관계를 폭로함으로써 그를 막기 위해 행동하는 것을 좋게 만든다.

이런 식으로 좋은 것은 때로 필요한 것으로 기술될 수 있지만, 고통이나 손해를 막게 될 것을 행할 필요성과는 다르며, 또한 의무인 것을 행하는 일의 필요성과도 다르다. 그것은 어떤 친구에게 필요하다. 이차적 이유는 행동 노선을 우호적이거나 비우호적인 것으로 만든다. 그러나 복잡한 문제가 있다. 우리는 우의는 물론이고 적의도 가질 수 있다. 오이디푸스의 적들에게 해변의 고르곤의 존재는 그를 새우잡이를 하도록 몰아댄 이유이다. 이오카스테와 그의 관계는 테베인의 출생 기록을 변경한 일을 좋은 일로 만든다. 나는 사이가 나쁘거나 적대적인 행동에 관해 잠시 더 말할 것이다.

먼저 우호적 행동을 다룬다면, 우리가 이익을 되돌려 받는다는 희망에서만 다른 사람을 돕는다고 말하는 것은 어린애 같이 냉소적인 일일 것이다. 흡혈박쥐는 필요한 경우에 (단순히 친척이 아니라) 친구들의 생명을 구하기 위해 그들이 원하는 피를 토해낸다(G. S. Wilkinson, 1990). 그래서 그러한 타산적 계산을 그들에게 귀속시키는 것은 실제로 공상적인 일일 것이다. 우호적 행동이 우리를 기분 좋게 만들고, 이타주의자들이 고상한 자기만족감을 얻기 위해 행동한다는 제안도 거의 낫다고 보기 어렵다. 감정들이 우호적 행동에서 역할을 하지만, 그런 감정들은 젠체하는 감정도 아니고 많은 경우에 개인적으로 매력을 느낌이라는 감정도 아니다. 그 감정들은 우리가 이롭게 하기를 원하는 사람들에게 좋거나 나쁜 것을 지향하는 두려움이나 희망, 슬픔이나 즐거움의 감정들이다.

네이글(1970, 제11~12장)은 우호적 행동(또는 그가 부르는 말로 이타적 행동)에 관해 두 가지 제안을 한다. 첫째는, 만일 내가 스스로 고통을 느끼는 일을 피하기 위해 행동하는 것이 합리적이라고 생각한다면 나는 고통이 본래적으로 그것을 경험하는 누구에게나 악이라고 생각해야 한다는 것이다. 그래서 나는 다른 사람들이 그것을 느끼는 일을 막고 싶어 할 것이다. 둘째는, 내가 다른 사람을 감각 능력이 있는 존재로 생각하기 위해서는 그들이 고통을 경험하는 일을 막고 싶어 해야 한다는 것이다. 첫 번째 제안은 내가 내 자신의 행동을 목적론적으로 이해할 수 있고, 다른 사람을 돌보는 일과 무관하게 그 행동에 관한 의식적인 도덕적 판단을 형성할 수 있다는 생각을 포함하는 것처럼 보인다. 제10장에서 나는 그것이 불가능하다고 논한다. 네이글 자신은 두 번째 제안에 관해 몇 가지 의심을 표현했지만(1986, 156면), 나는 그 제안이 근본적으로 건전하다고 생각한다. 그렇지만 우리는 단순히 다른 사람을 사람으로 의식함에 대한 수단으로 우호적으로 행동한다고 추리해서는 안 된다. 두 가지는 분리될 수 없다. 다시 말해 당신에 대한 관심에서 행동하는 일과 당신을 사람으로 의식하기 위해 행동하는 일은 똑같은 일이다.

우호적 행동은 사회적 삶과 똑같은 방식으로 목적 그 자체다. 형식적으로 표현하면, A가 다음 성향을 갖고 있는 한 A는 B에 대해 친구다. 즉 p라는 상황이 B에 대해 Φ함에 대한 이유일 때 p라는 것에 대한 A의 의식은 TRpΦB를 행하려는 욕구의 형태를 띠며, 또 다른 어떤 이익에 대한 고려 없이 이런 식으로 행동하려는 욕구의 형태를 띤다. 우리는 A가 우호적 행동을 목적 그 자체로서가 아니라 B의 Φ함에 대한 수단으로서 욕구해야 하는 것 아닌지 우려할 수도 있는데, 그렇지 않을 경우에 A는 실제로 B에 관해 전혀 관심이 없지만 단지 친구의 역할을 완전하게 하려는 자기애적 욕구를 가지고 있을 뿐이라고 우려할 수도 있다.

당신이 어떤 위험요소, 이를테면 우리 아이가 놀고 있는 곳 근처에 위험한 구덩이가 있는 것을 본다고 해보자. 그것은 나에게는 예방 조처를 취하는 일에 대한 이유가 된다. 그것 때문에 내가 행동해야 한다는 것은 당신이 당신 자신을 햇빛에 노출시킴으로써 당신의 피부에 변화를 일으킬 수 있는 방식으로 당신이 나에게 일으킬 수 있는 변화가 아니다. 당신이 (구덩이가 있다는 이유에서 내가 아이에게 주의를 환기시킬 수 있도록) '저기 위험한 구덩이가 있다' 고 말할 때 당신의 말은 내가 취하는 예방 조처와 다르지만, 이런 것들은 당신에게 개별 욕구의 대상이 아니다. 당신은 나의 행동을 내 이유를 당신 자신의 이유로 만들고 당신 자신을 나에 대한 합목적적 행위자로 동일시함으로써만 좋은 어떤 것으로 의식할 수 있다. 우리의 친구들을 이롭게 하는 행동은 목적 그 자체인데, 왜냐하면 그 속에서 우리는 그들과 하나이기 때문이다.

이것은 우호적 행동과 적대적 행동을 구별하게 해준다. 만일 이아고가 오셀로를 싫어한다면, 그는 자신에게 돌아올 장래의 어떤 이익도 기대하지 않고 그에게 해가 가도록 행동하겠지만, 그러한 행위는 목적 그 자체로서는 곧바로 이해될 수 있는 것이 아니다. 사람들은 어떤 특별한 설명 없이도 당신이 우리 아이에 대한 위험을 나에게 말해주는 일을 이해할 것이다. 그렇지만 그 위험요소를 보고 나서 당신이 실신해 쓰러지는 것처럼 하거나, 놀랄 만큼 나이가 지긋한 내 사촌과 열정적인 사랑을 하기 시작하려 한다고 해보자. 그러면 사람들은 아이에게 해가 가는 일에 대해 당신이 가진 어떤 특별한 목적을 알거나 내가 당신에게 입혔던 과거의 어떤 상처에 대해 알고 있지 않는 한 당신의 행동을 나를 미혹시키려는 행동으로 이해하지 않으려 할 것이다. 왜 그런 차이가 나는가? 왜냐하면 당신이 내 악을 당신의 선으로 만드는 한 당신은 당신 스스로와 조화를 이루지 못하기 때문이다.

5. 만일 내가 실제적 이유에서 어떤 능력을 발휘한다면, 나는 그 능력

의 발휘를 방해하는 어떤 것이 있지 않는 한, 또는 그 능력을 계속해서 발휘하는 일을 주저하게 만드는 어떤 것이 있지 않는 한, 그것을 발휘하는 일을 즐기기를 기대할 수 있다. 방해물은 다양할 수 있다. 책을 읽는 것은 시감각, 책 읽는 법에 대한 지식, 주제를 이루는 것들에 대한 지식의 발휘이다. 나의 독서는 두통, 바깥의 도로에서 드릴로 구멍을 뚫는 사람들, 최근 친구의 죽음에 대한 슬픔, 다른 어떤 것을 하는 것의 강력한 이유에 대한 의식에 의해 방해를 받을 수 있다. 이런 것들은 책 바깥의 요인들이지만, 책 자체와 관련하여 내가 독서를 즐기는 일을 막는 것들도 있을 수 있다. 그 책의 문체가 단조롭거나 교양이 없을 수도 있다. 또는 나에게 내용이 이해가 안 될 수도 있다. 이와 같은 것들은 내가 그 책을 읽지 않는 데에 대한 실제적 이유들이다. 이런 것들은 따분하거나 지루하게 한다는 점에서 계속해서 읽어나가는 일을 나쁜 것으로 만든다. 그리고 다른 특징들은 반대의 경향을 가질 수 있다. 다시 말해 다른 특징들은 다른 어떤 방식으로 흥미롭고, 감동적이고, 즐겁고, 교훈적이고, 재미있다는 점에서 독서를 좋은 것으로 만든다. 그 다른 특징들 때문에 나는 슬픔을 잊거나 밖에서 나는 소음을 무시할 수 있다.

다른 활동들 역시 마찬가지다. 내 자신의 자유 의지 능력을 발휘할 때 나는 그 능력 발휘의 즐거움에 영향을 미치는 것들을 의식한다. 좋은 날씨는 밖에 나가는 일을 좀 더 즐거운 일로 만들며, 나쁜 날씨는 그 일을 덜 즐거운 일로 만든다(아마 그것은 우리가 '좋은' 날씨와 '나쁜' 날씨라는 말로 의미하는 것의 부분일 것이다). 이런 요인들에 대한 의식은 그 활동을 계속하는 일을 원하거나 싫어함의 형태를 띠며, 그러한 욕구나 반감은 장래의 어떤 이익이나 대가와 무관하다. 독서나 산보를 즐기는 일에 대한 이유는 일종의 목적 그 자체로서의 독서나 산보에 대한 이유이다.

이런 종류의 행동에 대한 이유는 부가적인 이유이다. 우리의 의지에 반하는 것을 행하는 일을 우리는 거의 즐기지 않을 것이기 때문에 그 이유는 보통 다른 종류의 어떤 실제적 이유를 미리 가정한다(단지 멋진 날이기 때문에 걷는 일, 그저 당신의 대화 상대자가 좋은 일행이기 때문에 이야기하는 일은 예외일 수 있다). 따라서 누구든지 즐거움은 인생의 유일한 목적일 수 없다. 우리는 추구하는 일을 즐길 다른 목적들이 필요하다. 그러나 이런 종류의 이유들은 행동들을 목적 그 자체로 만드는데, 이런 목적들은 원래 손해를 피하거나 유쾌한 감각을 얻는 일 같은 장래의 목적을 위해 취해진 것이다. 원예와 요리도 재미있을 수 있다. 그리고 우정이나 사회적 삶에 속하는 행동을 즐거운 것으로 만드는 것들은 그것들을 두 배로, 목적 그 자체로 만든다.

실제적 이유에 대한 이 개관은 부분적으로 흄주의자의 주장에 대한 응답으로 취해졌는데, 흄주의자는 우리가 그 자체로 지향하는 것들을 지향하는 것에 대해 아무런 이유가 없다고 주장한다. 그 주장은 유쾌한 감각에 들어맞는다. 우리가 그 자체로 어떤 감각을 지향하고 어떤 감각을 피하는지는 우리의 물리적 구조로 결정되는 것처럼 보인다. 그러나 그 주장은 사회적 삶, 우정, 즐거움에는 맞지 않는다. 실제로 이런 것들은 목적 그 자체이며, 우리는 그것들을 지향하는 일에 대해 아무런 이유가 없다고 말할 수 있다. 그러나 유쾌한 감각(또는 다이아몬드)처럼 그것들은 우리가 행동함으로써 얻는 우리의 행동들과 다른 것이 아니다. 그것들이 목적 그 자체라고 말하는 것은 사회적 관계, 다른 사람들의 일차적 이유, 즐기는 일에 대한 이유가 어떻게 행동하는 일이나 삼가는 일을 그 자체로 좋은 것으로 만든다고 말하는 것이다. 우리는 물리적으로 그런 것들을 지향하도록 구성되었기 때문에가 아니라 그것들이 합리적 정당화의 유형이기 때문에 그런 것들을 지향하는 데에 대해 이유가 없는 것이다. 어떤 것을 그 자체로 행하는 일에 대한 한 가지 합리적 정당화는 그것이 즐거운 일이라는 것이다. 또 다른 한 가지는 그것이 사회적 책무, 즉 사회적 삶의 일부라는 것이다. 세 번째는 그것이 우호적이라는 것이다. 이런 정당화들은 그 행동이 행위자에게 열려 있는 다른 어떤 행동보다 낫다는 것을 보여주는 것이 아니라 그 정당화들이 다른 어떤 것에도 의존하지 않는다는 점에서 완전하다는 것을 보여준다. 폴리네이케스가 자기 오빠이기 때문에 안티고네가 그를 매장한 일, 독사가 있다는 이유에서 우리 아기가 기어 다니는 곳에 독사가 있다는 것을 나에게 말해주는 일, 언어와 상상력 때문에 셰익스피어의 소네트(短詩)를 읽는 일은 합리성의 전형들이다.

유쾌하고 고통스러운 감각에 관해서조차 흄의 주장은 온전히 옳은 것이 아니다. 만일 내가 내 행동에 대해 반성해본다면, 나는 하늘에 태양의 존재가 외출에 대한 좋은 이유이며, 강에 악어의 존재는 수영을 삼가는 데에 대한 좋은 이유라고 결정할 것이다. 이렇게 결정한다는 것은 이런 식으로 행동하는 종류의 사람이 되는 것을 선택한다는 것이며, 그것이 바로 그러한 행동을 목적 그 자체로 만드는 것이다. 어떤 감각을 싫어하는 일과 그러한 감각의 원천에 대한 의식이 예방 행동으로 표현되어야 하기를 욕구하는 일 사이에는 차이가 있다. 어쩌면 감각 능력을 가진 모든 유기체는 어떤 감각들을 싫어할 것이다. 내가 어떤 상황이 나에게 어떤 행동에 대한 이유가 되기를 원할 수 있는 것은 바로 내가 나 자신을 이유와 목적에 따라 행동하는 어떤 것으로 의식하는 경우에만 그렇다. 그러나 일단 내가 이러한 지적 소양을 가지고 나면, 어떤 행동을 수단으로서 좋은 것으로 만드는 상황은 목적으로서도 좋은 것으로 만들 수 있다. 일상적인 방식으로 기능하는 것 외에 유쾌하거나 불쾌한 감각, 또는 유용성과 연관된 이유는 특별한 의식적 수준에서 기능할 수 있는데, 이때 그 이유는 의식적 존재로서의 행위자에게 그 자체로 목적이라고 할 수 있는 행동을 하게 한다. 물론 사회적 삶, 우정, 즐거움과 연관된 이유에 대해서도 똑같은 말이 성립한다. 자기의 아내가 침대에 쓰러져 울고 있다는 이유에서 로미오는 그녀를 보러 가는데, 이는 그가 이것이 남편이 해야 할 친절이나 책무라고 생각하기 때문일 뿐만 아니라 친절하고 의무적인 행동이 좋은 것이라고 생각하기 때문이기도 하다.

8.3 도덕적 용어

'도덕적 용어'라는 말로 나는 영어 낱말 'ought'(해야 한다)와 'good'(좋은) 같은 언어적 항목과 라틴어 동명사 구문(*delenda est Carthago*에서처럼)을 의미한다. 20세기에 분석철학자들은 이런 용어들이 의미하는 것을 살핌으로써 좋은 것과 악한 것이 무엇인지 발견하기를 희망했으며, '피부색을 근거로 한 차별은 악이다'나 '당신은 우리 집 터진 관을 수리해주겠다는 약속을 지켜야 한다'는 말이 엄밀히 말해 옳거나 그른 어떤 것을 말하는 것인지 물음으로써 그것들 사이의 차이의 성격을 파악하기를 희망했다.

이 마지막 물음에 대해서는 때로 이런 발언들이 행위를 통해 예화할 수 있는 좋음과 나쁨, 올바름과 그릇됨의 속성이 있을 경우에만 옳거나 그를 수 있다고 짐작된다. 아마 우리는 도덕적 사실을 어떤 행위가 그러한 속성을 예화하는 일로 정의할 수 있을 것이다. 그 경우에 나는 어떤 도덕적 사실이 있다고 생각하지 않는다. 그러나 그로부터 윤리학자들의 발언이 옳거나 그를 수 없다는 결론은 따라 나오지 않는다. 내 견해에서는 그런 용어들은 설명적이다. 제4장에서 진리성과 허위성을 논의했을 때 나는 설명적 소견을 언급하지 않았지만, 내가 제시한 설명은 도덕적 용어들에도 적용될 수 있다.

내가 '전선들이 접촉하게 되었기 때문에 그것들은 붉어졌다'라고 말한다고 해보자. 만일 '인과적 사실'이란 말로 우리가 특별한 인과성 관계에 있는 두 사건에 의해 예화됨을 의미한다면, 나는 인과적 사실을 진술하지 않는다. 그러나 나는 색깔 붉음을 어떤 대상들에서 공간적 관계의 변화의 결과로서 획득하도록 야기되고 있는 것으로 표현한다. 만일 그 속성이 사실상 그 변화에 의해 그 대상들에서 야기된다면, 내 표현 방식은 실재와 대응하며, 나는 옳게 말한다. 내가 '내 머리카락의 붉음은 결혼식에서 내가 당신 딸의 손을 물리친 것에 대한 이유가 아니다' 나 '조지의 얼굴을 붉어지게 만드는 것은 좋은 일일 것이다' 라고 말하는 경우도 마찬가지다. 이 표현 중 첫 번째에서 나는 그 색깔을 (부정적인 방식으로) 어떤 것에 동의하지 않음에 대한 이유로 표현하며, 만일 그 속성이 사실상 불가능하거나 손해가 되는 일에 동의하는 일을 만들지 않는다면 나는 옳게 말하는 것이다. 두 번째 표현에서 나는 그 속성을 어떤 대상에서 야기하는 일에 대한 이유가 있는 것으로 표현하며, 그러한 이유가 실제로 존재한다면 나는 옳게 말하는 것이다.

프레게-오스틴 의미 이론을 승인하는 철학자들은 도덕적 용어가 어떻게 의미를 갖는지에 대해 몹시 옳을 성싶지 않은 설명(앞의 76~7면을 볼 것)을 제시한다. 어떻게 하면 더 낫게 설명할 수 있을까?

영어 낱말 'ought' (해야 한다)는 두 가지 방식으로 사용된다. 만일 내가 어떤 것을 할 의무가 있다면, 나는 '나는 그것을 해야 한다' 고 말할 수 있다. 그러나 또한 나는 그 상황에서 그렇게 하는 것이 올바른 것이거나 최선의 것이라면 '나는 런던에 가야 한다' 고 말할 수 있다. 나는 의무 개념이 사회 내에서만 적용되는 사회적 개념이라고 주장해왔다. 만일 우리가 '해야 한다' 를 첫 번째 의미로 사용한다면, 내가 해야 하는 것은 어떤 사회의 다른 성원들과 나의 관계 때문에 내가 해야 할 의무를 지는 것이다. 그것은 그 상황에서 최선의 과정은 아닐 수 있다. 나는 양립 불가능한 어떤 것을 행하는 일에 대해 압도적인 이유가 있을 수 있다. 따라서 두 번째 의미에서 내가 해야 하는 것은 첫 번째 의미에서 내가 해야 하는 것이 아니며, 혼동을 피하려면 나는 어쩌면 '해야 한다'가 아닌 다른 어떤 낱말을 사용해야 할 것이다.

어떤 것을 하는 것이 좋다고 생각한다는 것은 언제나 어떤 특정한 방식으로 그것이 좋다고 생각한다는 것이다. 다시 말해서 유리하거나, 필요하거나, 의무이거나, 우호적이거나, 즐겁기 때문에 좋다고 생각한다는 것이다. 나는 이런 방식들 중 하나로 좋다고 말하지 않으면서 '내가 파리에 가는 것은 좋은 일일 것이다'고 말할 수 있지만, 적어도 그것들 중 한 방식으로 좋다고 생각하는 것이 있지 않는 한 그것이 좋은 일이라고 생각할 수 없다. 따라서 나는 유리하거나, 필요하거나, 그 밖에 무엇이라도 되게 만드는 어떤 것이 있다고 생각해야 한다. 따라서 그것이 좋다고 말할 때(그리고 마찬가지로 그것이 좋은지, 또는 그것이 좋았으면 하는 바람을 표현하는지 물을 때) 나는 그 변화를 이유가 있는 것으로 표현한다. '4킬로그램을 빼는 것이 좋은 일일까?' 라고 묻는 것은 '어떤 것을 4킬로그램을 빼는 일이 그것을 이롭거나 필요하게 만드는가?' 라고 묻는 것과 같다. 좀 더 정확히 말해 나는 어떤 속성을 어떤 것에 대한 변화(또는 그 어떤 것으로부터의 변화)로 표현하는데, 이 변화는 그것을 초래하는 일(또는 막는 일)에 대한 이유가 있다.

그것은 어떤 표현 방식인가? 속성이나 변화는 목적론적 설명항으로 표현된다. 그것은 특정한 어떤 행동에 대한 설명으로 제시되지 않는다. 그러나 '만일 A가 f가 된다면 좋은 일일 것이다'에서 f임은 우리가 그것을 초래하기 위해 행동하는 불특정 행위자를 이해할 수 있는 어떤 것으로 표현된다. '내가 4킬로그램을 빼야 할까?' 라고 물을 때, 나는 질문 방식으로 체중 4킬로그램을 내가 하는 절제가 체중을 빼기 위한 절제로 이해될 수 있는 어떤 것으로 표현한다. 물론 우리는 '당신은 당신의 이모를 방문해야 한다'나 '만일 메두사가 머리를 감는다면 좋은 일일 것이다' 처럼 실제로 대응하는 사고를 갖지 않고도 어떤 상황을 말할 수 있다. 그러한 사고를 갖는다는 것이 정확히 무엇인지는 제9장에서 살펴볼 것이다. 여기서는 어떤 속성을 좋거나 나쁜 것으로 생각하는 일이 그 속성을 특정되지 않은 행동에 대한 목적론적 설명항으로 생각하는 일이라는 것만을 강조하고 싶다. 반면에 그 속성을 인과적으로 필연적이거나 가능하거나 불가능한 것으로 생각하는 일은 그 속성을 인과적 피설명항으로 생각하는 일이다.

어떤 방침을 다른 방침보다 더 좋거나 더 나쁘다고 말하는 것은 그 방침들을 설명항으로 비교하는 것이다. 유명한 구절(1989, 35면)에서 사르트르는 1939~45년 전쟁 중에 그의 제자 중 한 사람의 딜레마를 기술한다. 홀어머니를 모시면서 집에 머무르는 것이 더 나을까, 아니면 집을 떠나 독일 점령군에 저항하고 있는 조국의 동료들에 가담하는 것이 더 나을까? 그것은 레지스탕스에 가담하는 일이나 집에 머무르는 일이 그 학생의 미래/행동을 초래하기 위한 행동으로 해석하는 것이 더 쉬운 어떤 것인지의 문제이다. 그런 물음은 순수한 이론적 물음이 아닌데, 특히 해석하기 위한 행동이 아직 없기 때문에 그렇다. 사르트르는 그 학생이 자신이 어떤 종류의 사람이 될 것인지를 결정하려 하고 있다고 말하는데, 나는 그 말에 동의한다는 것을 이미 지적했었다. 그 학생이 레지스탕스에 가담하는 것이 더 낫다고 결정한다고 해보자. 그것은 외부의 적이 자기 나라를 점령하고 있기 때문에, 그리고 비록 그의 어머니가 자신을 필요로 함에도 불구하고, 레지스탕스에 가담하는 종류의 사람이 되기를 원하는 것이다. 그리고 그것은 외국의 적이 자기 나라를 점령하고 있음에도 불구하고, 어머니가 자기를 필요로 하기 때문에 집에 머무르는 종류의 사람이 되기보다는 이것을 더 원하는 것이다. 그가 숲으로 사라질 때 그것은 독일군을 방해하거나 쫓아내기 위해서일 뿐만 아니라 이런 식으로 행동하는 행위자가 되고 싶어서이기도 하다.

실제로 어떤 방침이 다른 방침보다 더 나은지를 결정하는 것은 매우 어려운 경우가 종종 있다. 우리에게 열려 있는 이 방침들 중 어떤 것이 최선인지 결정하는 것은 훨씬 더 어려운 일일 수 있다. 적절하게 응용할 때 정답을 산출하도록 되어 있는 어떤 절차 집합을 찾는 경제학자들은 아마 황금의 나라 엘도라도를 찾고 있을 것이다. 그렇지만 여기서 우리는 최선인 것을 결정하는 방식이 아니라 어떤 것을 최선이라고 생각한다는 것이 무엇인지에 대해 관심이 있다. 나는 세 가지 의견을 말하는 것으로 국한할 것이다.

첫째, 나는 어떤 방침을 최선의 방침으로 생각하는 일이 좀 더 많은 정보를 기다리고 찾는 일을 포함하여 어떤 대안보다도 그 방침이 낫다는 것으로 받아들인다.

둘째, 언제 행동하고, 언제 더 많은 정보를 기다려 찾을 것인지 결정하는 일은 찬반 균형을 맞추는 능력과 다른 특별한 종류의 실제적 판단을 요구한다. 행동할 필요가 없을 때, 그리고 행동하는 일에 반대할 이유가 없다는 확실한 근거가 없을 때 행동하는 것은 진지한 문제들에서 경솔하거나 분별없는 일이다. 당신이 알지 못하는 사람과 결혼하거나, 지금까지 탐사되지 않은 열대 숲에서 아무런 예방 조치 없이 깊은 웅덩이에 뛰어드는 것은 경솔한 짓일 것이다. 이것은 철학자들이 별로 주의를 기울이지 않았던 실제적 사고의 차원이다. 우리는 이 판단을 해로운 것을 피하는 데 필요한 것을 다양하게 생각해보는 일로 취급할 수도 있다. 부부는 서로에게 엄청난 불행을 야기할 수 있기 때문에 이 남자가 당신의 남편이 될 수 있다는 것은 그에 관해 알아보는 일을 필요하게 하는데, 이것은 어느 쪽인가 하면 적군이 지난주 어떤 지역에 있었다는 사실이 군인들로 하여금 매복을 나가는 일을 필요하게 하는 것과 마찬가지다. 그러나 어떤 남자가 악당임에도 불구하고 매력적이기 때문에 그와 결혼하는 일이 우리가 자신의 감정을 완전히 통제하지 못함을 보여주는 반면에, 그에 관해 뭔가를 알아내려는 수고를 하지 않고 그와 결혼하는 일은 어린애 같거나 유치한 짓이다.

마지막으로 나는 어떤 방침이 다른 누군가에게 최선이라고 생각하는 일은 절대 순수하게 초연한 판단이 될 수 없지만 언제나 사람과 사람 간의 어떤 관계를 포함한다고 제9장에서 논할 것이다.

제 9 장
생각과 이해

9.1 생각에 대한 전체론적 이론

제7장에서 나는 어떤 사고나 욕구를 갖는 일이 그 자체로 실재하는 사건임을 부정하는 근대철학자들을 찬성했다. 당신의 얼굴이 붉다고 생각하는 일이나 배를 먹고 싶어 하는 일은 구형이 되는 일이나 90도 회전하는 일과 같지 않다. 'A는 p라고 생각했다'와 'A는 fB를 원했다' 형식의 보고들은 A의 행동의 측면들을 조명하지만 그 자체로 서로 구별되지는 않는 A의 정신적 삶의 요소나 특징들에 주의를 환기한다. 그 점에서 그 보고들은 지리학에서 따뜻하거나 건강에 좋은 지역, 또는 역사에서 진출이나 합병의 연대와 비슷하다.

내가 찬성하는 견해는 '전체론적' 견해라 부를 수 있다. 어떤 것을 전체론적으로 본다는 것은 그것을 원자들의 집합체가 아니라 전체로서 본다는 것이다. 나는 어떤 사람의 정신적 삶을 잠을 자는 기간이나 무의식의 기간에 의해 중단되지만 달리 보면 연속되어 있는 전체로서 본다. 깨어 있는 동안 설령 우리의 의식적 주의가 청동기 시대 중국과 같은 먼 과거의 어떤 것이나 2의 제곱근 같은 전혀 다른, 밖의 세계에 집중하고 있다 할지라도 우리는 다소간에 대체로 세계에 대해 의식한다. 특수한 믿음과 욕구들을 구별하는 것은 바로 우리의 행동과 발언을 설명하고 싶어 하는 사람들이다.

많은 분석철학자는 정신적 상태를 전체론적으로 보아야 한다는 데 동의하겠지만, 그들의 강조점은 약간 다를 것이다. 내가 아는 한 환원 불가능한 목적론적 설명에서 정신적 상태를 설명항으로 다루는 사람은 나 혼자다. 일반적 견해는 우리가 정신적 상태를 전혀 설명적인 것으로 생각할 필요가 없다는 것인데, 만일 그렇게 생각한다면 우리는 정신적 상태를 인과적으로 설명한다고 생각해야 한다. 그리고 우리가 정신적 상태를 전체론적으로 보아야 한다는 말의 근거는 우리가 정신적 상태를 따로 고립시켜 사고자에게 일대일로 귀속시킬 수 없고, 오직 집합적으로나 집단적으로만 귀속시킬 수 있다는 것이다(그래서 Davidson, 1987, 167면). 나는 이 생각을 가지고 논쟁하고 싶지 않으며(이 생각의 기원에 대해서는 W. V. O. Quine, 1961, 제2장과 Wittgenstein, 1979를 볼 것), 이 생각은 이 장에서 내가 전개할 내용이 아니다.

우리의 정신적 삶을 기술하려고 하는 거의 모든 철학자는 우리가 어쨌든 더 단순한 사고들로부터 구성되거나 그것들로 분석될 수 있는 복잡한 사고를 가지고 있으며, 우리는 더 단순한 개념들로 정의될 수 있는 복잡한 개념을 적용한다고 생각한다. 우리는 제1장에서 개관한 엄격한 원자주의적 설명을 제시하려 하지 않고도 이것을 생각할 수 있다. 다음은 내가 제시할 기술의 개요이다.

우리가 사용하는 단순개념은 내가 '속성'이라고 부르는 것, 즉 모양, 부피, 온도, 색깔 같은 공간적 관계와 속성의 개념이다. 우리는 대상을 대응하는 속성을 갖거나 획득하거나 잃은 것으로 생각할 때 이 개념들을 적용한다. 우선 우리는 감각 능력이 있고, 합목적적인 행위자로서 주변의 환경에 반응할 때 이 일을 한다. 우리는 어떤 대상이 어떤 속성을 갖는다는 이유에서 행동할 때 그 대상을 그 속성을 갖는 것으로 생각한다. 우리는 어떤 대상이 어떤 속성을 획득하거나 획득하지 않기 위해 작용할 때 그 대상이 그 속성을 획득하는 것으로 생각한다 — 즉 그 속성에 대한 변화가 우리에게 좋거나 나쁜 것으로 나타난다.

이와 같이 행동할 때 우리는 이미 대상이라는 개념을 적용하고 있다. 이 개념은 우리가 속성 개념에 덧붙여 적용하는 개념이 아니다. '아모스는 전갈 개념을 적용했다'나 '에이다는 그 대상이 전갈이라고 생각했다' 같은 보고는 사고자가 특정되지 않은 속성 개념을 적용하는 일에 대한 기술이다. 예컨대 에이다는 접촉함이라는 관계 개념을 적용할 수도 있었다. 그녀는 자기의 발가락에 대해 그 대상이 그 관계를 획득하는 일을 싫어한다.

생각은 절대 쓸데없이 한가하거나 순수하게 학술적이지 않다. 생각은 언제나 합목적적이다. 그러나 생각이 언제나 이해 가능하지는 않다. 우리는 속성 개념을 적용하는 일이 이해가 되거나 이해를 하려 하는 한 이해 가능하게 생각한다. 그러면 사물은 단순히 우리 자신에 대한 이유나 목적으로뿐만 아니라 피설명항이나 설명항으로도 우리의 사고가 된다.

두 종류의 이해, 즉 인과적 이해와 목적론적 이해가 있다. 우리는 질료 개념을 적용한다. 즉 우리는 인과적으로 생각할 때 대상을 나무, 물, 수소 등으로 구성된 것으로 생각한다. 우리는 심리적 개념을 적용한다. 즉 우리는 목적론적으로 생각할 때 행위자를 믿음과 욕구를 가진 것으로 생각하며, 또한 솜씨, 무능력, 덕과 악덕을 가진 것으로 생각한다. 나는 제6장과 제7장에서 적어도 어느 정도까지는 이런 주장을 옹호했으며, 여기서는 또 다른 논증을 어렴풋이나마 제시할 것이다. 그러나 이것은 인과적 이해와 목적론적 이해의 풍요성을 충분히 다루지 못한다.

제10장에서 나는 우리가 인과적 작인으로서의 우리 자신을 의식하는 것은 바로 우리가 초래하는 변화를 이해하는 일을 통해서라고 논할 것이다. 그리고 우리가 우리 자신을 합목적적 행위자나 사람으로 의식하는 것은 바

로 이런 변화를 초래하는 일을 이해하는 일, 즉 우리 자신의 행동을 목적론적으로 이해하는 일을 통해서라고 논할 것이다.

9.2 종류 개념

나는 대상의 종류라는 개념을 '종류 개념'(sortal concepts)이라 부른다. (이 용어는 원래 대상의 종류는 물론이고 질료의 종류와 연관해서 사용되었지만(그래서 Locke *Essay* III iii 15), 질료-낱말은 대상-낱말과 다른 문법을 가지며, 각각의 개념은 따로 분류되어야 한다.) 종류 개념은 종류가 다양하다. 우리는 칼, 차, 집 같은 인공물의 개념과 참나무, 악어, 인간처럼 식물이나 동물의 종 개념을 가지고 있다. 그리고 단순히 종 개념 외에 우리는 어떤 종을 포함하면서 또한 다른 어떤 것, 이를테면 성, 나이, 인과적 또는 사회적 관계, 물리적 조건, 정신적 또는 도덕적 자질을 포함하는 개념들을 가지고 있다. 이런 개념의 예는 다음 개념들이다. 암양, 어린 양, 형제자매, 고용주, 간질환자, 식물학자, 약한 자를 못살게 구는 동네 깡패. 나는 칼이나 악어 같은 개념에서 시작한 다음 나중에 더 복잡한 개념으로 넘어갈 것이다.

전통적 견해는 '칼'과 '악어' 같은 낱말이 '저건 악어이다' 같은 발언에서 일차적으로 술어적으로 사용되며, 속성을 의미한다는 것이다. 그래서 그런 개념들은 속성들의 집합 개념이라는 것이다. 나는 제3장에서 그런 낱말이 술어적으로가 아니라 일차적으로, 언급적으로 사용된다고 주장했는데 그런 개념이 속성들의 집합 개념이라고 주장하는 것은 섣부른 일이다. 칼 개념에는 어떤 속성들이 포함되어 있는가? 칼은 서로 다른 여러 가지 모양과 크기로 나타나며, 미처 추측할 수 없는 인간의 발명품이 미래에 칼로 분류될 것인지에 대한 분명한 구속요건은 없다. 악어가 어떤 것인지에 대한 구속요건은 있을 수 있다. 그것은 지금 우리가 가지고 있는 악어들과 교배할 수 있어야 한다. 그러나 우리는 제6장에서 우리가 물이나 금이 되는 데 본질적인 것으로 생각하는 본래적 속성들의 집합이 있는 것처럼 보이지 않는다는 것을 보았으며, 우리가 참나무나 아르마딜로에 본질적이라고 생각하는 속성도 없다는 것을 보았다.

그럼에도 '앨리스는 뱀 개념을 적용했다. 그녀는 그녀의 침대 밑에 뱀이 있다고 생각했다. 그녀는 보리스의 넥타이를 뱀이라고 생각했다' 같은 것을 말하는 것은 완전히 올바르다. 나는 'A는 s가 있다고 생각했다'와 'A는 B가 s라고 생각했다' 형식들의 차이에 관해 고민할 필요가 있다고 생각하지 않는다. 그런 발언들을 옳게 만드는 것은 무엇인가?

나는 여기서 '개념'을 일상적 사용에서의 비전문적 용어로 사용하고 있다. 나는 그것을 특별한 의미로 제시하고 있지 않으며('대상', '속성', '변화'에 대해 제시했던 것처럼), 하물며 내가 '우리 이모는 그녀의 콤팩트를 사용하고 있어'라고 말할 때 당신이 '콤팩트가 뭐야?'라고 물을 수 있는 방식으로 내가 '개념이란 무엇인가?'라는 질문을 받을 수 있도록 '개념'을 대상의 종류를 나타내는 낱말로 사용하고 있지 않다. 만일 내가 어떤 것이 뱀이라고 생각하거나, 뱀인지 궁금해하거나, 아일랜드에 뱀이 있기를 바라거나, 뱀이 의미하는 것을 알면서 그 낱말을 사용한다면, 나는 뱀 개념을 적용한다. 그리고 만일 내가 어떤 개념을 적용할 수 있다면, 나는 그 개념을 소유한다.

대부분의 사람에게 개나 의자를 볼 때 그것이 무엇인지 인지할 수 있다는 것은 개나 의자 같은 일상적 개념을 소유하는 일의 부분이다. (물론 시력이 없는 사람은 청각, 후각, 촉각 같은 다른 감각들에 의존해야 할 것이다.) 어떤 것을 시각에 의해 개나 의자로 인지할 수 있다는 것은 눈에 영향을 미치는 속성들, 즉 모양, 크기, 움직이거나 서 있는 방식 등에 의해 그것을 이와 같은 것으로 인지할 수 있다는 것이다. 내가 이러한 인지 능력을 갖기 위해서는 눈에 영향을 미치는 대상의 어떤 성질들이 어떤 범위에 속할 경우에 내가 곧바로 그것을 개나 의자로 의식하는 사람이 되어야 한다.

나는 그 대상의 모양이나 움직임으로부터 그것이 개라는 것을 추리한다고 말하고 싶을지도 모르겠다. 그러나 만일 그 대상이 표준적 조건에서 보인다면 그것은 올바를 수 없다. 만일 내가 그것이 개라고 추리한다면, 먼저 그것을 골라내어 '그 개' 로 확인하는 것이 아니라 다른 어떤 방식으로, 어쩌면 '그 검은 대상' 이나 '그 움직이는 대상' 으로 확인해야 한다. 그러나 이런 것들은 대상을 확인하는 표준적 방식일 수 없다. 만일 내가 어떤 것을 '그 s' 로 확인한다면, 나는 거기에 얼마나 많은 s들이 있는지, '그 s' 가 전에 우리가 확인했던 것과 똑같은 s인지 질문을 받을 것이다. 그러나 우리가 방에 움직이는 대상이 얼마나 많은지, 또는 이 검은 대상이 똑같이 검은 대상인지를 어떻게 말할 수 있을까? 우리는 움직이는 개나 다리가 얼마나 많은지, 또는 이것은 똑같은 검은 이미지이거나 똑같이 검은 찰흙 덩어리인지만 말할 수 있을 뿐이다. 그리고 사실상 일단 우리가 시각을 통해 개나 개의 이미지를 인지하는 것을 배우고 나면, 우리는 처음부터 '그 개' 나 '그 이미지' 로 사물을 의식한다.

만일 내가 사물을 그 모양, 움직임 등으로 개로 인지할 수 있다면, 내가 개를 어떤 모양, 어떤 방식의 움직임, 그리고 일반적으로 눈에 보이는 어떤 특성을 가진 대상으로 생각한다고 말할 수 있을까? 나는 그런 특성을 보이는 어떤 것이라도 개라는 식의, 눈에 보이는 그런 특성들의 집합을 적어도 잘 정의된 물리-수학적 용어로 상술하는 것은 불가능하다고 생각한다. 만일 우리가 '당신이 개가 어떤 모양을 가진다고 생각하는가? 당신은 개를 어떻게 움직이는 것으로 생각하는가?' 라는 질문을 받는다면, 유일한 답은 다음일 것이다. 즉 '개의 모양, 그리고 고양이 같은 것에 반대되는 것으로서 개 같은 방식으로 움직임.' 개들은 여러 가지 모양으로 나타나며, 이를테면 '베이징인' 같은 어떤 낱말을 사용하지 않고 베이징인의 모양을 기술하는 것은 우리의 언어적 자원을 넘어서는 일일 것이다.

어떤 종류의 대상이라도 다양한 방식으로, 실용적으로 중요할 것이다. 악어는 수영자들에게 해롭지만, 가죽을 벗기면 여성의 핸드백에 유용한 재료를 제공한다. 풀밭은 유용한 동물들을 키우는 데는 유용하지만, 그 풀밭에 놓아 둔 책과 칼을 손상시킨다. 구름은 산길을 이용하는 등산가와 자동차 운전자에게 방해가 되지만, 비를 내리게 하는 데 필요하며, 해질녘에는 꽤 멋져 보인다. 목적에 유용한 것이라는 생각과 동일한 종류의 생각은 그 사물이 다소간에 다양한 방식으로 유용해진다고 생각하는 것이다. 말은 길들여짐을 통해 더 유용해진다. 어린 나무는 사슴이 뜯어먹음으로써 무용해진다. 나는 A가 s들이 어떻게 실용적으로 중요하다고 생각하는지 말함으로써 A가 s들을 어떻게 생각하는지 말한다고 보는 것이 최선이라고 제안한다.

'아서는 상어가 수영하는 사람들을 물지만 맛있는 수프의 재료를 낳는다고 생각한다'는 표현은 아서에게 실제 생각 조각이 아니라 어떤 종류의 성향을 귀속시킨다. 우리는 그가 상어에 관해 이런 것들을 성향적으로 믿는다고 말할 수도 있다. 그러나 그것은 무엇을 의미하는가? 그것은 '당신은 상어를 어떻게 생각하는가?'라는 질문을 받으면 그가 '상어는 수영하는 사람을 물지만 멋진 수프를 만든다'고 말하는 성향이 있다는 뜻이다. 그는 그렇게 말하지만 믿지 않을 수도 있고, 그것을 믿지만 (환경 보호론자들을 자극하지 않을까 하는 두려움에서) 그렇게 말하고 싶은 마음이 내키지 않을 수도 있다. 성향적 사고는 의심할 여지없이 어떤 것들을 말할 성향을 포함하지만, 이때 성향은 일차적으로 행동하려는 성향이다. 아서는 등지느러미를 보면 수영을 삼가거나, 수프를 원하면 상어잡이를 떠나는 종류의 사람이다.

만일 그 말이 올바르다면, 우리는 그가 상어에 관해 가진 이런 믿음들 중의 어떤 것에 따라 행동할 때마다 그가 상어 개념을 적용한다고 제안할 수 있다(그 행동이 어떻게 해서 우연의 일치라고 생각할 어떤 특별한 이유가 없는 한). 그 문제를 형식적으로 표현하면 이렇다. A가 B를 보는 조건 아래서 s들을 볼 때 그가 쉽게 s들을 s들로서 인지할 수 있다고 한다면, 그리고 B가 다소간에 A가 어떤 사물을 s로 인지하는 속성들의 범위 내에 있는 속성들을 가지고 있다고 한다면 — 즉 B가 외형상 s같다고 한다면,

1. 만일 A가 s를 Φ함에 유용한 것으로 생각한다면,
   Φ함을 위해 B를 사용할 때 A는 B가 s라고 생각한다.
   (차를 젓기 위해 B를 사용할 때 나는 B가 스푼이라고 생각한다.)
2. 만일 A가 s를 손해 h의 원천으로 생각한다면,
   B가 있다는 이유에서 A가 h를 피하기 위해 행동할 때 A는 B가 s라고 생각한다.
   (물 속에 있는 B를 보고 주혈흡충병을 피하기 위해 조처를 취할 때 나는 B가 나쁜 종류의 달팽이라고 생각한다.)
3. 만일 A가 s를 이익 b의 원천으로 생각한다면,
   B가 있다는 이유에서 A가 h를 얻기 위해 행동할 때 A는 B가 s라고 생각한다.
   (만일 B가 해안에 있기 때문에 오디세우스가 아름다운 노래 소리를 듣기 위해 접근한다면, 오디세우스는 B가 사이렌이라고 생각한다.)
4. 만일 A가 s_1s가 s_2s에 의해 Φ함에 무용해진다고 생각한다면,
   C가 있다는 이유에서 A가 B가 Φ함에 무용해지는 것을 막기 위해 행동할 때 A는 B가 s_1이고 C가 s_2라고 생각한다.
   (만일 C가 있다는 이유에서 B가 발을 보호하는 일에 무용해지는 것을

막기 위해 앤스트루서가 C가 미치는 범위 밖으로 움직인다면, 앤스트루서는 B가 슬리퍼이고 C가 스패니얼이라고 생각한다.)

우리는 사물들이 종류에 속한다고 생각하지 않거나 종류에 속하는지 궁금해할 때 종류 개념을 적용하지만, 그 설명을 이런 경우들까지 포함하도록 확장시키는 것은 쉽다. B가 외형상 상어 같지만, B가 있는데도 A가 수영하기를 주저하지 않는다고 해보자. 그러면 A는 B가 상어가 아니라고 생각한다. 또는 몹시 수영을 하고 싶어 하지만 A가 B에 대해 좀 더 관찰한다고 해보자. 그러면 A는 B가 상어인지 궁금해하고 있다.

이런 예들은 어쩌면 비현실적으로 단순한 사례지만 더 예민한 사례를 구성하는 것이 어렵지는 않을 것이며, 일반적인 요점을 설명하기에는 이런 예들로도 충분하다. 'A가 s라는 개념을 적용한다' 형식의 보고는 속성 개념에 덧붙여 A가 적용하는 개념을 상술하지 않는다. 그런 형식의 보고는 A가 특정되지 않은 개념을 적용하는 일을 기술하거나 분류하거나 설명한다. 만일 내가 햄을 자르기 위해 어떤 대상을 찾고, 소풍이 끝난 후에 녹슬지 않도록 그것을 옮겨 당신의 어린 아들이 베이지 않도록 하기 위해 그것을 만지지 못하게 한다면, 나는 그 대상과 다른 것들에 여러 가지 개념을 적용하지만, 이러한 생각 조각들은 무언가를 공통적으로 가지고 있다. 이 생각 조각들은 모두 칼에 대한 내 지식의 적용들이며, 우리는 이것을 각각의 경우에 내가 그 대상이 칼이라고 생각한다고 말함으로써 표현한다. 종류 개념을 갖는다는 것은 개념 적용하기의 종류에 대한 개념을 갖는다는 것이다. (그것이 바로 철학자들이 속성 개념에는 관심을 갖지 않지만 종류 개념에 관심을 갖는 이유이다.)

그러나 확실히 우리가 완전히 무용하거나 완전히 무해한 대상의 종류라는 개념, 어쩌면 사막 지역에 사는 조심성 많은 곤충 같은 개념을 형성할 수 있다는 반론이 있을 수도 있다(그래서 C. Radford, 1985). 그 대상에 우리가 이를테면 '은자 날벌레'(eremite-fly)라는 이름을 부여하여, 우리가 모래언덕 정상에 오르면서 '저건 은자 날벌레야' 라고 혼잣말할 수도 있지 않을까?

'A는 s들이 무용하다고 생각한다' 고 말한다는 것은 'A는 s들이 유용하다고 생각한다' 고 말하는 것 못지않게 A가 어떻게 s들이 실제적으로 중요하다고 생각하는지 말하는 것이다. 그렇지만 우리가 대상들이 일반적으로가 아니라 특정한 목적에 유용하다고 생각하는 것처럼, 우리는 대상들이 특정한 목적에 무용하다고 생각하며, 무용성의 경우에 그 대상이 유용할 어떤 희망이 있다는 것이 목적일 것이다. 스패니얼은 양 떼를 모는 데는 무용하지만, 양 떼 속으로 돌진하는 데에는 무용하다고 하기가 거의 어렵다. 마찬가지로 존슨 민물악어가 수영하는 사람을 먹어치우지 않는다고 생각할 수 있지만, 폐암을 일으키지 않거나 비행기 엔진에 손상을 주지 않는다고 하기는 거의 어렵다. 만일 A가 은자 날벌레가 샌드위치를 먹거나 감염시키지 않는다고 생각한다면, A는 이 곤충이 그들 주변에 기어 다니고 있는데도 샌드위치를 옮기지 않으면서 이 곤충이 은자 날벌레라고 생각할 수도 있다.

그러나 체계적인 자연과학이 한참 진행 중인 관심사이고 배움이 칭찬받는 요즘에 살아 있는 유기체는 단지 특수한 종에 속하고 종명을 가짐으로써 특별한 인공적 유용성을 갖는다. 설령 은자 날벌레가 일상적인 인간의 삶에서 커다란 역할을 하기에는 준비가 부실하다 할지라도, 전문 곤충학자의 삶에 대변혁을 일으킬 수는 있다. 은자 날벌레를 발견하는 일은 그의 친구들을 기쁘게 하고 학계의 과당 경쟁에서 경쟁자들을 당혹스럽게 하는 일 외에 그의 명성을 높일 수 있다. 그는 어떤 표본이 산출될 때 그것이 무엇인지 말할 수 없다면 바보처럼 보일 것이다. 그리고 심지어 당신이나 나도 '저건 은자 날벌레야'라고 말함으로써 사막을 탐사하는 동료 여행자에게 인상을 줄 수 있다(또는 좋지 않은 주제로부터 대화의 방향을 돌릴 수 있다).

내가 제안하고 있는 설명이 종 이상의 것을 포함하는 좀 더 복잡한 종류 개념들에까지 확장될 수 있다는 것은 분명한 일이다. 어린 양, 묘목, 암말, 치과의사, 수목학자, 나병환자, 심지어 배우자들도 다양한 방식으로 유용하고, 이롭고, 해롭고, 방해가 된다고 생각된다. 우리는 지형의 방향을 묻기 위해 경찰관에게 접근할 때, 경찰관이 있기 때문에 좀 더 천천히 차를 몰 때, 그리고 여러 가지 다른 방식으로 그런 일을 할 때 경찰관이라는 개념을 적용한다. 그러나 종류 개념이 사회적 관계를 포함할 때 또 다른 가능성이 있다. 제7장에서 말했듯이 사회적 관계는 의무와 권리를 동반한다. 주권자는 국민들에게, 치과의사는 환자들에게, 고용주는 피고용인에게, 성직자는 교구 신도들에게 의무를 가지며, 그 반대도 마찬가지다. 내가 어떤 나라의 정부를 그 국민들을 기아에서 구제할 의무를 갖는 것으로 생각한다고 해보자. 그러면 만일 내가 기아에 시달리는 어떤 사람들이 내가 속한 정부를 가진 나라의 국민이라는 이유에서 식량을 실은 배를 보낸다면, 또는 만일 내가 펀자브나 도니골 지역에 쌓아올려진 시체들이라는 생각에 약간 죄의식을 느낀다면, 나는 정부와 국민이라는 개념을 적용한다.

오직 인간만이 주권자, 치과의사, 배우자일 수 있지만, 우리는 다른 사람들을 인간이나 심지어 감각 능력이 있는 존재로 생각하지 않고도 이런 개념들을 그들에게 적용할 수 있다. 그들을 감각 능력이 있거나 지성적인 것으로 생각한다는 것은 목적론적 이해를 포함한다. 그러나 그 쪽으로 나아가기 전에 나는 인과적 이해에 관해 좀 말하고 싶다.

9.3 인과적 이해

버터가 연해진 것은 햇빛이 비치기 때문이라고 (옳게 또는 그르게) 생각할 때 홈즈는 인과적으로 생각한다. 이 사고가 형식 KΦBfA 또는 Kpq를 갖는다고 해보자. 그가 이렇게 생각한다는 것은 무슨 뜻인가? 믿음에 대한 제7장의 설명은 그가 버터가 연해진 것은 햇빛이 비치기 때문이라는 이유에서 행동하는 것 — RKpqΦA — 이라고 주장할지도 모른다.

조너선 베넷(J. Bennett, 1976, 107면)은 사실상 이런 식으로 인과적으로 설명한다는 것이 무엇인지 설명하려 한다. 그렇지만 그가 이 일을 하는 것은 몹시 어렵다. 그는 p라고 믿는 행위자의 행동이 p라는 상황 자체나 똑같은 방식으로 행위자의 뇌에 영향을 미치는 다른 어떤 것에 의해 야기된다고 주장한다. 그러나 햇빛의 비침이 내 뇌에 변화를 야기할 수 있는 반면에, 햇빛과 버터의 연해짐 사이에 인과적 관계의 성립은 뭔가를 야기할 수 있다고 보기가 거의 어렵다.

믿음에 대한 목적론적 분석을 주장할 때 나는 그런 어려움에 전혀 직면하지 않지만, 행동하는 일에 대한 행위자의 이유 내에서 내가 어떤 인과적 연관을 갖는다는 것은 여전히 어색하다. 왜냐하면 제2장에서 개관한 일반 이론에 따르면 인과적 연관과 목적론적 연관은 엄밀히 말해 우리 사고의 내용의 부분이 아니기 때문이다. 어떤 것의 원인이라거나 어떤 것에 대한 이유라는 것은 우리가 어떤 것에 관해 생각하는 것의 부분이 아니다.

내가 원인 조건에 관해 말했던 것은 내가 찬성하는 분석을 가리킨다. 앵거스가 화재가 확산되고 있는 것은 풀이 말라 있기 때문이라고 생각할 때, 그는 풀이 말라 있다는 이유에서 화재가 확산되는 것을 막기 위해 행동하거나, 똑같은 이유에서 그는 화재가 확산되도록 조장하는 행동을 삼간다. 우리는 이것을 모든 종류의 인과적 설명에까지 확장할 수 있다. 인과적 피설명항처럼 보이는 것은 또한 보통 욕구나 혐오의 대상일 것이다. 만일 그렇지 않다면, 그래서 만일 사고자가 이 대상이 이 속성을 획득하는지 아닌지에 대해 아무 신경을 쓰지 않는다면, 도대체 왜 그 변화에 관해 생각해야 하는가? 만일 피설명항이 욕구의 대상이라면, 설명항은 또 다른 원인적 작용을 불필요하게 만드는 일종의 기술적 이유를 형성할 것이다. 만일 피설명항이 혐오의 대상이라면, 설명항은 예방 조처를 요구하는 실제적 이유가 될 것이다. 요점을 형식적으로 표현하면 이렇다.

A는 KΦBfC라고 생각한다 = TfCΨA라는 식의 Ψ함이 없는 RΦB이거나, TNfCΨA라는 식의 어떤 Ψ함이 있는 RΦB.

이 분석은 복잡해 보일 수 있지만, 몇 가지 이점이 있다. 첫째, A의 믿음의 내용으로부터 인과적 연관이 나온다. 다시 말해서 이 믿음, 즉 A의 이유는 이제 그냥 ΦB라는 것이다. 둘째, 나는 인과적 사고가 목적론적 사고에 의해서만 이해될 수 있다는 제7장에서의 내 약속을 되살린다. 이 분석에서 인과적 판단의 설명항은 목적론적 설명항, 즉 기술적 또는 실제적 이유로 나타난다. 그리고 그 설명의 세 번째 장점은 그 설명이 인과적 사고가 어떻게 발생하는지 알게 해준다는 것이다. 만일 계단에 햇빛이 비치고 있다는 이유에서 고양이가 거기 누워 있거나 움직이려 하지 않는다면, 우리는 햇빛이 유쾌한 감각을 야기하고 있다는 판단을 고양이에게 귀속시키지 않는다. 그 심리 상태는 오히려 지성이 아니라 감성이다. 햇빛이 비치고 있다는 이유에서 액체가 되지 않도록 하기 위해 내가 버터를 그늘진 곳으로 옮길 때 나는 확실히 햇빛이 버터를 연해지도록 만들거나 만들 수 있다고 판단하며, 내 행동은 (조심스럽게 말해) 지성적이다. 그러나 감성과 지성, 또는 비인과적 사고와 인과적 사고 사이에 예리한 경계가 있을 필요는 없다. 두 가지는 우리가 '본능'과 '경험'이라고 부르는 것을 통해 서로 합병될 수 있다. 우리는 칼새가 지붕의 어느 지점에 둥지를 짓는 것은 그 지붕이 돌출해 있기 때문이고, 비에 맞지 않기 위해서라고 생각할 수 있다. 그러나 그것은 칼새가 본능적으로 거기에 둥지를 짓는다고 생각하는 일과 모순되지 않는다. 인과적으로 관련 있는 상황 때문에 행동하는 일이 어떤 일반적인 인과적 지식 조각을 심사숙고한 것이거나 그것을 적용한 것일 필요는 없다.

이 분석은 합목적적 행위에 직접적으로 포함된 인과적 사고에만 성립할 것이다. 그런 행위는 가장 통상적인 종류의 것이다. 그렇지만 버터의 예는 좀 더 이론적인 사고를 하는 코난 도일을 참고하도록 암시하였다. 홈즈는 '파슬리가 버터에 1.5mm 가라앉았다. 그래서 그 버터는 세 시간 전에 밖에 꺼내 놓였던 게 틀림없다'와 비슷한 어떤 것을 생각했다. 이 경우에 파슬리가 1.5mm 가라앉은 것은 세 시간 동안 버터 위에 햇빛이 비쳤기 때문이라고 홈즈가 생각했다고 말하는 것은 틀린 것이 아니다. (홈즈는 그것을 혼잣말로 중얼거렸을 수도 있다.) 그렇지만 그의 생각은 어떤 일반적인 인과법칙의 적용이다. 홈즈가 햇빛이 버터를 연하게 만든다고 생각하는 어느 정도의 비율, 즉 버터의 연해짐이 버터가 햇빛에 노출되었던 시간의 기능이라고 믿는 어느 정도의 비율이 있다. 이 일반적 믿음은 성향적 믿음이다. 이 믿음은 행동이나 예측에 적용될 수 있지만, 여기서는 후천적 추리에 적용된다. 홈즈는 그의 조사 목적상 그 버터가 언제 밖에 꺼내 놓였는지를 알고 싶어 한다. (그는 제5장의 언어로 버터가 얼마나 많은 시간 이전에 밖에 꺼내져 연해지기 시작했는지 알고 싶어 한다.) 1.5mm 변화는 그의 사고에서 욕구나 혐오의 대상이 아니라 햇빛에 의한 원인 작용이 세 시간 동안 있었다고 생각할 이유로 나타난다. 형식적으로 표현하자면, 홈즈는 Kpq라고 생각하는데, 이 경우에 Rq라는 점에서 홈즈는 p라고 생각한다. 제8장에서 생각하는 일에 대한 이유와 행동하는 일에 대한 이유를 대비시켰지만, 그것들은 행동하는 일에 대한 이유의 도식에 아주 간단하게 끼워 맞출 수 있다. p라고 생각하는 일에 대한 이유는 p라는 이유에서 행동하는 일에 대한 일종의 기술적 이유, 또는 넓은 의미에서 논리적 이유이다. 왜 홈즈는 버터가 30분 전에 꺼내졌다고 말하는 증인을 신뢰할 수 없다고 취급하는가? 파슬리가 그 속에 1.5mm 가라앉아 있기 때문이다.

이제 좀 더 직접적인 인과적 사고로 되돌아가 보자. 제6장에서 변화를 인과적으로 이해할 때 우리는 대상들이 특수한 질료로 구성되는 것으로 생각한다고 논했다. 이제 나는 일반적으로 어떤 사고자가 특수 질료라는 개념을 적용했다고 말하는 것이 속성 개념 외에 적용된 어떤 개념을 상술하는 것이 아니라 인과적 사고에서 속성-개념을 적용하는 일을 기술하는 것이라고 제안한다.

그 제안은 제한할 필요가 있다. 대상의 종류처럼 질료는 다양한 방식으로 이롭고, 유용하고, 해롭다 등등. 체계적인 자연과학이 한참 잘 나가는 관심사일 때 어란상암(oolite, 魚卵狀岩)은 그것을 나타내는 낱말을 사용하여 '저건 어란상암이야' 라고 말함으로써 비지질학자에게 인상을 준다는 점에서 유용하다. 금은 유용한 것들과 교환될 수 있지만 폭력적인 사람들을 끌어들인다. 와인은 술꾼에게 유쾌한 감각을 제공하지만 운전자로서의 효능을 손상시킨다. 만일 내가 술 취한 상태로 운전을 하지 않기 위해 한 병을 다 비우는 일을 삼간다면, 그 병에 와인이 담겨 있다고 생각한다고 말하는 것은 올바를 것이며, 만일 홉스가 하인이나 친척들에 의해 도난당하지 않도록 하기 위해 어떤 것에 열쇠를 채운다면, 그가 그것이 금으로 만들어졌다고 생각한다고 보아도 무방할 것이다. 이런 경우들에서 질료-개념을 적용하는 일은 그저 종류 개념을 적용하는 일과 유사한 것에 불과한 것이 아니다. 그것은 특별한 종류의 종류 개념, 즉 와인 병이나 금 덩어리라는 개념을 적용하는 일이다.

그러나 비록 질료들이 그것들로 이루어진 대상에 실제적 중요성을 제공할 수 있다 할지라도, 우리는 질료를 일차적으로 능동적이고 수동적인 인과적 힘에서 달라지는 것으로 생각한다. 또는 오히려 165~8면에서 말했듯이 우리는 질료를 대상들에서 그 대상들로 하여금 인과적 힘을 갖게 만드는 것으로 생각한다. 그렇기 때문에 질료-개념과 종류 개념 사이에는 어느 정도의 유사성이 있다. 'A는 B가 s라고 생각한다' 형식의 보고는 B의 실제적 중요성에 대한 A의 생각을 말해주는 반면에, 'A는 B가 m으로 구성된다고 생각한다' 형식의 보고는 인과적 작인이나 상호작인으로서의 B라는 A의 생각을 말해준다. 두 보고 모두 특정되지 않은 개념의 적용을 기술하지만, 전자는 A가 이유와 목적에 따라 행동하는 한에서 이것을 기술하고, 후자는 A가 인과적으로 이해하는 한에서 이것을 기술한다. 만일 어두워지고 있다는 이유에서 데카르트가 어떤 대상에 빛을 비추거나, 또는 만일 조명이 무용해지지 않도록 그가 그 대상을 불로부터 다른 곳으로 옮긴다면, 우리는 '그는 그것이 양초라고 생각한다' 고 말함으로써 어두움, 거리 등의 개념에 대한 그의 적용을 기술한다. 만일 그가 그것이 더 이상 원통형의 모양과 불투명한 색깔을 지니지 않게 된 것은 바로 그것이 난로 위에 있기 때문이라고 생각한다면, 우리는 '그는 그것이 밀랍으로 이루어져 있다고 생각한다' 고 말함으로써 색깔, 모양, 위치 개념을 적용하는 일을 기술한다.

그러나 그가 그냥 '이것은 밀랍으로 이루어져 있다' 고 혼잣말할 수도 있지 않을까? 확실히 그는 그렇게 말할 수 있다. 그가 더 이상 특정한 어떤 개념을 적용하지 않고 실제로 그것을 믿을 수 있는지 아닌지는 덜 분명하다. 만일 그가 그것을 말한다면, 적어도 그는 그 재료에 대해 프랑스어나 라틴어 개념을 적용한다. 나는 특정되지 않은 개념들을 적용하는 일을 기술하지 않을 때 'A는 B가 m으로 구성된다고 생각한다' 형식의 보고가 A에게 일정한 방식으로 인과적으로 생각하는 성향을 귀속시키는 것인지 의심한다. 그리고 진실성이 있을 때 '이것은 밀랍으로 구성된다'가 그러한 성향에 대한 언명인지 의심한다. 'A는 B가 s라고 생각한다'에 대해서도 유사한 제안을 할 수 있다.

9.4 목적론적 사고

우리는 모든 동물이 감각 능력이 꽤 있으며, 개체로서가 아니라면 종으로서 인간은 지성이 있다고 생각한다. 우리 근처에 있는 어떤 것이 감각 능력이 있거나 지성적이라고 생각한다는 것은 무엇인가? 제9.2절의 종류 개념에 대한 설명을 이것까지 포함하도록 확장할 수 있을까?

'아리온은 그 동물이 돌고래라고 생각했다', '타르퀸은 그 남자가 치과의사라고 생각했다' 같은 어떤 표현들에 대해서는 그 설명으로 충분할 것이다. 그러나 아리온은 어떤 동물이 감각 능력이 있다고 생각하지 않고도 돌고래가 무해한 방식으로 그 동물이 무해하다고 생각할 수 있다. 타르퀸은 어떤 남자에 대해 정향나무 기름병과 특별히 다르다고 생각하지 않고도 치과의사가 유용한 방식으로 유용하다고 생각할 수 있다. 우리가 감각 능력이 있는 존재라는 개념이 어떤 방식에서는 유용하고 이롭고, 또 어떤 방식에서는 해롭거나 위험한 어떤 것이라는 개념이며, 지성적 존재나 지성적인 사람이라는 개념에 대해서도 마찬가지로 말할 수 있을까?

우리가 '전자 눈'(electronic eyes)이라고 부르는 장치가 있는데, 우리는 그것이 사물을 '보며', 빛이나 열에 '민감하다'고 말한다. 그러나 동물이나 아기가 감각 능력이 있다고 생각하는 일은 단순히 그것을 이런 식으로 생각하는 일이 아니다. 성인이 지성적이거나 영리하다고 생각하는 일도 체스 경기를 하는 컴퓨터가 지성적이라고 생각하는 일이나 플래스틱 카드가 '영리하다'고 생각하는 일과 같지 않다. 유기체는 어떤 것들 — 그 감각기관에 영향을 미치는 것들이나 이런 것들의 유쾌하거나 불쾌한 결과들 — 을 얻거나 피하기 위해 움직일 경우에만 감각 능력이 있다. 'A는 B를 감각 능력이 있다고 생각한다' 고 말하는 것은 A가 B의 행동을 지각된 것들 때문에 하는 행위, 또는 지각 가능한 것들을 얻거나 피하기 위해 하는 행위로 목적론적으로 이해한다고 말하는 것이다. 'A가 B를 지성적이라고 생각한다' 고 말하는 것은 A가 B의 행동을 좀 더 복잡한 이유에서 나오는 행동으로 이해한다고 말하는 것이다.

그렇기 때문에 감각적 존재와 지성적 존재라는 개념은 고양이나 인간 같은 특정한 종류 개념이 아니다. 그 개념들은 속성 개념에서 두 단계 떨어져 있다. 'A는 고양이 개념을 적용했다' 는 A가 적용한 개념을 상술하는 것이 아니라 적용된 개념의 종류에 대한 어떤 징표나 그 개념들을 적용하는 목적을 제시한다. A의 목적은 고양이와 연관된 어떤 이익을 거두어들이거나 고양이와 연관된 어떤 악을 피하기 위한 것이었을 것이다. 그 정도만큼 그 보고는 A의 사고의 내용에 관해 정보를 제공해준다. 그러나 'A는 감각적 존재 개념을 적용했다' 고 말하는 것은 단지 A의 생각의 형식을 기술하는 것이다. 그것은 단지 A의 생각이 목적론적 이해이거나 목적론적 이해를 포함한다고 말하는 것이다. 내가 만일 아기가 고통스러운 감각을 경험하지 하도록 행동한다면, 나는 아기를 감각 능력이 있다고 생각한다. 어떤 보고를 'A는 B가 감각 능력이 있다고 생각한다' 대신에 'A는 B가 고양이라고 생각한다' 는 것만큼이나 특수한 보고로 제시하기 위해서는 우리는 'A는 B가 쥐 소리를 듣는다고 생각한다' 와 비슷한 어떤 것을 말할 필요가 있다. '고양이' 와 '매트' 와 같은 수준에 있는 언어적 항목들은 '고양이가 있다고 생각하는 것', '매트를 옮기는 것을 싫어하는 것' 과 같은 더 긴 표현들이다.

그렇다면 목적론적으로 생각한다는 것은 무엇인가? 만일 인과적 연관이 믿음의 내용들로부터 분석되어야 한다면, 목적론적 연관 역시 믿음의 내용들로부터 분석되어야 한다. 제8장에서 나는 어떤 사람의 이유나 목적이 다른 사람의 이차적 이유나 목적으로 채택될 수 있다고 지적했다. 나는 당신의 이유와 목적을 나의 이유와 목적으로 만들 수 있다. 이 일을 하는 두 가지 방식이 있다. 만일 당신이 Φ하는 것을 좋게 만드는 어떤 상황이 존재한다면, 나는 당신이 이 상황을 의식할 수 있도록 행동하고, 그것 때문에 Φ할 수 있다. 또는 나는 당신이 그 상황을 의식하지 않도록 행동하고, 그 상황에도 불구하고 Φ하지 않을 수 있다. 우리는 친구나 적으로서 서로의 이유와 목적을 채택할 수 있다. 이제 나는 이런저런 것을 행하는 일이 목적론적으로 이해하는 데 반드시 필요하다고 제안한다. 순수하게 분리된 목적론적 이해 같은 것은 없다. A는 TTfCΦBΨA이거나 TNTfCΦBΨA라는 식의 어떤 Ψ함이 있을 경우에만 TfCΦ*B*라고 생각한다. A는 TRpΦBΨA이거나 TNRpΦBΨA라는 식의 어떤 Ψ함이 있을 경우에만 RpΦB라고 생각한다.

왜 그래야 하는가? 우선 이 설명은 우리의 이유들로부터 목적론적 연관을 얻는다. 나는 내 친구가 어떤 방향으로 움직이는 것을 보고 그의 행동을 햇빛이 비친다는 이유와 해변에 도달한다는 목적에서 걷고 있는 것으로 해석한다. 제안된 분석에 따르면, 햇빛이 비친다는 이유에서 그가 해변에 이를 수 있도록 내가 그를 차에 태운다는 것은 바로 내가 이렇게 생각하는 일에 충분하다. A는 RpTRpΦBΨA라는 점에서 RpTfBΦB라고 생각한다. 여기서 내 목적 — 햇빛이 비치기 때문에 내 친구가 해변에 이르러야 한다거나, 또는 날씨가 그것을 행하는 일을 좋게 만드는 것을 해야 한다는 것 — 은 복잡하지만, 이유는 간단하다. 즉 내 이유는 햇빛이 비친다는 것이다. 완전히 분리된 목적론적 이해가 있을 수 있다고 생각하는 사람은 누구라도 믿음의 내용에서 이유와 목적에 이르는 또 다른 방법을 발견하라는 도전을 받을 수 있다.

그 도전은 정신 상태에 대해 제7장에서 제안한 일반 이론에 설득되지 않은 사람에 의해 거부당할 수도 있다. 많은 철학자는 여전히 당신이 p라고 생각하는 일이 p라는 상황에 대한 표상을 포함한다고 생각하는 일이거나, 또는 표상을 포함하는 일 외에 당신이 그 상황에 대해 어떤 태도를 채택하거나, 러셀의 한곳에 국한되지 않는 감각들 중의 하나를 경험하는 일이라고 생각하는 일이라는 생각을 고수한다. 나는 누군가가 어떤 것을 믿는다고 생각하는 일이 어떻게 이 비슷한 어떤 것일 수 있는지를 보여주기 위해 이 철학자들에게 도전한다. 내가 내 설명이 지녔다고 주장하는 큰 장점은 내 설명이 물리적 속성에 대한 표상을 토대로 우리의 믿음과 욕구 개념의 모델을 만들 필요성에서 우리를 벗어나게 해준다는 것이다.

그러나 당신이 p라 믿는다고 생각하는 일이 당신에 대한 능동적인 친절이나 악의의 태도를 채택하는 일이라고 말하는 것이 너무 역설적인 것만은 아니다. 확실히 나는 A에 대해 많은 온정이나 적의를 느끼지 않고도 'A는 p라고 생각한다' ('그 컴퓨터는 내가 성에 갈 예정이라고 생각한다', '그 새들은 내가 자기들을 위해 어떤 벌레들을 파헤치려 한다고 생각한다')는 말을 발언할 수 있다. 그러나 나는 우리가 그 문제를 생각하면 할수록 그만큼 우리가 실제로 다른 행위자가 어떤 것을 믿거나 어떤 것을 욕구하는 일이 우리에게 그 행위자와 사람과 사람 사이의 관계를 맺게 한다는 것을 인정하지 않을 수 없게 만들 것이라고 주장한다. 우리는 심리적 개념을 고립된 인간 원자들로서 적용할 수 없고, 친구나 적들로서만 적용할 수 있다. 만일 그것이 독특한 개체로서의 우리의 실존의 가치를 손상시키는 것처럼 보인다면, 그것은 인간 본성에 대한 이론으로서의 개체주의에 대해서는 훨씬 더 나쁘다. 나는 결국 그것이 감성과 지성의 실재성을 부정하도록 강요한다고 믿는다.

앤 여왕처럼 공간적으로나 시간적으로 떨어져 있거나 폴리페모스처럼 완전한 상상의 사람들은 어떤가? 우리가 그들에 대해 친구나 적이라고 말하기는 거의 어렵다. 그러나 확실히 우리는 그들에게 정신적 상태를 귀속시킬 수 있을까? 사실상 몇 가지 다른 가능성이 있다. 나는 홈즈가 버터 속 파슬리에 관해 추론했던 것처럼 내 주변의 사람들의 정신 상태에 관해 추론할 수 있다. '그는 그의 옷가지를 꾸리지 않았으니 떠나려 했다고 할 수 없다.' '그는 내가 킹을 내놓은 것을 볼 것이므로 나머지 스페이드가 나의 파트너에게 있다고 추리해야 한다.' 이러한 사고의 귀속은 종종 순수하게 언어적인 것이라고 나는 생각한다. 그것은 기계적인 체스 경기자에 대한 사고의 귀속과 같으며, 그렇지 않으면 그 문장들은 그것들이 의미하는 것을 현금화하지 않고도 곧바로 쓰거나 작동시키는 교환권과 같다. 역사가가 아주 오래 된 과거에 관해 추론할 때도 똑같은 일이 일어날 수 있다. 그러나 역사적 인물과 가공의 인물 모두를 좋아하거나 싫어하는 일 또한 가능하며, 정서적으로 그들의 삶에 빠져들게 되는 일 또한 가능하다. 앞에서 말했듯이 나는 이러한 연루가 가정적 소망 형태를 띤다고 생각한다. 만일 내가 잔다르크나 캐플렛 가의 줄리엣에 대해 딱하게 느낀다면, 나는 내 영향력의 범위에서 곤경에 빠진 어떤 실재하는 사람이 있을 경우에 내가 그녀를 돕기 위해 일정한 방식으로 행동할 수 있었기를 바란다. 만일 내가 오디세우스를 좋아한다면, 그와 같은 어떤 사람이 있을 경우에 그가 내 친구일 수 있기를 바란다. 만일 내가 스탈린을 싫어한다면, 그와 같은 누구도 내 친구가 되지 않기를 희망한다.

행위자들은 감각 능력이 있을 뿐만 아니라 행동하는 이유가 그 이유에 따라 행동하는 일이 인과적으로 또는 목적론적으로 생각하는 일이라는 성격을 갖는 한 지성적이기도 하다. 그렇다면 그들의 행동은 영리하고, 어리석고, 정직하고, 비겁하다 등등으로 분류된다. 만일 당신이 나에게 어떤 그림을 팔려고 하고 있다면, 그럴만한 가치가 있기 때문에 어떤 금액을 제시하는 일은 당신이 가치가 덜하다고 믿는다 할지라도 정직하다. 좀 더 효과적인 대안이 쓸모가 있을 때 어떤 목적에 대해 뻔히 불충분한 수단을 채택하는 것은 어리석은 일이다. 일반적으로 기술적 이유에 의한 행위의 분류는 다소간에 그 행위를 숙련된 것으로서 분류한 것인 반면에, 실제적 이유에 의한 분류는 다소간에 덕이 있거나 덕이 없는 것에 의한 분류이다. 행위와 구별되는 것으로서 사람들은 그들이 초래하고자 하는 변화를 초래하기 위해 효과적으로 행동할 수 있는 한 숙련되어 있다. 반면에 덕이 있거나 악덕인 것을 하려는 성향이 있는 한 그들은 덕이 있거나 악덕하다.

이렇기 때문에 우리는 특수한 행동 조각들을 이해하는 데 일차적으로 숙련, 덕과 악덕을 적용한다. 나는 친구가 두 명의 청년에게 공격받고 있는데도 청년들이 칼을 가지고 있다는 이유로 내 동료가 친구 쪽으로 가는 것을 싫어한다고 생각할 때 비겁이라는 개념을 적용하며, 또한 만일 그가 그의 친구와 함께 단호한 태도로 서 있다면 청년들이 도망갈 것이라고 생각한다. 내 동료가 친구 쪽으로 가기를 원하고, 이것이 사실상 자멸적 방책이 아님을 깨닫는 것은 보통 이런 식으로 생각하는 일의 부분일 것이다. 양측의 공간적 관계, 청년들의 크기, 그들의 정신 상태, 칼의 크기와 위치는 모두 내 사고의 대상이 될 것이고, 사건 후 내 일기에 들어간 내용('나는 그의 행동을 비겁하다고 생각했다')은 내가 적용한 추가 개념을 상술하지 않지만 복잡한 목적론적 이해 조각에서 특정되지 않은 많은 개념을 적용한 일을 요약한다.

철학자들은 때로 '소크라테스는 현명하다'는 문장이 마치 매우 단순한 사고, 즉 그 유명한 철학자가 지혜의 속성을 예화한 것처럼 사용했는데, 이것은 어느 쪽인가 하면 '화성은 붉다'가 그 행성이 붉음의 속성을 예화한다는 단순한 사고를 표현하는 것과 마찬가지다. 만일 다음과 같은 복잡한 어떤 조건이 충족된다면 나는 '플라톤은 소크라테스가 현명하게 행동하고 있다고 생각한다'라고 말하는 것이 올바르다고 생각한다. 플라톤은 소크라테스가 계속해서 철학을 할 수 있는 메가라에 가는 쪽보다는 처형될 것임에도 불구하고 아테네에 남는 쪽을 택했다고 생각한다. 그는 소크라테스가 법에 불복종하지 않기 위해서, 그리고 메가라가 추한 정권을 가진 외국이기 때문에 이쪽을 택한다고 생각한다. 그리고 그는 찬반에 대한 소크라테스의 평가가 올바르다고 생각한다. 만일 플라톤이 소크라테스가 현명하게 행동하고 있다고 생각할 뿐만 아니라 그가 소크라테스가 현명하다고 생각한다고 말하는 것이 정확한 기술이라면, 또 다른 조건들이 있다. 즉 플라톤은 소크라테스가 꽤 쉽고 자신 있게 그의 결정에 도달한다고 생각하며, 플라톤은 그 점에 놀라지 않는다. 왜냐하면 일반적으로 '플라톤은 소크라테스가 현명하다고 생각한다'는 특수한 조각의 생각을 기술하는 것이 아니라 오히려 플라톤에게 소크라테스의 행동을 일정한 방식으로 이해하려는 성향을 귀속시키기 때문이다.

우리가 정신과 성격의 성질이라는 개념을 어떻게 적용하는지에 대해 깊이 연구하는 일은 거창한 일이 되겠지만, 나는 몇 가지 주장을 할 것이다. 첫째, 예들이 보여주듯이 당신이 덕 있는 방식이나 악덕한 방식으로 행동하고 있다고 생각하는 일은 당신의 이유와 목적을 헤아리는 일뿐만 아니라 당신의 생각의 올바름을 판단하는 일도 포함한다. 강도의 예에서 나는 당신이 공격을 받은 친구가 처한 위험을 과대평가한다고 생각한다. 플라톤은 소크라테스가 메가라로 탈출하는 일에 찬성하는 이유보다 반대하는 이유에 더 비중을 둔 것이 올바르다고 생각한다. 우리는 처음에 행위자의 생각에 대해 이렇게 판단하는 일이 불필요하고, 우리가 그것 없이도 목적론적으로 생각할 수 있으며, 심지어 판단하지 않는 것이 더 나을 수 있다고 상상할지도 모른다. 만일 내 일반 이론이 올바르다면, 그렇게 판단하는 일은 불가피하다. 한 사람은 다른 사람을 이롭거나 해롭게 하려는 욕구 없이는 그 다른 사람의 행동을 이해할 수 없으며, 그 이해는 그 다른 사람이 상황을 올바르게 평가하고 있는지 생각하는 일을 포함한다. 나는 당신 자신의 믿음이 옳은지에 무관심하면서 당신이 배우자가 부정하다고 믿는다는 것을 실제로 믿을 수 없다. 사르트르는 그의 제자가 결정적인 이유가 될만한지 생각하지 않으면서 레지스탕스에 가담하지 말라는 이유로 그의 어머니의 어려운 처지를 생각했다는 것을 이해할 수 없었다.

이로부터 다른 누군가의 행동의 실제적 이유를 파악하는 일은 좋은 것과 나쁜 것에 대한 우리 자신의 지식, 다른 것에 비해 어떤 것의 좋거나 나쁨을 평가하는 우리 자신의 능력의 발휘라는 결론이 따라 나온다. 도덕적 성품과 실제적 우선권의 순위가 완전히 이질적인 사람의 행동을 이해하는 것은 어렵거나 불가능할 수도 있다. 그래서 사악한 사람은 누군가 다른 사람이 진정으로 이타주의적이라는 것을 믿을 수 없을 것이다.

그리고 당신의 행동을 덕 있거나 악덕한 것으로 이해하는 일이 내 자신의 도덕적 성향의 발휘인 것과 마찬가지로, 당신의 행동을 효율적이거나 비효율적인 것으로 이해하는 일은 내 자신의 솜씨의 발휘이다. 나는 당신이 솜씨 있는 의사이거나 무능한 낚시꾼이라는 풍문을 믿을 수 있다. 그러나 나는 당신의 진료 솜씨나 당신의 낚시질의 무능함을 이런 문제들에서 스스로 정통해 있을 경우에만 이해할 수 있다.

제 10 장
의식

10.1 내성

많은 철학자는 우리에 관해 가장 중요한 것이 우리가 신들을 위한 장엄한 신전을 짓고, 물리적인 자연의 법칙을 밝혀내고, 서로 우호적이고 이해하는 방식으로 행동한다는 것이 아니라, 우리가 우리 자신을 지성적 존재로 의식하는 것이라고 생각한다. 물론 우리는 자신들에 대해 이 의식을 갖고 있지 않은 예술가, 과학자, 이해심 많은 친구를 전혀 알지 못한다. 그러나 자기의식을 가지고 있으면서 예술, 과학, 우정에 재능이 없는 사람들이 많이 있는데, 그래도 우리는 여전히 이 아둔한 사람들을 우리 자신과 똑같은 종류에 속하는 것으로 간주하며, 쐐기풀이나 바다가재를 다루는 방식으로 그들을 다루는 일을 피한다. 최근에 이런 종류의 의식의 도덕적 중요성에 관해 철학자들 사이에서 많은 논의가 있었다. 만일 미처 성장하지 않은 아기들이 아직 의식을 획득하지 못했거나 노쇠한 할아버지나 할머니들이 의식을 상실한다면, 우리가 그들을 고통 없이 제거해도 된다는 결론이 따라 나오는가? 나는 여기서 그처럼 깜짝 놀랄만한 물음을 다루지는 않을 것이다. 오히려 나는 우리가 우리 자신에 대해 의식한다는 것이 어떻게 이루어지고, 이 자기의식이 무엇인지 탐구할 것이다.

우리가 살필 자기의식은 두 종류가 있다. 한편으로 우리는 우리의 신체나 수족에 대해 의식한다. 우리는 보통 우리가 서 있는지 앉아 있는지, 우리의 손과 발이 어디 있는지 안다. 그리고 우리는 이것을 볼 필요 없이 알며, 하물며 다른 사람의 말을 들을 필요 없이 안다. 다른 한편으로 우리는 우리의 사고에 대해 의식한다. 우리는 우리가 생각하고 있는 것이나 원하는 것을 안다. 그리고 이것 역시 정신과 의사의 얘기를 들을 필요 없이, 또는 우리 자신이 한 말이나 행동에 주의를 기울인 것들로부터 추리할 필요 없이 안다.

최근까지 철학자들은 우리가 수족의 위치를 어떻게 아는지 묻지 않았다. 그러나 D. M. 암스트롱(1984)은 우리가 이것을 우리 관절의 수용기(receptors)와 머리의 유스타키오관(Eustachian tubes)을 통해 아는데, 이것들은 감각기관과 똑같은 종류의 방식으로 기능하는 기관들이라고 주장해왔다. 우리가 생각하고 있는 것을 어떻게 아는지와 관련해서 전통적 견해는 우리가 이것을 내성(introspection, 內省)에 의해 안다고 주장한다. 만일 내성이 소문이나 추리로 정의되는 것이 아니라 앎으로서 부정적으로 정의된다면, 전통적 견해의 주장은 논란의 여지가 없을 것이다. 그러나 실제로 내성은 시각 모델을 통해 생각된다. 로크가 표현한 바에 따르면(*Essay* II i 4), 우리는 '감각은 아닐지라도 감각과 매우 비슷한' 어떤 능력을 갖는 것으로 생각되며, 눈을 통해 수조를 들여다보고 거기에 어떤 고기가 있는지 보는 것처럼, 이 능력을 통해 우리의 정신을 들여다보고 거기에 어떤 사고들이 있는지 볼 수 있다. 나는 이 견해들이 모두 틀렸다고 생각하며, 우리가 생각하고 있는 것을 우리가 내성에 의해 안다는 견해에서 시작할 것이다.

홉스(*Leviathan* I 4)와 로크(*Essay* III ii 2)는 언어가 우리가 내성에 의해 아는 감정이나 감정 유형을 의미하는 낱말들에서 시작된다고 생각했다. 비트겐슈타인은 이 이론을 거부하며(*Philosophical Investigations*, I 257~66

면), 그의 독자들 중 약간은 그의 논증이 내성 같은 것은 없으며, 엄밀히 말해 우리가 우리 정신의 내용을 전혀 안다고 할 수 없다는 것을 증명한다고 생각한다. 그렇지만 우리가 이것을 정말로 안다는 것은 분명한 일이며, 내가 보기에 비트겐슈타인 자신은 우리의 정신적 과정에 대한 기술을 확증하기 위해 전통적으로 생각해온 내성에 의존한 것처럼 보이는데, 그의 『철학적 탐구』는 이 정신적 과정에 대한 기술이 아주 많이 차지하고 있다.

내성의 존재를 믿는 사람들은 내성을 스스로를 조사하는 과정으로 기술하며, 멜러(D. H. Mellor)는 그 '메커니즘'이 '뇌 속에 있으며, 그 과정이 뇌의 어떤 일정한 부분에 있는지는 논쟁이 되는 점이지만 하찮은 점이다' (1977~8, 100면)라고 말한다. 그의 말은 다음 그림을 시사한다. 때로 광고에서 사용되는 전구들의 스크린처럼 작은 전등들로 이루어진 뇌의 영역 A가 있다. 어떤 사람이 어떤 사고를 가질 때, 그리고 오직 그때만 그 사고를 표현하는 문장이 A에서 불이 켜진다. 또한 유연성 있고 신축성 있는 줄기에 뇌 조각 B가 있다. 이 조각은 A를 전체적으로는 아니라도 부분적으로 어떤 방식으로 우리가 생각하고 있는 것을 알기 위해 우리의 욕구를 대응시킴으로써 이동시킨다. B에는 렌즈가 있는데, 이 B를 통과하는 빛이 눈의 망막처럼 그 뒤에 빛에 민감한 스크린에 투사된다. 우리는 사고를 표현하는 문장이 B에 있는 이 스크린에 투사될 때, 그리고 오직 그때만 그 사고를 의식한다. 물론 누구도 뇌에서 정확히 이런 메커니즘이 있다고 가정하지 않는다. 그러나 이것은 전형적인 자기 조사 메커니즘일 것이며, 우리의 사고를 이런 식으로 안다는 것이 불가능하다고 생각하는 이유는 우리가 내성에 의해 사고를 안다고 주장하는 전통적 견해를 거부하는 이유이다.

우리는 어느 정도 이와 같은 방식으로 우리 친구들의 사고를 정말로 안다. 친구가 중부 술라웨시(Central Sulawesi)에서 나에게 편지를 쓴다. '오늘 아침 해가 떠서 구름이 사라지기 전에 호수 위에 구름이 얼마나 멋진지 생각했네. 자네가 여기 같이 있었기를 바랐다네.' 나는 편지를 검토하고, 그와 같이 쓰인 낱말들은 내 망막에 나타나는데, 친구가 구름이 멋지고 내가 거기 있었기를 바랐다고 생각한다. 또는 친구는 나에게 '날씨가 아주 좋을 것 같아. 헬벨린 산에 오르고 싶어' 라고 말한다. 그러면 내 내이(內耳)에 비슷한 소리들이 생성되고, 나는 친구가 날씨가 매우 좋을 것이라고 믿고 헬벨린 산에 오르기를 원한다고 생각한다. 그렇지만 이런 경우에 내가 단순히 시각이나 청각에 의해 친구의 사고를 안다고 말할 사람은 없을 것이다. 나는 그런 문장들로 발언된 낱말들을 알지만, 그 낱말들을 해석해야 한다. 나는 친구가 말하는 것이 의미하는 것을 이해해야 하고, 친구가 진실성 있게 이야기하고 있다고 판단해야 한다. 그렇다면 설령 내가 기술된 메커니즘에 의해 생각하고 있는 것을 안다 할지라도, 나는 어떤 감각과 유사한 어떤 것에 의해 그것을 알아서는 안 된다. 나는 부분 A에서 낱말들을 해석하고, 그 낱말들이 내 사고의 정확한 표현이라고 판단해야 한다. 그러나 내가 정말로 그와 같은 어떤 것을 한다고 가정하는 것은 불합리하다.

자기 조사 모델을 옹호하여 편지의 낱말들이나 공중에서 생성된 소리들이 단지 내 친구의 사고의 발언이고, 그 사고 자체는 전혀 다른 것인 반면에, 내 뇌의 부분 A의 문장들은 사고와 동일하다고 할 수도 있을 것이다. 어떤 사고를 갖는다는 것은 보통 그 사고를 표현한다고 할 수 있는 영어나 독일어 문장을 인간의 보편 언어로 번역한 것 비슷한 어떤 것이 뇌에서 나타난다는 것이다.

이것이 바로 『사고의 언어』(*The Language of Thought*, 1975)에서 포더(J. Fodor)가 전개한 이론인데, 이 이론은 '나는 화성이 붉다고 믿는다' 같은 문장들이 뇌에서 복사되는 것이나 출현하는 것처럼 어떤 복사 과정을 허용할 것이다. 이 이론에 대한 나의 반론은 제3장에서 제시했다. 대뇌의 형식 문들은 옳거나 그른 것이어야 할 것이다(Fodor, 1981, 30면, 195면). 그러나 진리성과 허위성은 그림에 부여될 수 없는 것처럼 문장에도 부여될 수 없다. 진리성과 허위성은 합목적적 행동에서 나온 언어적 행위와 사고의 발휘에만 부여될 수 있을 뿐이다. 그리고 설령 생각이 포도어 식의 형식문 출현으로 이루어진다 할지라도, 그것은 우리가 감각 비슷한 어떤 것에 의해 우리가 생각하고 있는 것을 안다는 생각을 지지하지 못할 것이다. 그가 인정하듯이 똑같은 물리적 형식문이 인간의 뇌에서는 '지금 대낮이다'로 번역되고, 화성인의 뇌에서는 '마멀레이드에 곰팡이가 슬고 있다'로 번역될 수도 있다(그래서 유명한 '잼이 죽는다'는 말이 나온다). 이 경우에 그 형식문이 어떤 것을 의미하는지, 그래서 그 유기체가 무엇을 믿는지는 그 형식문이 유기체를 어떻게 행동하도록 만드는지(Fodor, 1981, 202면), 또는 그 형식문의 생물학적 기능이 무엇인지(Fodor, 1985, 99면)에 달려 있다. 어느 쪽이든 유기체는 감각이 아니라 지성에 의해 생각하는 것을 말해야 할 것이다.

10.2 신체에 대한 의식

손발을 움직이는 일은 기량(skill), 즉 어쩌면 우리가 태어나기 전에 획득하기 시작한 간단한 기본 기량이다. 그래서 태아는 태내에서 팔과 다리를 움직이기 시작하며, 유아는 첫해의 대부분을 기본적인 형태의 근육 조절을 전개하는 일로 보낸다. 단순히 어떤 특정 수족을 움직이는 능력 같은 기량은 없다. 우리는 전혀 손을 움직이는 것을 배우지 않는다. 하지만 우리는 손을 움직임으로써 어떤 범위에서 영향을 미칠 수 있는 것, 즉 물건을 잡거나 흔들기, 음식을 입으로 옮기기를 배우며, 나중 단계에서는 점토로 모형 만들기, 바느질하기, 글쓰기, 바이올린 연주하기 등에 도달하는 법을 배운다.

근육 조절 외에 우리는 지각 기량도 획득한다. 우리는 일정한 조건 아래서 시각, 청각, 촉각 등으로 다양한 대상을 인지하는 것을 배운다. 또한 행동이나 무행동에 대한 이유를 제공하는 변화를 주목함으로써 관찰 중인 사물을 계속해서 관찰하는 법을 배운다. 일반적으로 지각 기량과 근육 기량은 함께 획득된다. 그래서 우리의 목표 중 많은 것을 획득하는 데 두 가지 기량이 모두 필요하며, 요리, 운전, 목공 같은 고급 기량을 익히는 데에도 두 가지 기량이 모두 필요하다. 그러한 활동은 손과 눈의 협동이 요구되며, 또는 좀 더 일반적으로 운동 근육과 지각 능력의 협동이 요구된다.

어떤 기량은 당신이 원할 때, 또는 원함에 따라 어떤 변화를 일으키는 (또는 막는) 능력이다. 요리는 소화가 잘 되고 맛있는 식용의 물질을 만들 수 있다. 목공일은 목재로부터 유용한 물건을 만들 수 있다. 당신이 바라는 결과를 얻는지 얻지 못하는지를 아는 것은 어떤 기량을 발휘하는 것의 역할이다. 우리는 손발을 움직여 결과에 도달하기 때문에 그것은 우리가 사용하고 있는 손발을 의식해야 하고, 그것들이 어디에 있는지에 대해 좀 알아야 한다는 것을 의미한다. 그것은 따로 분리된 일련의 믿음을 갖는 일의 문제가 아니다. 목공은 '지금은 내 팔이 뻗어 있고, 지금은 팔꿈치가 굽혀져 있다' 고 생각하지 않는다. 손발은 어느 정도 연속적으로 움직이며, 그것에 대한 우리의 의식은 어느 정도 연속적인 감시 행위이다. 그것은 게임의 규칙을 지키거나 악보를 따라 하는 것과 유사하다. 만일 어느 순간에 '게임의 형세가 어떤가?' 나 '그 음악에서 무슨 일이 벌어지고 있는가?' 라는 질문을 받으면 당신은 대답할 수 있지만, 질문을 받지 않을 때 당신의 주의력은 '지금 던진 공은 투수 교체를 하면서 던지는 두 번째 연습용 공이다' 나 '지금은 두 번째 변주곡이 연주되고 있다' 와 같은 독특한 사고들로 분열되지 않는다. 어떤 게임을 수행하는 일과 음악을 듣는 일은 사실상 그 자체가 기량이며, 어떤 기량의 발휘는 다양한 과정들이 연속적으로 진행되는 과정이다.

나는 우리의 신체에 대해 의식하는 일차적 방식이 숙련된 제작 과정이나 행동 과정에 있다고 제안한다. 우리는 때로 신체적 감각을 가질 때 우리 신체에 대해 의식한다고 이야기하는데, 흔히 그 감각들이 불쾌한 감각일 때 그렇게 이야기한다. 그러나 아픔과 고통은 지각 내용이 전혀 없는 심리적 상태다. 우리는 어떤 동물이나 아기가 우리가 '신체에 대한 의식'이라고 부를 어떤 것을 갖지 않고도 고통을 경험한다고 상상할 수 있다. 한편 성인은 고통을 경험할 뿐만 아니라 고통을 경험하는 일을 의식한다. 다시 말해서 성인은 자신들의 정신적 상태를 그런 것으로서 의식한다. 자의식이 없는 유아와 자의식이 있는 성인 사이에는 손발을 움직임으로써 어떤 종류의 변화를 일으키는 법을 배우고, 그럼으로써 그 능력을 발휘하는 아이(또는 동물)가 있다. 그렇게 할 때 그 아이는 손발을 의식해야 한다. 내 제안은 이것이 우리의 신체를 의식하는 기본적 방식이라는 것이다.

그런 일이 어떻게 일어나는가? 우리는 본능적인 것에 지나지 않는 행동과 기량에서 나오는 행동을 구별한다. 먹잇감에 달려들거나 포식자에게서 달아나는 일은 본능적인 것처럼 보인다. 포식자나 먹잇감의 존재는 실제적 이유이며, 그런 것의 존재에 대한 의식은 달아나거나 달려들고 싶은 욕구의 형태를 띤다. 행동은 기술적 이유에 의해 설명될 수 있는 한, 행위자가 그 행동의 효과와 관계가 있는 상황에 반응하는 한 기량에서 나오는 것이다. 이것은 정도 문제이며(앞에서 지적했듯이 나는 본능과 기량 사이에 확고한 경계선이 있다고 생각하지 않는다), 그래서 우리 손발에 대한 의식 또한 마찬가지로 정도 문제이다. 어떤 것들 — 난로 위의 팬, 다른 도로 이용자들 — 을 연속적 관찰 아래 두는 것은 요리나 운전 같은 기량을 발휘하는 일의 부분이다. 우리의 목표(식사 준비하기, 별 탈 없이 목적지에 도달하기)를 달성하기 위해 특수한 손의 움직임을 필요하게 만드는 것으로서의 이런 것들의 조건에 대한 의식은 이런 움직임을 만들고 싶은 욕구의 형태를 띤다. 그래서 이런 움직임들이 우리 마음속에 떠오른다. 운전할 때 내 손과 발의 위치는 옆길로 가는 사이클 선수, 주차된 화물차 등의 위치에 덧붙여 의식의 대상일 필요가 없다. 나는 이 외부의 대상들을 의식할 때 내 손과 발을 의식한다. 동시에 교범에 나온 기량을 발휘하는 일은 해를 주거나 방해하지 않는다는 것이 확실하기만 하다면 어느 정도 우리의 손을 감시하는 일을 포함한다. 바이올린 연주자, 타자, 요리사는 부분적으로 자신이 활, 배트, 수저를 어떻게 잡고 있는지 봄으로써 알 것이다.

이 설명은 부분적으로 앤스콤(G. E. M. Anscombe)이 예견했던 것이다. 전문적 연구서 『의도』(*Intention*, 1963)에서 그녀는 우리가 우리 손발의 위치를 '관찰 없이' 안다고 지적하고, 이것이 일종의 실용적 지식이라고 제안한다. 나는 내 움직임에 대해 합리적 정당화를 제시할 수 있기 때문에 내가 어떻게 움직이고 있는지 안다는 것이다. 이와 대조적으로 암스트롱은 앞에서 말했듯이 우리가 때로 가게에서 우리를 지켜보고 있는 CCTV처럼 우리의 관절과 다른 곳에 감추어진 특수한 감각기관들을 사용함으로써 우리 손발의 위치를 안다고 말한다. 그래서 운전을 할 때 나는 시각에 의해 옆길에서 나오는 화물차가 있다는 것과, 암스트롱이 '자기수용' (proprioception, 동물이 자신의 위치 · 자세 · 평형, 또는 내부 상태와 연관된 자극을 인식하는 것_옮긴이 주)이라고 부르는 것에 의해 내 발이 브레이크 쪽으로 내려가고 있다는 것을 안다.

만일 내가 내 카세트 플레이어에서 들리는 오보에 협주곡을 듣고 있다면, 화물차의 출현과 독주자의 등장은 내가 서로 다른 감각에 의해 아는 별개의 것들이다. 그러나 그것은 화물차와 브레이크 페달의 경우에 내가 아는 경우와는 같지 않다. 운전을 할 때 우리는 손, 발, 눈이 협동한다. 반면에 길을 살피는 일과 테이프를 듣는 일은 협동이 아니라 평행해서 일어나는 일에 지나지 않는다.

내 관절의 수용기 없이는 내가 내 손발의 위치를 알 수 없다고 보아도 무방할 것이다. 그러나 나는 이 수용기들을 내가 내 눈을 사용하는 것을 배우는 방식으로 사용법을 배우지 않는다. 만일 그렇게 배운다면, 나는 손발을 능숙하게 사용할 수 있는 일과 무관하게 그것들이 어디에 있고, 그것들이 어떻게 움직이고 있는지를 알 수 있었을 것이다. 나는 수조에서 물고기의 위치를 아는 것처럼 내 손가락의 위치를 알 수 있었을 것이다. 그러나 사실상 이 지식은 기량과 밀접한 관계가 있다. 타자수는 타자를 칠 때 보지 않고도 자신의 손가락의 위치를 안다. 반면에 경험이 없는 초보 타자수는 보지 않고는 손가락의 위치를 모른다. 안무가 니진스키는 자신의 발이 어디에 있는지를 시골 농부보다 더 잘 안다.

암스트롱의 하드웨어는 눈이나 귀와도 유사하지 않고, 손이나 발과도 유사하지 않지만, 근육이나 힘줄과 유사하다. 우리는 손발을 이용할 때 이런 것들을 사용하지만, 우리가 이런 것을 사용하는 법을 배우는 한 그것은 우리가 손발을 어떻게 쓰는지 배울 때에 그렇게 한다. 바이올린을 연주하는 것을 배울 때 나는 팔에서 근육을 사용하는 새로운 방법을 배우며, 또한 암스트롱이 올바르다면 수용기를 사용하는 새로운 방법을 배운다. 그러나 수용기가 해당되든 안 되든 새로운 어떤 근육 기량을 배우는 일은 관련된 손발이 어디 있는지를 아는 새로운 방식을 배우는 일이다.

기량을 발휘하여 우리의 행동이 성공적인지 아닌지를 아는 한 우리는 우리가 행하려고 하는 것을 어느 정도 알아야 한다. 거세게 흐르는 개울에서 수영함으로써 나는 내가 도달하거나 피하려고 하는 위치가 어디인지 안다. 화이트소스를 만듦으로써 나는 팬 속의 재료가 어느 농도로 익기를 원하는지 안다. 그러나 이 점은 세심하게 표현할 필요가 있다. 그 소스가 이러한 씹히는 느낌을 획득하기를 내가 원한다는 것이나 폭포에서 50야드 내에 있는 것을 내가 싫어한다는 것을 아는 것은 내 기량의 발휘의 부분이 아니다.

내가 어떤 욕구나 혐오를 갖는다는 것을 아는 것은 나의 물리적 상태가 아니라 정신적 상태를 의식한다는 것이며, 어쨌든 우리 자신을 사고자로 의식하지 않고도 숙련되게 행동하고 인과적으로 판단한다는 것은 확실히 가능한 일이다. 최대한도로 주장할 수 있는 것은 인과적으로 생각할 때 우리는 대상이 획득하기를 원하는(또는 획득하지 않기를 원하는) 속성과 대상을 구별한다는 것이다. 반면에 동물은 본능적으로 행동할 때 그럴 필요가 없다.

10.3 정신에 대한 의식

정신 상태에 대한 행동 이론에 따르면, 만일 내가 당신의 행동을 p라는 이유에서 나온 것으로 이해한다면, 나는 당신이 p라고 생각한다고 생각한다. 이로부터 만일 내가 나 자신의 행동을 그 이유에서 나온 것이라고 이해한다면, 내가 나 자신이 p라고 생각한다고 생각한다는 결론이 따라 나온다. 마찬가지로 만일 내가 행동하고 있는 것은 바로 *TfB*라고 생각한다면, 나는 내가 *f*B를 욕구한다고 생각한다. 그렇다면 나는 나 자신의 행동을 어떻게 이해하는가? 라일은 우리가 우리 자신의 정신 상태에 관해 아는 방식이 우리가 다른 사람의 정신 상태에 관해 아는 것과 꽤 똑같다고 말한다(1949, 156면). 그것은 우리가 우리의 행동을 관찰하고 그것을 해석하며, 우리가 믿음과 욕구를 설명적 가설로서 우리 자신에게 귀속시킨다는 것을 시사한다. 그러나 만족스러운 설명은 우리의 지식이 어떻게 이것보다 더 직접적인지 보여주어야 한다. 만족스러운 설명은 한편으로 추리와 다른 한편으로 내성 사이에서 어떤 길을 찾아야 한다.

내성을 믿는 철학자들은 종종 다음과 같이 상상한다. 즉 우리는 먼저 의식적 존재로서의 우리 자신이라는 관념을 구축한다. 그런 다음 우리는 우리의 환경이 우리처럼 보이고 비슷한 방식으로 행동하는 몇몇 물질적 대상을 포함한다는 것을 알아챘다. 그리고 마지막으로 우리는 의식적 존재라는 개념을 그것들에도 적용한다. 우리의 심리적 개념의 기원에 관한 이 믿음은 부분적으로 무의식적이거나 음미되지 않은, 인류의 기원에 관한 믿음과 동행한다. (『창세기』의 설명 및 카드모스와 용의 이빨의 전설에 따라서) 최초의 인간들은 부모나 가족 없이 갑자기 나타났지만, 오늘날 우리가 가진 것과 꽤 똑같은 지성적 능력을 가지고 있었다고 가정된다. 그들은 혼자 살 수밖에 없었지만, 그들 중 몇 사람이 사회를 형성해 경찰과 사제를 임명하는 것이 자기들에게 유리하다고 생각하기까지는 기회가 있으면 남자는 여자를 붙잡아 자신들의 욕구를 충족시켰다.

많은 동물이 사회 속에서 살며, 나는 우리가 미처 사회적이지 않은 동물들에서 진화했다는 것을 믿을 수 없다. 어떤 관계를 의무와 권리가 동반되는 것으로 생각하는 것은 어떤 사회에 속하는 일의 부분이다. 이 관계에는 가족생활에 포함된 인과적 관계도 포함될 것이다. 제8장에서 나는 사회적 이유에서 행동하는 일과 이타주의적 이유에서 행동하는 일을 구별했다. 이타주의자는 의무인 것을 행하는 것이 아니라 우호적인 것을 행한다. 그러나 비록 여기에서 개념적 구별이 있다 할지라도, 두 가지 행동 방식은 같이 나타나며 서로를 보강한다. 우의와 이타주의는 사회적 동물들에게서 나타나며, 우의를 갖지 않으면서 의무를 인식하는 종을 상상하기란 어렵다. 부모와 자식, 형제자매와 이성 배우자는 거의 어쩔 수 없이 서로 관심을 보이며, 서로를 감각 능력이 있는 존재로 생각한다.

친구들은 행동의 이유가 되는 상황에 대해 서로 의식하게 하려고 한다. 당신이 내 가까운 곳에 있는 위험한 뱀이나 맛있는 과일을 내가 의식하게 하기 위해 행동한다고 하자. 당신의 행동을 이해하기 위해서는 나는 당신이 내가 그 뱀이나 과일을 의식하기를 원하고, 그에 따라 행동하기를 원한다는 것을 깨달아야 한다. 그것은 당신이 내가 감각 능력이 있는 합목적적 행위자라고 생각한다는 것을 깨닫는 일을 포함한다. 이것이 바로 우리가 먼저 우리 자신을 감각 능력이 있는 존재나 사람으로 의식하게 되는 방식이라고 나는 제안한다. 다시 말해서 우리는 우리 자신을 보통은 다른 사람에게 친절하지만 경우에 따라서는 악의를 가진 사고와 관심의 대상으로 의식한다. 다른 누군가의 행동을 이해하기 위해서는 그 다른 사람에 대해 염려해야 한다. 그렇다면 우리는 의식적인 합목적적 행위자라는 개념을 우리 자신에게 적용하기 전에 다른 사람들에게도 적용할 뿐만 아니라 우리 자신에 대한 그 개념의 첫 적용은 다른 사람에 대한 관심이 동기로 작용하기도 한 것이다. (아담 스미스의 *Moral Sentiments* III i 3에 이런 제안이 있지만, 완성된 형태로 제시되지는 않았다.)

나는 친구가 내가 그 과일을 먹기에 좋은 어떤 것으로 의식하기를 원한다고 생각한다. 나는 친구가 내가 사과를 욕구하기를 원하고, 내가 그것을 먹기 위해 사과에 손을 뻗기를 원한다고 생각할 때, 나는 우선 혼자 속으로 과일을 먹는 일을 욕구의 대상으로 생각한다. 만일 내가 친구가 기뻐하는 것을 원한다면, 나는 바로 그것을 할 것이다. 그러면 나는 내 손의 움직임을 과일을 먹기 위한 움직임으로 이해한다. 나는 과일을 먹는 일을 내 목적으로 의식한다. 그러나 과일을 먹는 일을 의도적으로 내 목적으로 만들었기 때문에 그것을 내 목적으로 의식한다. 나는 단순히 과일을 먹기 위해서 행동하는 것이 아니라 과일을 먹는다는 목적에서 행동하기 위해 그렇게 행동하는 것이다. 형식적으로 표현하면, 만일 TTfBΦAΦA라면, A는 TfBΦA라고 생각한다.

물론 다른 가능성들이 있다. 나는 친구가 모르고 있지만 그 과일이 독이 있다고 생각할 수 있다. 그 경우에도 여전히 내가 그 과일을 먹었으면 하는 친구의 욕구를 인식하겠지만, 과일을 먹는 대신 나는 친구에게 그 과일의 해로움에 대해 알리기 위해 행동할 수도 있다. 또는 나는 친구와 다투면서 골이 나서 과일 먹는 것을 거부할 수도 있다. 그렇다면 나는 과일 먹는 일을 나 자신에 대한 혐오의 대상으로 의식하는데, 이것은 또 다시 내가 과일 먹는 것을 싫어한다는 쪽을 선택했기 때문이다.

이 설명에 따르면 우리가 우리의 욕구를 의식하는 것은 우리가 감각 비슷한 어떤 것에 의해 그런 욕구를 가지고 있다는 것을 지각하기 때문이 아니고, 우리의 행동으로부터 그런 욕구를 가지고 있다는 것을 추리하기 때문도 아니며, 우리가 친구의 욕구를 충족시키거나 적의 욕구를 좌절시키기 위해서 그런 욕구를 갖기로 선택하기 때문이다. 이 설명은 지금 당장에 어떤 것을 행하기를 원하는 일에 대해서만 성립한다. 유럽 의회의 의원이 되려는 욕구 같은 장기적 성향의 욕구는 아마 우리가 부분적으로 추리에 의해 발견할 것이다. 어쩌면 나는 천만장자가 되고 싶다고 생각했지만, 실제로는 가족과 함께하는 삶을 원했다는 것을 발견한다. 그러나 그 설명은 믿음에도 적용될 것이다. 나는 분석을 하면 복잡하지만 실제 삶에서 쉽게 이해될 수 있는 사례를 선택할 것이다.

'네 숙부가 병원에 있어. 넌 숙모가 병원에 들르도록 차로 모셔야 해' 라고 친구가 말한다. 나는 숙부가 병원에 있다고 믿을지 믿지 않을지를 선택할 수는 없다. 그리고 나는 지금 당장에 이 상황을 숙모가 숙부를 방문하는 것이 우호적이거나 의무적인 행동으로 만드는 것이라고 생각해야 할지 말아야 할지도 선택할 수 없다. 그러나 나는 숙부의 어려운 처지와 같은 이 상황을 숙모가 그것 때문에 행동할 수 있게 하는 내 행동의 이유로서 의식할 것인지를 선택할 수 있다. 나는 이 상황을 숙모가 행동하지 않게끔 무행동의 이유로서 의식하기로 결정할 수 있다. 숙부가 병원에 있다는 이유로, 숙모가 그를 방문하지 않도록 하기 위하여 나는 그녀에게 차를 몰고 가는 일을 삼갈 수 있다. 그리고 만일 내가 숙부의 상황을 숙모에게 차를 몰고

가는 이유로서 의식한다면, 나는 이것을 부분적으로 친구가 그러기를 원하는 인정 있는 조카가 되기 위하여 결정한다. 반대로 만일 내가 숙모를 돕지 않기로 결정한다면, 나는 친구가 그러기를 원하는 종류의 사람 — 친구 쪽 사람의 상황이 인정 많은 행동의 이유가 되는 사람 — 이 되지 않기로 결정한다.

이 설명은 특수자들에 관한 모든 믿음을 포괄하도록 일반화될 수 있다. 만일 A가 p라고 믿는다면, 이미 보았듯이 RpΦA다. 만일 A가 p라고 믿는 일을 의식한다면, A는 RpΦA라고 이해하며, 이것은 p라는 상황을 Φ함에 대한 이유로 평가하는 일을 포함한다. 우리가 살펴본 예들에서 우리는 어떤 것이 실제적 이유였지만 기술적 이유, 또는 심지어 생각하는 일에 대한 이유일 수도 있음을 살펴보았다. 토끼가 100야드 떨어져 있다는 이유에서 내가 토끼를 죽이기 위해서 12구경 총으로 쏘지 않는다고 하자. 토끼의 거리는 총 쏘는 일을 무용하게 하는 기술적 이유다. 나는 실제로 총 쏘는 일을 무용하게 하는지 아닌지 생각할 때 토끼가 이 정도 거리에 있다고 믿는 일을 의식하고 있다. 또는 당신의 주머니에 불룩한 것이 있다는 이유에서 내가 당신이 권총을 가지고 있다고 생각한다고 하자. 나는 이것이 당신(텍사스에서 온 철학자)이 권총을 소지하고 있다고 생각할 적당한 이유인지 생각할 때 당신의 주머니에 불룩한 것이 있다고 믿는 일을 의식하고 있다. 기술적 이유와 생각하는 일에 대한 이유를 평가하는 일은 실제적 이유를 평가하는 일과 다르지만, 결정에 도달하는 일에도 똑같은 설명을 제시할 수 있다. 그래서 p라는 상황이 Φ함에 대한 좋은 이유이거나 q라고 믿는 일에 대한 좋은 이유라고 결정하는 일은 이런 이유로 Φ를 하거나 q라고 믿을 종류의 사람이 되기 위해 행동하는 일이다.

우리는 우리 자신에게 '그 찬장에 와인 병이 있다' 같은 단순한 믿음들뿐만 아니라 다음과 같은 좀 더 복잡한 믿음들도 귀속시킨다. (1) '확 타올라서 난로 속의 나무가 방을 따뜻하게 하고 있다.' (2) '금붕어가 헤엄을 치고 있기 때문에 고양이가 대접에 접근하고 있다.' (3) '그 조각상은 0.5톤의 무게가 나간다.' (4) '오디세우스는 교활하다.' (5) '모든 갈까마귀는 검다.' (6) '남자 형제들은 여자 형제들이 모욕을 당하면 복수를 해야 한다.' (7) '인간은 자신들이 부상을 입힌 사람들을 싫어한다고 코르넬리우스는 생각한다.' 우리는 우리 자신의 행동을 지성적인 것으로 이해할 때 (1)과 (2) 같은 믿음을 의식한다. 그래서 제9장의 설명은 자기 이해에 대한 것으로 조정할 수 있다. 비록 생각하는 일에 대한 이유로 나타난 것이긴 하지만 (3)~(7)의 믿음들은 실제적인 것이 아니라 성향적인 것이다. 만일 내가 어떤 새가 검지 않다는 것을 그 새가 갈까마귀가 아니라고 생각하는 일에 대한 이유로 삼는 종류의 사람이라면, 나는 모든 갈까마귀가 검다고 생각한다(그래서 Ramsey, 1990, 146면. 그러나 이 생각은 아마 아리스토텔레스까지 거슬러 올라갈 것이다). 따라서 우리는 그러한 믿음을 직접적으로가 아니라 오히려 우리가 특정한 경우에 생각하거나 행동하는 방식에 의거한 추리에 의해 갖는다는 것을 안다.

데카르트는 내성을 통해 우리는 우리의 사고를 직접 접촉하며, 우리의 사고를 의식하기 때문에 우리는 사고자로서의 우리의 실존을 의심할 수 없다고 논한다. 그에 따르면, 나는 다른 어떤 것의 실존보다 의식적 존재로서의 나 자신의 실존을 더 확신할 수 있다. 그 뒤의 철학자들은 우리가 사고의 실존은 물론이고 사고자의 실존에 대해서도 우리가 확신할 수 있는지 의문시해왔다. 나는 어떤 믿음과 욕구의 발생을 의심할 수 없다. 그러나 나는 이런 믿음과 욕구를 가진 어떤 사람의 실존을 의심할 수 있는데, 그것은 그런 믿음과 욕구가 어떤 사고자와 어떻게 관계될 수 있는지, 또는 그런 사고자를 가정함으로써 무엇을 얻을 수 있는지에 대해 통찰하지 못하기 때문이다. 물리적 속성과 물질적 대상의 관계는 모델로서 전혀 좋지 않다. 그 관계는 의심스러운 물질 개념을 포함한다(고 그들은 말한다). 게다가 데카르트 자신이 지적하듯이 물질적 대상은 나누어질 수 있는 반면에, 어떤 정신 상태의 소유자 자체는 나누어질 수 있는 것으로 생각될 수 없다. 우리는 절반의 정신 상태가 절반의 사고자에 의해 예화된다고 생각할 수 없다.

비철학자에게 데카르트의 견해에 관한 이러한 염려는 성질이 날 정도로 비현실적인 것처럼 보일 수 있다. 우리는 지금 의식적 존재로서 실존한다고 믿을 뿐만 아니라 시간이 지나면서 우리의 정체성을 파악하기도 한다. 나는 내가 누구인지 안다. 나는 내 부모가 누구였는지, 또는 과거에 어떤 특수한 변화를 야기한 사람이 나였는지, 이를테면 토마토를 밟아 뭉갰던 것이 나였는지 확실히 알지 못할 수 있다. 그러나 나는 내가 누구인지 아는 데 실패할 수 없는 방식이 있다. 이 자기 지식에 대해 만족스러운 분석을 제시하는 것은 어렵지만 그런 사실 자체를 부정하는 것은 해결책이 될 수 없다.

만일 여기서 제시된 분석이 올바르다면, 의식적 존재로서의 우리 자신에 대한 지식은 우리의 행동에 대한 목적론적 이해로 이루어진다. 나는 내가 어떤 이유와 목적에서 행동하고 있는지 안다는 점에서 내가 누구인지 안다. 이 말은 심리적으로나 철학적으로 모두 옳은 것처럼 보인다. 경험상 사람으로서의 우리의 정체성에 대한 파악은 실제로 우리가 왜 지금처럼 행동하고 있는지를 아는 일과 연관되어 있다. 만일 내가 왜 어떤 변화(이를테면 낯선 사람을 기차에서 밀어내기)를 야기하고 있는지 모른다면, 나는 그 변화를 야기하고 있는 것이 실제로 바로 나라는 것을 느끼지 않는다. 만일 내가 나의 행동을 전혀 이해하지 못한다면, 나의 개성은 허물어지는 것처럼 보인다. 그리고 데카르트가 상상했던 것과는 대조적으로 어떤 철학자가 물질적 대상을 제외한 어떤 것으로서의 자신의 실존을 의문시하는 것은 아주 쉽다. 많은 철학자는 오늘날 그렇게 한다. 그들은 인과적 설명을 제외한

온갖 종류의 설명의 타당성을 의문시할 때 감각능력이 있는 지성적 존재로서의 자신의 실존을 의문시한다.

제 11 장
사고와 철학

11.1 생각의 두 측면

제10장의 결론은 우리가 우리의 행동을 목적론적으로 이해할 때 우리의 사고를 의식한다는 것이었다. 우리가 의식하는 이 사고는 두 가지 측면을 가지고 있다. 즉 사고는 인과적 지식 또는 달리 표현해 기술적 지식의 적용이며, 합목적적이다. 우리는 기술적 이유를 파악할 때 첫 번째 측면을 의식하고, 실제적 이유를 파악할 때 두 번째 측면을 의식한다.

이 두 측면의 구별은 철학적으로 매우 중요하다. 거의 모든 철학자가 사고와 연관하여 형식과 내용 사이에 끌어내야 할 유용한 어떤 구별이 있다고 느껴왔다. 그러나 우리가 그 구별을 정확히 어떻게 끌어내고, 그 구별이 어디에 속해야 하는지는 논쟁이 되는 문제다. (내가 보기에 칸트를 포함하여) 대부분의 철학자는 그 구별을 형태나 배열과 그 형태나 배열을 갖는 질료 사이의 구별을 모델로 삼는다. 우리는 경험이 제공하는 질료에 대해 어떤 구조를 부여하며, 철학의 주요 임무는 이런 구조를 확인하여 기술하는 것이라고 생각된다. 나는 우리의 사고에 등장하는 것들과 그것들이 등장하는 방식을 구별하는 쪽을 선호해왔다. 그것이 바로 내가 내용과 형식을 구별하게 될 방식이다. 이제 나는 기술적 이유를 파악할 때, 즉 우리의 사고의 기술적 측면을 의식할 때 우리가 어떤 것들이 우리의 사고에 등장하는지를 알며, 우리가 그것들의 실제적 측면을 의식할 때 우리가 그 사물들의 등장을 의식한다는 것, 즉 우리의 생각이 취하는 형식을 의식한다는 것을 안다고 제안한다. 따라서 만일 제2장에서 개관한 철학에 대한 일반 이론이 올바르다면, 철학의 주제는 바로 우리가 생각의 이 후자 측면을 의식할 때 우리가 의식하는 것이다.

어떤 대상을 다른 대상에 어떤 속성을 획득하도록 만드는 것으로 생각할 때 나는 인과적으로 생각하며, 이것은 그 대상을 어떤 질료들로 구성된다고 생각하는 것이다. 내가 대상이 어떤 속성을 획득하고 어떤 속성을 획득하지 못한다고 생각하는지, 그리고 내가 내 사고의 이 측면을 의식할 때 그 대상이 어떤 질료들로 구성된다고 생각하는지 안다는 것은 논쟁이 된다고 보기가 거의 어려울 것이다. 그러나 대상과 속성이 어떻게 내 사고에 등장하는지를 어떻게 알며, 내 생각이 그 실제적 측면에 대한 의식과 밀접한 관계를 맺으면서 어떤 형식을 취하는지를 어떻게 아는가?

소풍을 가서, 나는 햇빛이 버터를 녹게 만든다 — 즉 햇빛이 버터의 모양과 성질을 상실하게 만든다 — 고 생각하며, 그래서 나는 버터를 나무 그늘 아래로 옮긴다. 햇빛, 나무, 버터 덩어리를 포함하여 많은 대상이 내 사고에 등장하며, 변형된 버터의 모양, 나무에 대한 태양의 위치, 지평선 등을 포함한 많은 속성이 내 사고에 등장한다.

버터의 변형된 모양은 일종의 목적론적 설명항, 즉 내가 버터가 변형되지 않도록 행동하는 어떤 것으로서 나타난다. 내가 내 행동을 목적론적으로 이해할 때, 즉 제10장에 따르면 녹는 일을 막기 위해 행동하는 일이 가치 있다고 판단할 때 내가 모양이 이 역할을 한다는 것을 안다는 것은 분명하다. 그러나 모양은 또한 햇빛이 버터가 변형되게 하는 것으로서 인과적 피설명항으로서도 나타난다. 그리고 햇빛은 인과적 작인으로 나타난다. 내 사고의 인과적 측면을 의식할 때 내가 이것을 의식하지 않는가?

그렇지 않다. 왜냐하면 인과성은 엄밀히 말해 사고에 등장하지 않기 때문이다. 245면에 따르면, 내가 햇빛이 버터를 녹게 만든다고 생각할 때 태양과 하늘에서의 그 위치는 내 사고에 등장하며, 바로 그런 이유에서 나는 어떤 것, 즉 버터가 녹지 않도록 옮기는 일을 한다. 나는 햇빛의 존재를 내가 버터를 옮기는 일을 필요하게 만드는 이유로 의식할 때 햇빛이 버터를 녹게 만든다는 생각을 의식한다. (이것은 또한 햇빛이 버터, 나무 등에 대해 어떤 장소를 갖지 않는 것이 아니라 갖는다는 생각을 의식하는 방식이다.) 나무에 대해서라면 그 인과적 역할은 버터가 그 모양을 잃는 일을 막거나 굳은 채로 있게 하는 역할이다. 그리고 나는 나무의 존재가 그 그늘에서 다른 곳으로 버터를 옮기지 말아야 할 이유, 즉 버터를 옮기는 일을 불필요하게 만들거나 버터를 옮기는 일을 삼가게 만드는 일을 필요하게 만드는 이유라고 이해할 때 이것을 의식한다.

태양과 나무는 인과적 작인으로 내 사고에 등장한다. 제6장 끝부분에서 나는 대상이 속성의 실례이긴 하지만 어떤 대상도 단순히 그 자체로 실례로서 우리의 사고에 등장하지는 않는다고 말했다. 대상은 우리의 사고에 등장하며, 인과적 작인으로서, 그리고 때로 합목적적 작인으로서 실존하는 것으로 생각된다. 나는 이 말이 임의적인 것처럼 들린다고 지적했다. 만일 대상이 속성의 실례라면, 왜 대상은 단순히 그런 모습으로 실존하거나 우리의 사고에 등장하지 말아야 하는가? 나는 이제 그 설명이 우리의 생각의 실제적 측면을 의식할 때 우리의 사고에 등장하는 그런 항목을 우리가 의식한다는 것이며, 우리가 그것들을 어떻게 실존하는 것으로 생각하는지를 말하는 것은 이 측면을 기술하는 것이라고 제안한다. 대상은 인과적, 합목적적 작인으로서 실제적 중요성을 갖지만, 단순히 속성의 실례로서 그런 중요성을 갖는 것은 아니다.

이것의 요점은 어렵다. 요점을 이렇게 표현해보자. 우리의 사고의 대상이 되는 대상에 대한 의식은 그 대상의 등장에 대한 의식과 별개의 것이 아니며, 우리가 실존하는 것으로 여기는 것들에 대한 의식은 그것들의 실존에 대한 의식과 별개의 것이 아니다. 그 구별은 두 생각 조각 사이의 구별이 아니라 한 생각 조각의 측면들 사이의 구별이다. 내가 내 생각의 기술적 측면과 기술적 이유에 대한 파악을 의식하는 한, 내 생각은 속성의 실례에 대한 의식, 즉 이런 속성을 갖거나 획득하는 대상에 대한 의식으로 나타난다. 내가 내 생각의 합목적적 측면과 나의 실제적 이유에 대한 파악을 의식하는 한, 내 생각은 인과적이고 합목적적 작인에 대한 의식, 즉 해로움이나 이로움을 야기하는 대상이나 그 자체로 이롭거나 해로울 수 있는 대상에 대한 의식으로 나타난다. 나는 약간의 반성적 고찰을 통해 이것이 입증되기를 아주 많이 희망한다. 또 다른 제안은 이 두 번째 종류의 의식(또는 이 두 번째 측면에서의 내 생각)이 우리가 '대상의 실존에 대한 의식'이나 '우리의 사고에 등장하는 것에 대한 의식'이란 말로 의미하는 것이라는 점이다.

또 다른 예를 들어보자. 알크메나(Alcmena)의 아기 근처에 있는 큰 뱀을 보고 내가 '어린 헤라클레스 근처에 뱀이 있어요'라고 말한다. 'A는 B가 s라고 생각한다' 형식의 발언은 A의 생각의 합목적적 측면을 기술한다고 나는 논했다. 따라서 나 자신의 생각의 합목적적 측면을 이해할 때 나는 내가 아기 근처에 있는 대상이 뱀이라고 생각한다는 것을 안다. 나는 뱀이 요람에 접근하고 있다는 이유에서 내가 아기가 물리지 않도록 행동한다는 것을 깨달을 때 이것을 안다. 그리고 내가 알크메나가 뱀을 의식하도록 하기 위해 말하고 있다는 것을 이해할 때 나는 알크메나가 지성적이고 합목적적인 행위자로 내 사고에 등장한다는 것을 안다.

이 예는 소풍의 예와는 다른데, 그것은 내가 알크메나를 사람으로 생각하고, 뱀의 존재를 목적론적 설명항으로 생각하기 때문일 뿐만 아니라 내가 적용하는 기술적 지식 약간이 인과적인 것이 아니라 언어적인 것이기 때문이기도 하다. 다시 말해서 내가 적용하는 기술적 지식이 물리적 자연에 대한 지식이 아니라 인간의 약정에 대한 지식이기 때문이기도 하다. 나는 뱀을 나타내는 어떤 낱말(아마 그리스어 *ophis*)과 적어도 어떤 종류의 한 대상에 대한 주장과 그 실존을 표현하는 구문을 사용한다. 이 언어적 지식이 인과적 지식과 유사한가? 나는 낱말에 대한 지식은 유사하지만 구문에 대한 지식은 그렇지 않다고 생각한다.

우리는 우리가 사용하는 낱말과 구문 모두를 의식할 수 있다. 그러나 ('어조'에 기여하기 위해 선택하는 경우를 제외하고는) 구문은 우리가 낱말에 덧붙여 사용하는 어떤 것이 아니다. 구문을 사용하는 일은 실제로 낱말을 사용하는 일이다. 또는 적어도 구문을 상술하는 일은 낱말을 사용하는 일을 기술하는 일이다. 나는 낱말 *ophis*를 뱀을 나타내기 위한 낱말이라는 기술적 이유에서 사용하며, 내 생각의 기술적 측면을 의식할 때 그것을 내가 사용하는 낱말로서 의식한다. 만일 주르뎅(M. Jourdain)처럼 내가 문법을 전혀 배운 적이 없다면, 나는 내가 어떤 문법적 구문을 사용하는지 전혀 알지 못할 것이다. 그러나 나는 뱀들이 알크메나의 생각에서 어떤 역할을 할 수 있도록 하기 위해, 즉 그녀가 자기의 아기 근처에 뱀이 있다고 생각하도록 하기 위해, 그리고 아기에게 가까이 가는 것은 그녀에게 이유로 작용할 수 있도록 하기 위해 *ophis*를 사용한다. 나의 이러한 목적을 파악할 때 나는 내 말이 다음 형식, 즉 언급된 개체 근처에 그것이 의미하는 종류의 어떤 것이 있다고 주장하는 일의 형식을 갖는다고 생각한다. 나는 이렇게 생각하기 위해 문법을 알 필요가 없다. 그러나 이것이 바로 내 구문의 의미를 파악한다는 말이 의미하는 것이다.

제3장에서 나는 낱말과 구문이 서로 다른 방식으로 의미를 갖는다고 논했다. 이제 나는 인과적 힘과 심리적 성질의 차이가 유비된다고 제안할 수

있다. 어떤 언어의 어휘와 특히 그 언어에서 속성이나 종류를 나타내는 범위의 낱말들은 우리의 손발이 물리적 강도를 결정하는 것처럼 그 언어의 표현력을 결정한다. 그 언어의 문법은 기량과 상상력이 우리에게 많은 일을 할 수 있게 해주는 것처럼 화자들에게 사물을 표현할 수 있게 한다. 문법 없는 사전은 정신이 없는 신체와 같다.

오늘날 많은 철학자는 목적론적 이해 같은 것이 있는지 의심한다. 내가 주장하듯이 만일 인과성과 실존에서부터 낱말로 사물을 표현하는 일에 이르기까지 철학이 관여하는 주제가 우리가 실제적 이유를 파악할 때 우리가 의식하는 모든 것이라면, 이 철학자들은 중증 장애의 상태에서 애쓰고 있는 것이 틀림없다.

11.2 물리적인 것과 심리적인 것

독특하고 멋진 구절에서(*Treatise* II iii 10) 흄은 철학과 총 쏘는 일을 비교한다. 그는 주로 작은 새들에 대한 사격을 염두에 두고 있는데, 외로운 사냥꾼은 훌륭한 개의 도움으로 이 새들이 있는 곳까지 걸어 올라갈 수 있다. 행복한 철학자는 '도요새나 물떼새를 쫓아 몇 시간 사냥을 벌인 후에 예닐곱 마리의 도요새나 물떼새를 집으로 가져오는 것을 기뻐하는' 사람과 같다. 그러나 철학은 또한 큰 사냥의 스릴을 제공할 수 있다. 대담무쌍한 철학의 대표자 대부분의 사변은 명백하게 두 가지 커다란 이원론이 지배한다. '심리적인 것'과 '물리적인 것'이 가장 정확한 용어이긴 하지만, 하나의 이원론은 보통 '정신'과 '물질', 또는 '영혼'과 '육체'의 이원론으로 불린다. 다른 하나는 존재와 생성, 또는 대상과 변화의 이원론이다. 이 이원론들은 훈련용 코끼리들이다. 그것들에 대한 총질에서 오는 만족감은 '큰 놈을 사냥함'에서 오는 만족감이다. 앞의 논의들에서 우리는 그런 것들에

살금살금 접근하였고, 이제 근거리에서 꽤 잘 볼 수 있게 되었다.

명백한 이원론에 직면했을 때 우리는 세 가지 경로를 밟을 수 있다. 우선 우리는 이원론을 승인할 수 있다. 그래서 데카르트는 물질과 정신의 이원론을 승인하고, 데이비드슨은 대상과 변화의 이원론을 승인한다. 그런가 하면 우리는 이 이원론의 요소 중 하나를 제거하거나, 다른 하나로 환원할 수 있다. 라이프니츠, 버클리, 흄은 물질을 제거하고, 러셀은 변화나 생성을 다른 시간에 다른 속성을 갖는 일로 환원시킨다. 또는 우리는 물리적인 것과 심리적인 것, 대상과 변화가 단일 실재의 환원 불가능할 정도로 서로 다른 측면들이라고 말할 수 있다. 그것이 바로 내가 가장 만족스럽다고 판단하는 종류의 해결책인데, 이제 각각의 이원론에 대해 차례로 설명할 것이다.

물리적인 것-심리적인 것의 이원론의 두 요소들이 정확히 무엇인지 말하기는 어려운데, 그것은 우리가 '신체' (body)와 '정신' (mind)을 표현하는 것으로 익히 듣는 낱말들이 당혹스러울 정도로 다양한 방식으로 사용되기 때문이다. 아르키메데스가 목욕 후 자신을 말릴 때 그의 몸(body)을 말리는 일은 그의 얼굴이나 팔이나 다리를 말리는 일과 대비된다. 여기서 '몸' 은 '몸통' (torso)을 의미한다. 마르쿠스 안토니우스가 로마 시민들에게 열변을 토할 때 그는 카이사르의 신체와 카이사르를 대비시킬 수 있다. 이때 '카이사르의 신체' 로 그는 카이사르의 몸통이 아니라 그의 시체, 즉 카이사르가 죽어서 생겼거나 또는 이른바 해방자들이 카이사르를 죽임으로써 얻은 생명 없는 물체를 의미한다. 물리학자들은 '물체' (body)를 '물질적 대상' 으로 사용한다. 달은 이런 의미에서 물체이며, 나 역시 마찬가지다. 물리학자의 의미에서 물체는 중력장, 사업용 회사와 같은 제도적 대상, 맥베스의 단검 같은 환영의 대상, 유대-기독교의 신 같은 비물질적 대상, 그리고 속성, 변화, 사태와 대비될 수 있다. 이 모든 대비는 철학자들에게 어느 정도 중요하며, 카이사르와 그의 시체의 대비 또한 마찬가지다. 그러나 그런 대비들 중 어떤 것도 신체와 정신의 대비를 이루지는 못한다.

정신에 대해서는 나는 갈려고 의도했거나 갈까 말까 생각 중이었다는 의미로 '나는 가는 것을 염두에 두었다' (I had it in mind to go)라고 말한다. 그리고 나는 잊지 않을 것이라는 의미로 '나는 명심할 것이다' (I'll bear it in mind), 당신이 어떤 결정에 이르렀으면 하는 소망을 표현하는 말로 '나는 당신이 결심했으면 한다' (I wish you'd make up your mind)고 말한다. 또는 '우리 숙모는 박쥐만큼이나 눈이 멀고 기둥만큼 귀머거리일 것이다. 그러나 그녀의 정신(mind)은 바늘만큼 예리하다' 고 말하는데, 여기서 '정신' 은 지각 능력과 다른 것으로서 '지성' 을 의미한다. 이런 용법 중 어떤 것도 철학자들이 정신과 신체의 관계를 탐구할 때 묻고 있는 것을 명료하게 드러내지 못한다.

우리는 인간이 다른 대상들과 인과적으로 상호작용하며, 또한 때로 이유에 따라 행동하거나 이유에 따라 행동하는 일을 삼간다고 생각한다. 우리는 인간을 인과적 작인이자 합목적적 행위자로 생각한다. 나는 철학자들이 관심을 갖는 대비가 단지 이러한 사고방식들 사이의 대비에 지나지 않는다고 제안한다. 철학적으로 흥미로운 인간 신체라는 개념은 인간을 그 안에서 야기된 변화를 갖고 다른 것들에 변화를 야기하는 어떤 것으로 보는 개념이다. 플라톤과 데카르트가 다루었던 영혼(soul)이나 정신 개념은 욕구와 믿음을 가진 어떤 것에 대한 개념이며, 이것은 합목적적 행위자라는 개념이다. 우리가 신체적인 것으로 간주하는 힘은 인과적 힘이다. 우리가 정신적인 것으로 간주하는 것은 인과적인 것이 아니다. 그것은 기량이고, 기량은 기술적 이유에서 행동하는 능력이다. 그리고 다른 심리적 성질들, 즉 충성심이나 소심함 같은 성격의 성질은 실제적 이유에서 행동하려는 성향(또는 비성향)이다. 철학자들은 때로 '성향' 이란 말을 심리적 속성은 물론이고 물리적 속성을 나타내는 데도 사용한다. 그래서 그들은 부서지기 쉬움이나 녹기 쉬움을 성향의 예로 제시한다. 똑같은 낱말('가벼움', '굳음')이 문자 그대로 물리적 성향을 나타내는 데 사용될 수도 있고, 은유적으로 정신적 성향을 나타내는 데 사용될 수도 있다. 그러나 물리적 성향과 심리적 성향 사이에 진정한 유비는 없는데, 왜냐하면 인과적 이해와 목적론적 이해 사이에 진정한 유비가 없기 때문이다.

철학자들은 때로 물리적인 것과 심리적인 것의 차이가 단순하고, 원초적이고, 직관적으로 명료한 것처럼 이야기한다. 우리는 모양과 속도가 기쁨이나 숙고와 같은 정신 상태나 과정과 다르다는 것을 그냥 본다. 나는 그 차이가 원시인이나 심지어 호메로스에게 그렇게 분명할 것이라는 것을 확신하지 않는다. 그리고 만일 내가 올바르다면, 그 개념들은 설명을 통해 정의될 수 있다. 물리적인 것은 인과적 설명에서 역할을 할 수 있는 것이다. 심리적인 것은 일반적으로 목적론적 설명에서 역할을 하는 것이다. 어떤 정신 상태가 이유가 되는 일은 좀처럼 드물며, 정신 상태는 엄밀히 말해 야기되거나 막아질 수 없기 때문에 엄밀히 말해 목적이 될 수 없다. 그러나 '심리적'이라는 낱말은 목적론적 역할의 특성, 즉 목적론적 피설명항과 설명항 사이의 관계의 특성을 의미한다.

아리스토텔레스는 신체와 영혼의 관계를 질료(matter)와 형상(form)의 관계로 설명했다. 그는 모든 종류의 대상이 두 가지 방식으로 기술될 수 있다고 주장했다. 우리는 그 대상의 질료와 형상을 상술할 수 있다. 그리고 심리적인 낱말은 우리가 살아 있는 것의 형상을 기술하는 낱말인 반면에, '신체학적인' 또는 '신체' 낱말이라 불릴 수 있는 것은 그것의 질료를 기술한다. 이 설명은 우리가 '질료'와 '형상'이 의미하는 것을 이해할 수 있을 경우에만 유용할 것이다. 유감스럽게도 아리스토텔레스의 독자들은 이 점에 대해 의견이 불일치한다. 그들 대부분은 아리스토텔레스가 현실화될 수 있는 잠재성 개념을 이용하기를 원한다고 말한다. s의 질료는 s가 될 잠재성을 갖는 것이고, 형상은 이 잠재성의 현실화이거나, 또는 적어도 무엇이 됐건 현실적 s와 잠재적 s를 구별해주는 것이다.

이 해석에 따르면, 질료-형상 구별은 그 자체로 물리적인 것과 심리적인 것의 구별을 조명하지 못할 것이다. 왜냐하면 사물은 정신적 속성과 상태만큼이나 물리적 속성과 상태가 될 잠재성을 갖기 때문이다. 얼음은 물이 될 잠재성을 갖고, 포도주스는 와인이 될 잠재성을 갖는다. 그리고 물은 얼음과 온도에서 다르며, 와인은 포도주스와 알코올 함유량에서 다르다. 이러한 상황에서 아리스토텔레스의 설명은 무익할 뿐만 아니라 올바르지 못한 것처럼 보인다. 왜냐하면 우리가 호모 사피엔스라는 종의 잠재적 성원으로 간주하는 것은 살아 있는 인간의 신체가 아니기 때문이다. 그것은 인간 태아이거나(그래서 Rosalind Hursthouse, 1987, 제2장) 인간 배우자(gamete)다.

나는 아리스토텔레스가 현실화되는 잠재성이 아니라 실현되는 가능성 개념을 사용하려 한다고 생각한다. 그의 생각은 신체적 속성이라는 개념이 우리가 예화하는 개념이며, 신체적 과정은 우리 안에서 일어나는 과정이라는 것이다. 이와 대조적으로 심리적 개념은 우리가 우리 자신을 속성의 실례로 갖는 개념이거나 과정의 진행됨이라는 개념이다. 예컨대 지각하는 일은 감각 기관의 자극에 덧붙여 진행되는 과정이 아니다. 어떤 상황에서 우리의 감각 체계에서 일어나는 변화의 발생이 실제로 지각하는 일이다. 소크라테스는 납작코의 실례가 아님은 물론이고 지혜의 실례가 아니라 납작코의 현명한 실례인데, 이는 마치 당구공이 어떤-게임을-위해-유용한-구형-모양의 실례가 아니라 구형 모양의 어떤-게임을-위해-유용한 실례인 것과 마찬가지다. 이 해석에 따르면, 아리스토텔레스의 이론은 내 이론의 선구자 격이다. 이는 내 자신의 생각이 그의 생각을 이해하려는 과정에서 진화

했기 때문에 당연한 일이다.

아마 우리 사이의 주요 차이는 아리스토텔레스가 인간 신체 개념이 인과적 작인으로서의 인간이라는 개념이라고 말하는 것을 빠뜨렸다는 점일 것이다. 그리고 그가 그렇게 말하는 것은 어색해 보일 수도 있다. 왜냐하면 사람을 인과적 작인으로 생각하는 일은 그들이 어떤 속성들을 예화하는지 살피는 일이 아니기 때문이다. 인과적 작인이라는 개념은 실례가 될 수 있는 어떤 것이라는 개념이 아니라 어떤 대상을 실제로 실존하는 개체로 보는 특별한 종류의 개념이다. 그렇지만 아리스토텔레스는 인과적 설명과 목적론적 설명의 구별을 제창한 지도적인 고대 철학자이다. 그는 육체-영혼 관계가 그 구별을 통해 분석될 수 있다는 것에 대한 증명이라면 어떤 것이라도 기뻐했을 것이다. 그리고 우리는 방금 그 구별이 속성과 실례의 구별과 무관하지 않음을 살펴보았다. 우리가 대상이 어떤 속성을 갖는다고 생각하는지를 아는 것은 바로 우리가 우리의 인과적 사고를 의식할 때다. 반면에 우리가 이런 대상이 이런 속성들 중 어떤 종류의 실례 — 감각 능력이 있거나 생명이 없는 — 를 갖는다고 생각하는지를 아는 것은 바로 합목적적 측면, 즉 우리의 사고를 목적론적으로 설명 가능한 것으로 의식할 때다.

많은 사람에게 물리적인 것과 심리적인 것에 관한 결정적 문제는 우리가 불멸의 영혼을 갖는지 하는 것이다. 만일 우리가 불멸의 영혼을 갖는다면, 실제적 귀결들이 따라 나오는 것처럼 보인다. 지금의 행복보다는 사후의 행복이 더 중요할 것이다. 그러면 우리는 그 사후의 행복을 확보하는 법을 알아내려 해야 한다. 그리고 희생이 크고 잠정적으로 억압적인 성직 제도를 확립하는 일 같이 다른 점에서는 어리석었을 일을 하는 것이 지각 있는 일일 수 있고, 고생하면서 가까스로 살아가는 인간을 죽이는 일 같이 다른 점에서는 지각 있었을 일을 삼가는 일이 어리석은 일일 수 있다. 물론 철학자들은 이와 같은 귀결들이 실제로 따라 나오는지 의문시할 수 있다.

그러나 희망은 때로 철학자들이 우리 안의 어떤 요소가 실제로 불멸하는 것일지를 말해줄 것이라는 것이다.

그것은 안락의자에서 임무를 실행하라는 터무니없는 요구처럼 보일지도 모르겠다. 그러나 플라톤과 데카르트는 심리적인 것과 물리적인 것의 이원론을 옹호하고, 18세기 이래 많은 철학자는 이원론과 개인의 불멸성 신조가 논리적으로 동치인 것처럼 그 이원론을 공격한다.

철학자들은 다음 두 가지 중 어떤 것을 보여줄 수 있다면 사후의 삶을 믿는 일이 비합리적임을 보여줄 것이다. (1) 심리적 개념은 물리적 개념들로 남김없이 분석될 수 있다. (2) 심리적 상태는 물리적 상태에서 발생한 것으로 생각되거나, 달리 표현해 물리적 상태에 의존적인 것으로 생각된다. (이 명제들 사이의 차이는 두 번째 명제가 정밀과학에 속하지 않는 용어들로 정의될 수 없는 감각을 지각하고 경험한다는 것이 어떤 것인지에 대해 좀 알게 해준다는 것이다.) 이러한 기본신조들 중 어떤 것을 지지하는 20세기 철학자들의 좀 더 엄밀한 논증들은 인과적 설명이 적어도 사실 문제에 대해 유일한 진짜 설명이라는 전제를 포함한다. 이 전제는 철학자들이 충분히 논의할 자격이 있는 어떤 것이다. 그 다음에 우리는 그들이 실질적 결론, 즉 우리가 사후에 생존할 수 있다는 믿음은 부정합하다는 결론을 선언하는 것에 대비해야 한다. 그러나 만일 내가 제7장에서 말한 것이 건전하다면, 우리는 긴장을 늦추어도 좋다. 즉 생명에 관한(또는 죽음에 관한) 전제가 입증되지 않는다. 우리는 인과적으로는 물론이고 목적론적으로 설명하고 이해할 수 있으며, 목적론적 설명이 인과적 설명으로 환원 가능하다고 생각하지 않는다.

그러나 물론 어떤 믿음이 비합리적이라는 것을 보여주는 노력이 실패한다는 사실은 그 믿음이 합리적이라는 것을 증명하지 않는다. 흄 자신에 의해 인도된 몇몇 철학자는 정신 상태가 물질적인 어떤 것에 의존적인 것으로 생각되지 않는다고 생각했지만, 인간 본성에 대해 불멸성을 불가능하거나, 거의 있음직하지 않은 것으로 만드는 견해를 주장했다. 플라톤과 데카르트는 불멸성에 대한 견해가 자명한 것이 아님을 인정한다. 즉 그들은 자신들이 이원론이 불멸성을 수반한다는 것을 논증할 필요가 있음을 인정한다. 그들의 논증은 결코 빈틈이 없을 정도로 견고하다고 할 수 없다. 그리고 만일 내가 방금 말한 것이 올바르고, 그래서 육체와 영혼 개념이 지금 인과적이고, 지금 합목적적 행위자로서 생각되는 단일한 어떤 것에 대한 개념이라면, 그들의 이원론적 전제는 그르다.

내 생각에 철학은 불멸성에 대한 믿음이 비합리적이라는 것도 합리적이라는 것도 보여주지 못한다. 이것은 내가 철학의 범위와 관련하여 말한 내용에 따라 제13면에서 말한 결론이다.

11.3 대상과 변화

대상과 변화에 대한 쟁점은 물리적인 것과 심리적인 것에 대한 쟁점에 비해 데카르트 이래 철학자들이 덜 거론한 주제지만 철학적 문제로서의 자격은 훨씬 더 옛날에 획득했다. 플라톤 시대 이전에 정신에 대한 논의는 거의 없었다. 그러나 엘레아학파는 변화의 실재성을 부정했던 반면에, 플라톤에 따르면(*Theaetetus*, 156) 헤라클레이토스와 그 추종자들은 사실상 물질적 대상의 실재성을 부정하고, 모든 것이 변화라고 주장했다. 플라톤은 그의 대화편 『파르메니데스』의 대부분에서, 그리고 아리스토텔레스는 그의 『자연학』대부분에서 변화에 대한 개념적 분석을 제시한다. 그리고 근대에 대상-변화 이원론에 대한 명백한 언급이 없다는 사실은 그 이원론에 대한 관심이 없다는 것을 의미하지 않았다. 우리는 러셀이 속성을 획득하는 일을 그 속성을 갖지 않았다가 갖는 일로 환원하는 것을 살펴보았다. 데카르트 이래 철학자들은 생성과 변화보다 존재와 소유를 선호했다. 그것은 아마 그들이 언어와 수학의 방법에 따랐기 때문일 텐데, 수학에서는 변화란 없다. 그러나 수학에서는 어떤 종류의 물질도 없으며, 데카르트 이래 철학자들은 물질적 대상이라는 개념을 위한 자리나 역할을 마련하지 않았다. 정신의 실재성을 의문시하는 일은 물리적인 것에 대한 믿음과는 동행하지만 항상 물질적인 것에 대한 믿음과 동행하지는 않는다. 많은 사상가는 속성의 예화들을 실재의 근본 원자로 간주했는데, 이런 존재자들은 사물-같은 것만큼이나 사건-같은 것이다.

그렇다면 우리의 두 번째 이원론은 적어도 세 가지 방식으로 나타난다. (1) 대상이 속성을 가지면서 속성을 획득하기도 하는가? 존재는 물론이고 생성도 있는가? (2) 세계가 진정으로 물질적인 대상을 포함하는가? 순간적인 사건은 물론이고 물질적 대상도 있는가? (3) 설령 대상이 실존한다 할지라도, 대상의 실존이 변화의 발생 이상의 어떤 것인가?

(1)에 대한 응답으로 나는 존재와 생성의 차이가 속성이 사고와 담화에서 나타나는 방식의 차이라고 논했다. 어떤 속성을 갖는 일과 갖지 않는 일의 차이는 실재하는 것이며 우리와 독립적이다. 그리고 어떤 속성을 획득하는 대상은 그 속성을 갖지 않는다. 그러나 이를테면 어떤 대상의 붉음이 이유로서 내 사고에 나타날 때 나는 그 대상을 붉은 것(또는 붉었던 것이나 붉을 것)으로 생각한다. 반면에 그 대상이 욕구나 혐오의 대상으로서, 또는 인과적 피설명항으로서 나타날 때 나는 그 대상을 붉게 되는 것으로 생각한다.

(2)에 대한 응답으로 나는 질료 개념이 인과적 사고와 밀접한 관계가 있음을 보여주려 했다. 우리는 다양한 종류의 질료가 다양한 속성이 존재하는 방식대로 세계 속에서 예화된다고 생각하지 않는다. 만일 실재한다는 것이 예화된다는 것이라면, 우리는 질료가 실재하는 것이라고 생각해서는 안 된

다. 그러나 우리는 대상이 속성을 획득하는 일과 상실하는 일을 이해하려고 할 때 그 대상이 질료로 구성된다고 생각한다. 만일 우리의 설명이 올바르다면, 대상은 실제로 이러한 질료들을 포함한다. 그리고 우리 설명 중 어떤 것도 올바르지 않다고 가정하는 것은 쓸모없는 회의주의에 빠지는 것이다. 17세기 이래 철학자들은 질료에 대한 상식적 믿음을 항상 제대로 다루지 못했는데, 이것은 그들이 인과적 사고에 대해 적합한 분석을 해내지 못했거나, 수학적 속성에 대해 갖고 있는 종류의 이해를 제외하면 어떻게 진정한 이해가 있을 수 있는지를 알지 못했기 때문이었다. 길슨(E. Gilson)은 데카르트에서 흄에 이르는 철학자들이 그랬다고 말하고 있다(1938, 제2부). 나는 이 말이 오늘날의 많은 철학자에게도 맞는다고 생각한다.

(3)에 대해서는 부정적인 답이 제5장에서 암암리에 제시되어 있다. 대상의 실존은 해나 초로 측정되며, 엄밀히 말해 시간 단위로 측정되는 것은 바로 변화의 진행됨뿐이다. 우리는 한 대상이 다른 대상이 변화하는 기간을 통해 불변한 채로 남아 있다고 가정할 수 있지만, 일반적으로 우리는 대상을 변화 없이 실존하는 것으로 생각할 수 없다. 오스틴이 표현한 바에 따르면, 실존은 더 조용히 숨을 쉴 뿐인 일과 같은 것이 아니다.

그러나 만일 대상의 실존이 변화의 진행됨 이상의 어떤 것이 아니라면, 대상과 변화의 이원론이 단지 측면들의 이원론에 지나지 않는다는 결론이 따라 나오는가? 내가 말했듯이 인간이 한 측면에서는 인과적 행위자이고 다른 측면에서는 합목적적 행위자가 되는 단일 실재인 방식으로, 세계가 한 측면에서는 실존하는 많은 대상이고, 다른 측면에서는 진행되는 많은 변화라고 말할 수 있을까?

그것은 상황을 지나치게 각색하는 일이 될 것이다. '실재' (reality)와 '현실성' (actuality) 같은 낱말은 두 가지 방식으로 사용된다. 즉 그런 낱말은 실재하는 것들을 나타내기 위해 사용되기도 하고, 이런 것들의 실재함, 즉 실재성을 나타내기 위해 사용되기도 한다. 만일 우리가 첫 번째 용법에서 시작한다면, 실재는 지금 실존하는 모든 대상의 총체인 것처럼 보인다. 그것들은 가장 분명하게 실재하는 것들이다. 그리고 그에 따라 실재함이라는 의미의 실재성은 실존인 것처럼 보인다. 한편 만일 두 번째 용법에서 시작하여 '실재'를 일차적으로 실재하는 것의 실재함을 의미하도록 사용한다면, 실재는 변화의 시간이나 진행됨이다. 그렇게 되면 실재하는 것의 의미에서 실재는 진행되는 변화이어야 한다.

그러나 우리가 출발점으로 삼는 용법을 결정하는 것은 무엇인가? 우리가 먼저 어떤 용법을 배웠다는 것은 단순한 우연이 아니다. 우리는 실재에 대한 두 가지 견해, 지리학자의 견해와 역사가의 견해, 정적인 견해와 동적인 견해 사이에서 널뛰기를 하는데, 왜냐하면 그런 견해들은 우리의 정신적 삶에 대해 내가 구별해온 두 가지 측면과 대응하기 때문이다.

우리가 의식하는 생각은 인과적이면서 동시에 합목적적이다. 인과적 측면을 의식할 때 우리는 우리가 대상이 어떤 질료를 포함한다고 생각하며, 우리가 그 대상이 어떤 속성을 갖거나 획득한다고 생각하는지를 안다. 따라서 우리 사고의 이 측면을 생각하는 한 이 측면에 맞서, 실재로서 나타나는 것은 이런 속성들을 갖거나 획득하는 물질적 대상이어야 한다. 우리 사고의 이 측면에 대한 의식은 실재를 서로 상호작용하는 물체의 총체로 생각하는 일에 대한 의식이다.

다른 한편으로 우리 생각의 합목적적 측면에 대한 의식은 대상과 속성이 우리의 사고에 등장하는 방식과 우리의 생각이 취하는 형식에 대한 의식이다. 그러나 우리의 생각은 인과적 이해와 목적론적 이해의 형식을 취한다. 대상은 인과적 작인이나 합목적적 작인, 즉 다양한 방식으로 이롭거나 해로울 수 있는 것이나 그 자체가 이롭거나 해로울 수 있는 것으로 나타난다. 속성은 피설명항과 설명항으로 나타난다. 그러나 이해는 변화에 대한 이해이다. 그래서 우리가 우리 사고의 합목적적 측면을 살필 때 그 측면에 맞서서 실재로서 나타나는 것은 변화의 진행됨인 것처럼 보인다.

그렇다면 대상과 변화의 이원성은 지구 자전과 지구 냉각, 수소와 헬륨, 또는 심지어 (역설적이게 들릴 수 있지만) 감각 능력이 있는 작인과 생명 없는 작인의 이원성과 똑같은 방식으로 우리와 독립적이지 않다. 만일 합목적적 행동이 있다면 감각 능력이 있는 행위자들이 있다. 행동이 합목적적인지 아닌지는 누군가가 그렇다고 생각하는지에 달려 있지 않으며, 합목적적임과 합목적적이지 않음의 차이가 감각적 존재나 지성적 존재의 경험의 요소들로 설명되어야 하는 것도 아니다. 그러나 만일 내가 올바르다면, 대상과 변화의 차이는 그런 요소들로 설명된다. 실존하는 대상은 우리가 우리 사고의 기술적 측면을 살필 때 실재를 구성하는 것처럼 보이는 것이고, 변화의 발생은 우리가 실제적이거나 합목적적 측면을 살필 때 존재하는 것처럼 보이는 것이다. 그것은 우리 경험이 실제로 이런 측면들을 갖기 때문에 대상과 변화의 차이를 비실재적인 것으로 만들지 않는다.

11.4 결론

만일 대상과 변화의 차이가 우리의 사고에 대한 언급 없이 설명될 수 없다면, 그리고 만일 철학적 문제가 일반적으로 우리의 사고에 대한 오해에 의해 발생된 것이라면, 철학은 결국 실재를 목표로 삼는 연구들과 비교하여 하찮은 연구에 지나지 않는 것처럼 보인다. 왜 우리는 우리의 한가한 시간, 즉 그렇지 않았으면 우리가 텔레비전 스누커 게임을 시청하는 데 전념했었을 시간 이상을 들여 일상적 사고가 취하는 형식을 추적하는 일에 소비해야 하는가?

우선 무엇보다도 좋음, 의식, 시간 같은 전통적 주제를 연구하는 대안의 방식이 없다. 우리는 생각하기와 말하기 방식을 확인하는 일을 중단하고 이런 것들을 직접 다룰 수 있는 것 같지 않다. 그런 주제는 철학의 관심사인데, 왜냐하면 서두에서 말했듯이 그런 주제들은 그것들에 대한 연구가 동시에 언어와 사고에 대한 연구가 되는 것들이기 때문이다. 만일 우리가 언어적 · 개념적 분석을 경멸한다면, 우리는 시간이 무엇인지, 좋음이 무엇인지, 의식이 무엇인지를 다른 수단을 통해 발견하지 못할 것이다.

둘째, 인간의 사고에 관해 하찮은 것은 무엇이며, 해초, 퀘이사, 쿼크에 관해 중대한 것은 무엇인가? 인간 정신의 변화무쌍함보다 더 중요한 어떤 것이 있는가? 좀 더 매혹적인 어떤 것이 있는가? 인생에서 우리의 행복은 다른 무엇보다도 바로 인간의 정신, 즉 우리 주변에 있는 사람들의 지성과 우의, 사회에서 동료 시민들의 덕에 의존한다. 자연의 힘을 조절하는 문명의 능력조차도 인과적 이해를 해보면 평화, 사리사욕 없음, 기쁨 같은 실제적 조건들에 의존한다. 그리고 인간 정신을 표상하는 것이야말로 예술가에게는 최고의 도전거리이다.

심지어 화가도 정신을 다룬다. 루벤스(P. P. Rubens)나 에티(W. Etty)는 인간의 신체만을 그리고, 중국 예술가는 그것조차 하지 않고 대나무나 산을 그리는 것처럼 보인다. 그러나 예술가들조차도 이성을 사용하여 풍경을 그린다. 그들은 우리가 그들의 그림에서 보는 것을 배웠거나 배우는 대로 물질적인 것들을 보여준다. 그러나 최초의 화가들 또한 인간의 것이건 신의 것이건 간에 정신의 상태를 나타내려고 열망해왔다. 그리고 문학에서 정신은 언제나 가장 도전할만한 주제일 뿐만 아니라 묘사의 거의 유일한 주제였다. 유럽 문학에서 첫 낱말은 영어로 'wrath' (진노)로 부적합하게 번역되기는 하지만 전통적으로 복잡한 정신 상태를 나타내는 낱말 μῆνιν ἄειδε, Θεά인데, 이 말은 '진노: 그것의 노래, 여신' 을 의미한다. 호메로스 이후 줄곧 시인, 극작가, 소설가들은 한 측면을 제외하고는 인간 정신의 모든 측면, 즉 지성적, 정서적, 감각적 측면을 거듭 탐구해왔다.

예술가에게서는 없어지고 철학자에게는 남아 있는 인간 정신의 한 측면이 있다. 그것은 대상, 속성, 변화가 일상적 사고에 등장하는 방식이다. 이것은 우리가 다른 사람들에 관해 느끼는 방식이나 자연이나 예술이나 과학에 관해 느끼는 방식, 또는 위험에 대응하거나 권력이나 이득을 추구하는 방식 못지않게 중요하다. 이것은 이런 것들 중 어떤 것보다도 더 심오하며, 더 보편적이다. 실제로 인간 본성에 흥미가 있는 사람은 누구라도 그것의 가장 내부에 있는 이 가장 깊숙한 곳을 어느 정도 고려해야 한다. 어떤 사람들에게는 그곳을 꿰뚫고 들어가 통찰하는 일은 인생이 제시해야 하는 거의 가장 흥분되는 활동이다. 비록 어쩌면 심지어 최고의 지적 재능을 가진 많은 사람에게조차 그렇지 않겠지만 어떤 사람들에게는 그렇다. 왜냐하면 철학은 심리적 스펙트럼의 (솔즈베리의 존이 불평했듯이) 가장 추상적이고 가장 냉혹한 끝에 관여하기 때문이다. 전통적으로 실행되어온 철학은 구식이라고 말하는 전문 철학자들 중 약간은 이제 스스로 자신들의 직업을 잘못 판단했다고 생각할지도 모르겠다. 어쩌면 정치나 언론계나 교회가 그 일에 더 적합했을 것이다.

그러나 철학이 예술가가 회피한 인생 스펙트럼의 끝을 다룬다고 말하는 것은 전혀 올바르지 않은데, 왜냐하면 그 말은 철학이 예술이 아니라는 것을 함의하기 때문이다. 그리고 나는 제1장에서 말했듯이 철학이 예술이라고 생각한다. 어떤 철학자들은 철학자들이 예술가일 수 있다는 것을 기꺼이 인정할 것이다(그래서 R. Nozick, 1981, 645~7면). 그러나 만일 철학이 그 본질에서 일종의 예술이 아니라면, 철학이란 무엇인가? 만일 과학이 오늘날처럼 물리적인 것에 대한 체계적 지식으로 생각된다면, 철학은 과학은 아니다. 만일 철학이 실제로 의식적인 합목적적 존재로서의 우리의 실존의 부분에 관여한다면, 철학은 일종의 예술이어야 한다. 왜냐하면 우리가 우리 실존의 이 측면에 관해 가장 원하는 진리는 소설가, 극작가, 표상 화가가 지향하는 종류의 진리이기 때문이다. 사물이 사고와 담화에 나타나는 방식에 대해 올바른 설명을 제시하는 일은 그들이 하는 방식대로 사랑이나 증오나 야심이나 두려움을 나타내는 일과 같다.

차이는 다른 예술가들이 다루는 것들 — 감정, 성격의 상태 등 — 이 철학자들에 의해 좀 더 냉담하고 분석적인 방식으로 다루어질 수 있는 반면에, 철학의 핵심 주제들은 다른 예술가들에 의해 다루어질 수 없다는 것이다. 셰익스피어는 시간에 대한 설명을 제시하지 않는다. 그는 우리가 변화의 진행에 관해 어떻게 느끼는지 보여준다. 가장 최근에 핵심적인 철학적 주제를 문학에서 다룬 것은 보르헤스(J. L. Borges)의 어떤 저작들에서다.

그러나 이 차이는 철학이 진정한 예술이 되지 못하게 막기에 충분하지 못하다. 철학은 문예와 밀접한 관계가 있다. 웅변가처럼 철학자는 다른 사람들로 하여금 자신의 관점에 시선을 돌리려고 수사적 장치를 사용한다. 시인처럼 철학자는 예증을 생각해낸다. 소설가처럼 철학자는 다른 사람의 정신 내면을 들여다본다. 그리고 철학자는 우리가 일상적 사고의 합목적적 측면을 이해할 때 우리 모두가 의식하는 것에 관심을 가지기 때문에 그들은 일반적으로 교양인에게 자기 생각을 이해시키려 해야 한다. 과학자가 다른 과학자들을 위해 글을 쓰는 방식으로 일차적으로 전문 철학자들을 위해 글을 쓰는 철학자는 다른 음악가들과 전문 음악 비평가들을 위해 작곡하는 음악가들만큼 잘못 인도된다.

사람들을 철학으로 이끄는 동기는 문학으로 이끄는 동기와 똑같은 것이다. 다시 말해서 인간 정신의 작용에 대한 관심과 표현하기가 매우 어려운 것들을 말로 표현하는 일에 대한 관심이 그 동기이다. 철학자와 시인의 작업은 사회의 나머지 사람들에게 중요한데, 그것은 우리의 삶을 인도하는 방식이 우리가 우리의 본성을 이해하는 방식에 달려 있기 때문이다. 철학의 경우에 이것은 알기가 어려운데, 그것은 부분적으로 많은 철학적 주제가 애초에 인간 본성과 관계가 있는 것으로 전혀 표현되지 않기 때문이며 — 시간, 인과성, 실존 같은 주제들 —, 부분적으로 어떤 철학적 주제에 대한 견해가 우리가 사는 방식에 어떻게 영향을 미칠지가 직접적으로 분명하게 드러나는 것이 아니기 때문이다.

실제 삶에 미치는 형이상학적 관념의 영향은 역사적으로 전거를 댈 수 있지만, 이 일이 행해졌을 때조차도(나는 여기서 그 일에 착수하지는 않을 것이다) 논쟁의 여지가 남아 있다. 우리는 입장들을 과도하게 단순화하고, 양극화하며, 최악의 경우에 그런 양극화 저변의 숨은 동기를 우리와 의견이 다른 철학자들 탓으로 돌리고 싶어진다. 사실상 개인적 이해나 분파적 이해의 동기에서 형이상학적 그림을 구성한다는 것은 십중팔구 불가능할 것이다. 그러나 인간의 상황에 관한 이론 이전의 어떤 사상과 생각에서의 어떤 취향을 끌어냈음에 틀림없는 사회적 배경을 갖지 않은 철학자는 결코 없었다.

만일 내가 잠시 과도하게 단순화하고 양극화하고 싶은 유혹에 굴복한다면, 나는 두 유형의 형이상학적 그림을 구별했을 것이다. 하나는 원자주의적이고 수학적인 그림이다. 이 그림은 실존하는 것들이 점이나 수학적 입체와 비슷하고, 규칙성의 유형이 인과성과 목적을 대신하는 세계를 보여준다. 물리적 측면에서 그 세계는 색깔, 열, 부피가 없는 세계이다. 심리적 측면에서는 많은 감정과 정신적 심상이 있지만, 이 심리적 현상들은 느슨하게 연결되었을 뿐인 다발로 나타나며, (각각의 인간과 대응하는) 각각의 다발은 그 자체로 실존하며, 논리적으로나 심리적으로 다른 모든 다발과 독립적이다. 이 형이상학적 시각은 자유주의적이고, 공화주의적이며, 주로 도시 사회에 맞는데, 이런 사회에서는 대체로 재능과 노력에 따라 권력, 세력, 부가 분배된다(또는 그렇게 분배된다고 믿는다). 이 사회는 사실상 우리가 지금 유럽의 대부분과 다른 곳에 있는 영어권 국가들에서 가지고 있는 종류의 사회이다.

이 책에서 나는 전체적으로 이러한 형이상학적 신조를 반대하고 다른 신조를 찬성하는 논의를 해왔다. 나의 세계는 서로 상호작용하는 인과적 힘을 가진 물질적 대상들로 구성된다. 감성과 지성은 생명 없는 자연의 바다에서 객관적으로 실재하는 섬들이다. 감정은 생각이 가득 찬 어림짐작이다. 그래서 그림 그리기는 이해에 따른다. 그리고 우리는 우호적이거나 적대적인 상호간의 교류에 종사하지 않고는 믿음과 욕구 개념을 다른 사람이나 우리 자신에게 적용할 수 없다. 그런 만큼 우리는 심리적으로 서로 의존적이며, 어떤 점에서는 논리적으로도 서로 의존적이다. 이런 시각은 친척과 이웃에 대한 책무를 높이 평가하는 실용철학에 잘 들어맞는다. 이 철학에서는 개인에게 가족이나 사회를 위해 큰 희생을 하라는 요구가 있을 수 있다. 이 철학에서는 사회적 삶과 예술에 대한 평화로운 추구가 정치 활동과 사회적 변화를 평가하는 목표이다. 그리고 이 철학에서는 종교를 위한 여지가 있다.

적어도 17세기 이래 두 가지 실용철학이 경쟁을 벌여왔는데, 과거에는 각 철학의 지지자들이 다른 철학의 형이상학적 권위에 대한 적의를 키워왔다. 전통주의자들에게 흄은 괴물처럼 보였고, 자유주의자들에게는 아리스토텔레스가 괴물처럼 보였다. 나는 그러한 당파성이 인간의 행복이나 철학적 통찰에 많은 기여를 한다고 생각하지 않는다. 한편으로, 내가 이 책이 보여주었기를 희망하듯이, 분석철학자들은 그들의 방법에 의해 이 논쟁의 어느 쪽에도 언질을 주지 않는다. 20세기 초기에 많은 분석철학자는 어떤 종류의 자유주의적 휴머니즘에 찬성하는 것 외에는 선택의 여지가 없다고 생각했다. 우리 세대 대부분은 다른 선택지들이 있다고 생각한다. 그래서 우리는 아리스토텔레스와 흄 모두에게서 우리가 모방할 어떤 것을 발견할 수 있다. 다른 한편으로 학술적 철학이라는 전체적 기획은 도시의 현상이다. 원시인들은 반동적 형이상학이 없다. 그들은 형이상학이 전혀 없다. 자신들의 나라에서 땅을 그대로 소유하고 있는 근대의 지주들도 아무리 최신 농업 기술을 따르고 있다 해도 형이상학이 없다. 고대 아테네의 철학자들은 우리 도시 문명의 산물에 속하는 것이며, 그 도시 문명의 제도에 대한 철학적 비판은 그 안에서 나온다.

보수주의자들은 그런 것 때문에 곤란을 겪지 않아야 한다. 시골 사람들이 도시로 흘러드는 반면에 도시의 지성인들이 시골의 오두막을 찾는 것은 우연히 아니다. 뭐니 뭐니 해도 사회에 대한 개인의 의존성을 강조하는 것은 전통주의자의 그림이고, 개인의 자율성을 역설하는 것은 자유주의자의 그림이다. 자유주의에 대한 최고로 비타협적인 비판자도 그 도시를 통째로 파괴하기를 원하지 않는다. 기껏해야 그들은 물욕의 신 마몬의 도시를 다른 어떤 신의 도시로 대치하고 싶어 할 뿐이다.

개념적: 개념적 물음이나 진리는 우리가 사물을 지각하는 방식에 관한 물음이나 진리이다.

구문(문법적): 문장을 구성하는 문법 규칙, 즉 낱말의 순서, 법의 변화, 불변화사의 삽입에 따라 구체화된 어떤 것.

대상: 우리가 똑같은 방식으로 생각하고 말하는 모든 살아 있는 유기체, 인공물, 생명 없는 물체, (다른 어떤 것이 있다면) 그 밖의 모든 것.

대칭적: 만일 어떤 대상이 다른 대상과 어떤 관계가 성립한다는 사실로부터 두 번째 대상이 첫 번째 대상과 그 관계가 성립한다는 결론이 따라 나온다면, 그 관계는 대칭적 관계이다. ㉠ …과 다름, …과 동시임.

동형구조의: 같은 모양이나 형태의. 언어는 담화의 형식이 사고의 형식과 대응하는 한 사고와 동형구조이다.

목적: 목적에 의거한 설명은 행위(또는 무행위)에 대해 행위자에게 욕구나 혐오의 대상이 되는 변화에 의거한 설명이다.

목적론적 설명: 이유나 목적에 의거한 설명.

믿는다: 나는 이 낱말을 의견을 가지고 있음은 물론이고 앎과 지각함까지 포함하도록 넓게 사용한다.

반사실적: 사실에 반대되는 것. '만일 우리 아버지가 커샌드라를 믿었더라면, 그는 여전히 살아 있었을 것이다' 에서 화자의 아버지가 여전히 살아 있었을 조건 — 커샌드라를 믿음 — 은 실현되지 못 했거나 사실에 반대되는 것으로 표현되며, 그 문장 전체는 폐쇄된 조건문 또는 반사실적 조건문이다.

범주: 나는 담화의 다른 부분들, 예컨대 '아니다' (not)와 '견과' (nut)가 다른 문법적 범주에 속하고, 마일과 자동차처럼 우리가 다른 방식으로 생각하고 말하는 것들은 다른 논리적 범주에 속한다고 말한다.

변화: 어떤 대상이 어떤 속성을 획득하거나 상실하는 일. 검게 됨, 런던을 떠남.

서술문: 서술적 발언은 긍정이나 부정의 발언, 또는 화자가 어떤 것을 옳거나 그르다고 말하는 발언이다. 의문문, 명령문, 기원문의 발언과 대비된다.

서술하기: 담화에서 속성을 대상과 관계 맺는 행위. '테아이테토스는 앉아 있다' 에서 나는 테아이테토스의 손발의 위치를 서술한다.

설명항: 설명하는 어떤 것. 달과 태양 사이에 지구가 있음은 월식의 인과적 설명항으로 제시될 수 있다.

성향: 어떤 대상이 일정한 조건이 충족된다면 일정한 방식으로 작동하리라는 것이 사실일 때 그 대상은 어떤 성향이나 성향적 속성을 갖는다. 부서지기 쉬움은 성향적인 물리적 속성이다. 만일 어떤 방식으로 친다면 부서지기 쉬운 것들은 부서진다. 비겁함은 성격의 성향이다. 그래서 어떤 일을 하는 것이 올바르지만 위험할 때 비겁한 사람은 그 일을 하지 않는다.

성향적 믿음: 어떤 믿음을 지니고 있지만 그 믿음을 생각하지 않는 사람은 그 믿음을 성향적으로 믿고 있다. 대부분의 시간 동안 우리는 2+2=4라거나 앤 여왕이 죽었다는 것을 성향적으로만 믿는다.

속성: 어떤 단일 대상 자체에 의해서건 정돈된 일련의 대상들에 의해서건

그 대상이나 대상들이 가졌거나 그것들에 의해 예화될 수 있는 어떤 것.

술어: 모양이나 공간적 관계처럼 서술된 것. 나는 '구형의' 나 '…의 왼쪽에' 같은 언어적 항목을 '술어-표현' 이라 부른다.

양화사: '모든', '약간의', '어떤 …도 … 아닌' 같은 낱말.

언어적 항목: 낱말이나 구문.

연속체: 대상, 변화, 연속된 시간은 그 부분들 중의 어떤 것의 끝이 다른 것의 시작인 한 연속체이다. 한 장의 놀이용 카드는 연속체지만(또는 연속체처럼 보이지만), 카드 한 벌은 연속체가 아니다.

원자주의적 이론, 설명: 나눌 수 없거나 분석할 수 없는 것들을 가정하며, 다른 모든 것은 이런 것들로부터 구성된 것으로 나타내는 이론.

이유: 이유는 믿는 사람이 어떤 방식으로 행동하는 일이나 또 다른 어떤 사고를 가지는 일을 설명하는 믿음의 대상이다.

인식론적: 우리가 어떤 것을 알거나 생각하는 방식과 관계가 있는. 내가 시간(time)이라는 관념을 어떻게 형성하는지, 나의 시간 관념이 나의 타임(thyme) 관념과 어떻게 다른지는 인식론적 물음이다.

일차질서: 질서를 볼 것.

존재론적: 실존하거나 실재하는 것과 관계가 있는. 대상은 물론이고 속성도 있는지는 존재론적 물음이다.

지시어: 지시어는 지시하는 낱말, 또는 달리 표현해 특정 개인, 장소, 시간을 가리키는 낱말이다. 예 '그것들', '여기', '내일'

진리함수: 만일 한 명제의 진리성이 오로지 다른 명제나 다른 명제들의 진리성에 의존한다면(다른 명제나 다른 명제들의 진리함수라면), 첫 번째 명제는 다른 명제나 다른 명제들의 진리함수다. '만일 피가 녹색이라면 잔디는 붉은 색이다' 와 '피는 녹색이고, 잔디는 붉은 색이다' 는 피는 녹색이라는 명제와 잔디는 붉은 색이라는 명제의 다른 진리함수를 표현한

다. 화자가 어떤 진리함수를 표현하는지를 결정하는 언어적 항목들, 예컨대 '아니다', '만일', '그리고'는 '진리함수적 조작사'나 '연결사'라 불린다.

질료, 물질: 나는 이 낱말들을 고체뿐만 아니라 우유와 공기 같은 액체와 기체까지 포함하도록 사용한다.

질서, 일차질서, 이차질서: 일차질서 사고와 담화는 사물에 관한 것이다(존재론적 수준). 이차질서 사고와 담화는 사고와 담화에 관한 것이다.

피설항: 설명되거나 설명이 요구되는 어떤 것.

힘: 화자가 어떤 진술을 하거나 발표를 하거나 약속을 할 때 그의 발언을 진술, 발표, 약속의 힘이라 한다.

기호

나는 종종 사고나 언어적 표현의 형식을 언급하거나, 주어진 형식의 모든 사고나 발언에 관해 무언가를 말하고 싶다. 이러한 목적에서 나는 다음 약정에 따라 문자를 사용한다.

p와 q는 명제를 나타낸다. '만일 피가 녹색이라면, 잔디는 붉은 색이다'는 '만일 p라면 q' 형식의 명제이다. '폴로니어스는 햄릿이 미쳤다고 생각한다'는 '폴로니어스는 p라고 생각한다' 형식의 명제이다.

A, B, C는 개별 대상을 나타내고, f와 g는 속성을 나타낸다. '화성은 붉다', '토마토는 붉어졌다', '나폴레옹은 나무 아래 있었다'는 모두 'A는 f이다(였다)(또는 fA)' 형식을 갖는다.

s와 m은 각각 대상의 종류와 질료를 나타낸다. '캘리밴은 플라스크가 와인을 포함하고 있다고 생각한다'는 'A는 s가 m을 포함한다고 생각한다'

형식을 갖는다.

Φ와 Ψ는 인과적 작용의 방식을 나타낸다. '햄릿은 끌어당겼다'와 '햄릿은 폴로니어스를 감동시켰다'는 'A Φs(또는 ΦA)' 형식을 갖는다.

N은 '아니다', K는 '…이기 때문에'(인과적 설명을 도입하는), R은 '…라는 이유에서'(목적론적 설명을 끌어들이는), T는 '…하도록'를 나타낸다. '이카로스는 구형이 아니다'는 'NfA' 형식을 갖는다. '햇빛이 비쳤기 때문에 자두가 달콤해졌다'는 'KΦAfB(또는 Kpq)' 형식을 갖는다. '햇빛이 비치고 있다는 이유에서 자기의 몸이 갈색이 될 수 있도록 아도니스는 해변을 떠나지 않았다'는 'RΦATfBNΨC'(또는 좀 더 단순하게, 그리고 아도니스의 목적을 그의 피부가 갈색이 되어야 한다는 것이라고 간주하면, 'RpTfANΦA') 형식을 갖는다.

참고문헌

Abbott, E., 1926(1884): *Flatland*. Oxford, Basil Blackwell.

Anscombe, G. E. M., 1963(1957): *Intention*. Oxford, Basil Blackwell.

Aquinas, Thomas, 1963~75(1267~74): *Summa Theologiae*, ed. T. Gilbey and T. O' Brien. London, Eyre and Spottiswode.

Aristotle, 1984: *Complete Works*, Oxford translation, ed. J. Barnes. Princeton University Press.

Armstrong, D. M., 1984: *Consciousness and Causality*(with N. Malcolm) Oxford, Basil Blackwell.

Austin, J. L., 1961(1956): Performative utterances, in *Philosophical Papers*. Oxford, Clarendon Press.

___ 1962: *How to Do Things with Words*. Oxford, Clarendon Press.

Bennett, J., 1976: *Linguistic Behaviour*. Cambridge University Press.

Braithwaite, R. B., 1932/3: The nature of believing. *Aristotelian Society Proceedings*, 33, 129~46.

Charlton, W., 1989: Aristotle and the uses of actuality. *Boston Area Colloquium in Ancient Philosophy*, 5, 1~22.

Churchland, Paul, 1984: *Matter and Consciousness*. Cambridge, Ma., Bradford Books.

Cohen, L. J., 1986: *The Dialogue of Reason*. Oxford, Clarendon Press.

Davidson, D., 1980(1963~78): *Essays on Action and Events*. Oxford, Clarendon Press.

___ 1984(1968/9): On saying that, in *Inquiries into Truth and Interpretation*. Oxford, Clarendon Press.

___ 1987(1977): The method of truth in metaphysics, in *After Philosophy*, ed. K. Baynes, J. Bohman and T. McCarthy. Cambridge, Ma., M.I.T. Press.

Dennett, D. C., 1989: *The Intentional Stance*. Cambridge, Ma., Bradford Books.

Descartes, R., 1984(1628~44): *Philosophical Writings*, tr. J. Cottingham, R. Stoothof and D. Murdoch. Cambridge University Press.

Dewey, John, 1917: The need for a recovery of philosophy, in *Creative Intelligence*, J. Dewey and others. New York, Henry Holt.

Dordillon, R., 1931: *Grammaire et Dictionnaire de la Langue des Iles Marquises*. Paris, Institute d'ethnologie.

Dummett, M., 1973: *Frege, Philosophy of Language*. London, Duckworth.

___ 1987(1975): Can analytical philosophy be systematic, and ought it to be? in *After Philosophy*, ed. K. Baynes, J. Bohman and T. McCarthy. Cambridge, Ma., M.I.T. Press.

Einstein, A., 1962(1920): *Relativity, a Popular Exposition*, tr. W. Lawson. London, Methuen.

Fodor, J., 1975: *The Language of Thought*. New York, Thomas Crowell.

___ 1981(1965~80): *Representations*. Brighton, Harvester.

___ 1985: Fodor's guide to mental representation. *Mind*, 94, 76~100.

Frege, G., 1952(1879~1919): *Frege, Translations*, tr. P. Geach and M. Black. Oxford, Basil Blackwell.

___ 1956(1918): The thought, tr. A. and M. Quinton. *Mind*, 65, 289~311.

Gale, R., 1968: *The Language of Time*. London, Routledge and Kegan Paul.

Gilson, E., 1938: *The Unity of Philosophical Experience*. London, Sheed and Ward.

Goldman, A., 1971: The individuation of action. *Journal of Philosophy*, 68,

761～774.

Hare, R. M., 1952: *The Language of Morals*. Oxford, Clarendon Press.

Harré, R., 1970: *The Principles of Scientific Thinking*. London, Macmillan.

Harrison, J., 1971: Doctor Who and the philosophers. *Aristotelian Society*, Suppl. 45, 1～14.

Hegel, G. W. F., 1929(1812～16): *The Science of Logic*, tr. W. H. Johnston and L. G. Struthers. London, Allen and Unwin.

Heidegger, M., 1967(1927): *Being and Time*, tr. J. Macquarrie and E. Robinson. Oxford, Basil Blackwell.

____ 1975(1961): *The End of Philosophy*, ed. and tr. J. Stambaugh. London, Souvenir Press.

Hobbes, T., 1946(1651): *Leviathan*, ed. M. Oakeshott. Oxford, Basil Blackwell.

Hornsby, J., 1980: *Actions*. London, Routledge and Kegan Paul.

Hospers, J., 1967: *An Introduction to Philosophical Analysis*. London, Routledge and Kegan Paul.

Hume, D., 1888(1739): *A Treatise of Human Nature*, ed. L. A. Selby-Bigge, Oxford, Clarendon Press.

____ 1902A(1748): *An Enquiry into the Human Understanding*, ed. L. A. Selby-Bigge, Oxford, Clarendon Press.

____ 1902B(1751): *An Enquiry Concerning the Principles of Morals*, ed. L. A. Selby-Bigge, Oxford, Clarendon Press.

Hursthouse, R., 1987: *Beginning Lives*. Oxford, Basil Blackwell.

Isocrates, 1929(354/3 BC) Antidosis, in *Isocrates*, tr. G. Norlin, vol. 2. London, Heinemann.

John of Salisbury, 1982(1159): *Metalogicon*, tr. D. McGarry. Berkeley, University of California Press.

Kant, I., 1929(1781): *Critique of Pure Reason*, tr. N. Kemp Smith. London, Macmillan.

____ 1952(1790): *Critique of Judgement*, tr. J. C. Meredith. Oxford, Clarendon Press.

Kekes, J., 1980: *The Nature of Philosophy*. Oxford, Basil Blackwell.

Kripke, S., 1980(1972): *Naming and Necessity*. Oxford, Basil Blackwell.

Lewis, D., 1986: *On the Plurality of Worlds*. Oxford, Basil Blackwell.

Locke, J., 1975(1689): *An Essay concerning Human Understanding*, ed. P. Nidditch, Oxford, Clarendon Press.

McGinn, C., 1989: *Mental Content*. Oxford, Basil Blackwell.

Mackie, J. L., 1974: *The Cement of the Universe*. Oxford, Clarendon Press.

McTaggart, J., 1927: *The Nature of Existence*, vol. 2. Cambridge University Press.

Madell, G., 1988: *Mind and Materialism*. Edinburgh University Press.

Malcolm, N., 1984: *Consciousness and Causality*(with D. M. Armstrong). Oxford, Basil Blackwell.

Mellor, D. H., 1977/8: Conscious belief. *Aristotelian Society Proceedings*, 78, 87~101.

___ 1981: *Real Time*. Cambridge University Press.

___ 1986: Tense's tenseless truth conditions. *Analysis*, 46, 167~72.

Merlau-Ponty, M., 1962(1945): *Phenomenology of Perception*, tr. C. Smith. London, Routledge and Kegan Paul.

Mill, J. S., 1973~4(1843): *A System of Logic*, ed. J. M. Robson. University of Toronto Press.

Moore, G, E., 1903: *Principia Ethica*. Cambridge University Press.

___ 1936: Is existence a predicate? *Aristotelian Society*, Suppl. 15, 175~88.

Nagel, T., 1970: *The Possibility of Altruism*. Oxford, Clarendon Press.

___ 1986: *The View from Nowhere*. New York, Oxford University Press.

Newton, I., 1934(1686): *Principia Mathematica*, tr. A. Motte. Berkeley, University of California Press.

Newton-Smith, W., 1980: *The Structure of Time*. London, Routledge and Kegan Paul.

Nozick, R., 1981: *Philosophical Explanations*. Oxford, Clarendon.

Plato, 1961: *Collected Dialogues*, ed. E. Hamilton and H. Cairns. New York, Bollingen.

Putnam, H., 1962: It ain't necessarily so. *Journal of Philosophy*, 59, 658~71.

_____ 1975: The meaning of 'meaning', in *Philosophical Papers*, vol. 2. Cambridge University Press.

____ 1988: *Representation and Reality*. Cambridge, Ma., M.I.T. Press.

Quine, W. V. O., 1961(1952): *From a Logical Point of View*. Cambridge, Ma., Harvard University Press.

Radford, C., 1985: Charlton's feelings about the fictitious. *British Journal of Aesthetics*, 25, 380~3.

Ramsey, F. P., 1990(1925~9): *Philosophical Papers*, ed. D. H. Mellor. Cambridge University Press.

Rorty, R., 1980: *Philosophy and the Mirror of Nature*. Oxford, Basil Blackwell.

Russell, Bertrand, 1900: *The Philosophy of Leibniz*. London, Allen and Unwin.

____ 1903: *The Principles of Mathematics*. London, Allen and Unwin.

____ 1918~19: The Philosophy of logical atomism. *Monist*, 28~9.

____ 1921: *The Analysis of Mind*. London, Allen and Unwin.

Ryle, G., 1949: *The Concept of Mind*. London, Hutchinson.

Sartre, J.-P., 1989(1945): *Existentialism and Humanism*, tr. P. Mariet. London, Methuen.

Searle, J., 1969: *Speech Acts*. Cambridge University Press.

____ 1979: *Expression and Meaning*. Cambridge University Press.

Shoemaker, S., 1969: Time without change. *Journal of Philosophy*, 66, 363~81.

Smith, Adam, 1976(1759): *The Theory of the Moral Sentiments*, ed. D. Raphael and A. Macfie. Oxford, Clarendon Press.

Spinoza, B., 1985: *Collected Works*, ed. and tr. E. Curley, vol 1. Princeton University Press.

Stebbing, S., 1932/3: The method of analysis in metaphysics. *Aristotelian Society Proceedings*, 33, 65~94.

Stevenson, C. L., 1937: The emotive meaning of ethical terms. *Mind*, 46,

14～33.

Strang, C., 1974: Plato and the instant. *Aristotelian Society*, Suppl. 48, 63～79.

Strawson, P. F., 1959: *Individuals*. London, Methuen.

Unger, P., 1975: *Ignorance*. Oxford, Clarenden Press.

___ 1984: *Philosophical Relativity*. Oxford, Clarendon Press.

Urmson, J. O., 1956: *Philosophical Analysis*. Oxford, Clarendon Press.

___ 1967: Memory and imagination. *Mind*, 76, 83～91.

Vendler, Z., 1957: Verbs and times. *Philosophical Review*, 66, 143～60.

Wilkes, K. W., 1978: *Physicalism*. London, Routledge and Kegan Paul.

Wilkinson, G. S., 1990: Food sharing in vampire bats. *Scientific American*, 262, 64～70.

Wittgenstein, L., 1958(1953): *Philosophical Investigations*, tr. G. E. M. Anscombe. Oxford, Basil Blackwell.

____ 1972(1922): *Tractatus Logico-Philosophicus*, tr. D. F. Pears and B. F. McGuinness. London, Routledge and Kegan Paul.

___ 1979(1951): *On Certainty*, tr. D. Paul and G. E. M. Anscombe. Oxford, Basil Blackwell.

Wright, L., 1973: Functions. *Philosophical Review*, 82, 139～68.

Xenophon, 1923(?385～354 BC) *Memorabilia*, tr. E. C. Marchant. London, Heinemann.

찾아보기

|사|

|아|

|**자**|